法華部 1

無量義経
法華経 上

多田孝文
多田孝正 校註

大蔵出版

目次

凡例

一、『新国訳大蔵経』法華部は、次の三部の和訳（漢文書き下し）を二冊に編集し、解題・註記などを付す。

曇摩伽陀耶舎訳『無量義経』一巻

鳩摩羅什訳『妙法蓮華経』七巻

曇無蜜多訳『仏説観普賢菩薩行法経』一巻

和訳の原本は、『大正新脩大蔵経』第九巻を用いる。

一、本書（法華部1）には、『無量義経』と、『妙法蓮華経』のうち「序品第一」より「化城喩品第七」までを収録する。『妙法蓮華経』の以下の品と、『仏説観普賢菩薩行法経』は法華部2（続刊）に収録される。なお、法華部2の巻末に上記三部共通の索引を付す。

一、漢文書き下しに当たり、

（1）原本にある漢字は、原則として省略せずにそのまま訳文中に置く。そのために読みにくい漢字には、詳しく送り仮名を付す。たとえば、「本《も》と」「為《た》り」「此《こ》こ」「之《こ》れ」「各《おの》おの」「諸《もろ》もろ」など。ただし、訓読した場合、助詞となる「従（より）」「者（は・には）」などは、仮名に変える。

（2）大正蔵の脚註などにより、適宜、原本の文字を訂正する場合がある。

（3）必要と思われる箇所には、〔　〕を付して語句を補う。

（4）偈頌には、句読点を省略する。

一、註記に当たり、
（1）本文上欄の註記（見開き二ページごとに番号を付す）は、原則として解読に必要な解釈、術語の説明、異訳やサンスクリット本の対応する語句などを掲げる。
（2）巻末の補註（本文中に＊印を付す）は、法数などで纏まった術語や、菩薩名など固有名詞の詳しい説明を施す。
（3）参照したサンスクリット本の原本については、解題を参照されたい。
（4）その他、左の略号を用いる。
（大）＝大正蔵、（三）＝宋・元・明三本、（宋）＝宋本、（元）＝元本、（明）＝明本、（宮）＝宮内庁図書寮本、（敦）＝敦煌本、（博）＝東京帝室博物館本、（春）＝春日本

一、科文と本文中の番号
（1）解題の後に二経各の総科と各品ごとの科文を付す。『無量義経』の科文は、最澄撰『註無量義経』による。『法華経』は、智顗述『法華文句』による。
（2）各科文の段・章・節・項と、それに該当する本文中の箇処には、番号（アラビア数字）を付す。ただし、煩瑣になることを避けて通し番号とする。

一、頭註の中には、『大正新脩大蔵経』に該当する頁を上・中・下段ごとに付す。

解題

多田孝文

無量義経

一　経　題

『無量義経』は、古来、『法華部』の開経《かいきょう》とされ、結経《けっきょう》の『観普賢菩薩行法経《かんふげんぼさつぎょうほうきょう》』と合わせて法華三部経の一に数えられ、盛んに書写読誦された経典である。

『無量義経』の経題は、この経の中でしばしば「大乗無量義経」と仏が自ら名づけていること、また、説法品第二に「衆生の性欲無量なるが故に説法無量なり。説法無量なるが故に義もまた無量なり。無量義とは、一法より生ず。その一法とは、すなわち無相なり」と、この経の主旨が説かれるところから与えられたものである。

二　漢訳と註疏

漢　訳　『無量義経』（Ananta-nirdeśa）の漢訳としては、蕭斉の建元三年（四八一）の、

曇摩《どんま》伽《が》陀《だ》耶《や》舎《しゃ》（Dharmagathayaśas 法生称）訳　一巻（大正大蔵経第九巻　法華部〔三八三中―三八九中〕所収、
本書の訳出の原本）
がある。別に、劉宋の、
求那《ぐな》跋陀羅《ばつだら》（Guṇabhadra 徳賢）の訳　一巻
があったとされるが伝わらない。
なお漢訳の原本の存在は明らかにされていない。

註疏　註疏には、

無量義経疏　一巻　斉　劉虬《りゅうきゅう》（欠）
無量義経疏　三巻　唐　円測（欠）
無量義経疏　二巻　宋　智円（欠）
註無量義経　三巻　日本　最澄
註無量義経開示抄　一帖　日本　貞慶
註無量義経　一巻　日本　證真

などがある。

三　大　意

この経は、三章（品）で構成されている。その概要を示すと、

徳行品第一　仏が一時《あるとき》、王舎城の耆闍崛山に大衆とともに住した。その会中の代表者である大荘厳《だいしょうごん》菩薩が、敬いの心をもって仏身および仏徳を讃歎した。

説法品第二　聴衆の代表である大荘厳菩薩が仏に諮問するに当たり、仏が自ら「如来は久しからずして、当に滅度を示すであろう。後のものたちも共に疑問のないように」と諮問することを許可された。そこで、聴衆の菩薩は「疾《すみや》かに無上菩提を成じようとするならば、何等の法門を修行すべきでありましょうか」と問うた。仏は「無量義と名づくる法門を修学すれば疾かに無上菩提を成ずることができる。無量義とは、一法より生ず。その一法とは、無相であり、名づけて実相となす」と説かれた。

しかし、衆生はこのことを知らず差別《しゃべつ》の見《けん》に堕し、もろもろの苦毒を受けているのが実状である。そこで、仏は得道より、仏眼をもって諸法を観察し、衆生の性欲が不同であることを知り、性欲不同であるから、種々に法を説き、種々に法を説くには、方便力をもって、次第に教化してきた。これらは大衆の宜しきに随った益を得させるために無量義の法を説いたのであって、「四十余年には未だ曾つて真実を顕わさず」と述べ、実は、今日はじめて甚深無上の無量義経を説くのであることを明らかにした。

十功徳品第三　この経の聞持《もんじ》の功徳について、浄心《じょうしん》・義生《ぎしょう》・船仏《せんぶつ》・王子《おうじ》・龍子《りゅうし》・治等《じとう》・賞封《しょうほう》・得忍《とくにん》・抜済《ばっさい》・登地《とうじ》の十種の不思議の功徳があることを明かし、終わりに、深く敬心を起こし、法の如くに修行し、広く一切を化して、懃心《ごんしん》に流布せよとすすめられ、もろもろの菩薩は、仏の滅後の弘経《ぐきょう》を誓っている。

四　伝播と研究

伝　播　この経の流伝については、巻首ならびに、『出三蔵記集』巻九（大正大蔵経第五十五巻六八上）に、斉の劉虬（四三八―四九五）の「無量義経序」があって、その経緯を次のように記している。

「法華経のはじめに無量義経という名があるが、未だ中国においてその経を見たことがなかった。ところが、武当山の比丘慧表《えひょう》という西蔵の生まれで、勤苦《ごんく》して仏道を求めて南北に遊行した人が、斉の建元三年（四八一）に広州の朝亭寺において、中天竺の沙門、曇摩伽陀耶舎に遇った。この師は、手に隷書を能くし、口に斉言を解した。慧表が慇懃に誠心をもって請い、とどまること旬朔《じゅんさく》を経て、この一本を授けられた。後に武当山に入り、今、永明三年（四八五）九月十八日に山より出でて人々に弘通《ぐずう》したのである」と伝えている。

この経序は、慧表と曇摩伽陀耶舎の経歴が不詳であること、曇摩伽陀耶舎がこの経を翻訳したと述べられていないこと、この経の入手の経路が不明であることなどから、記述に疑義がもたれている。劉虬の経序そのものは、単に『無量義経』を紹介するために作られたというより、他に対抗するために自説を主張することを目的に作られたものであろう、とされている（横超慧日稿「無量義経について」印仏研究２・２、同稿「速疾成仏の思想」同３・１、参照）。

諸師説　劉虬の経序に「法華経のはじめに無量義経の名あり」というのは、『法華経』序品第一に、

諸もろの菩薩の為めに大乗経の無量義、菩薩を教える法、仏に護念せらるるものと名づけるを説きたもう。

この経を説き已りて結跏趺坐し、無量義処三昧に入りて身心動じたまわず。

と記されていることに関係するものである。『法華経』と『無量義経』の関係については、古来諸説がある。

東晋から劉宋時代に活躍した、鳩摩羅什《くまらじゅう》の門下生、竺道生《じくどうしょう》（三五五―四三四）は、「無相の空理は大乗の本なり、三を封じてより来《このかた》久し、頓《にわか》に無三を説けば信を取ること能わず、故に無相を説いて法華の序となす」（『法華文句《ほっけもんぐ》』巻第二下、大正大蔵経第三十四巻二七中、『法華義疏《ぎしょ》』巻第二、同四六七中）と述べて、『無量義経』を『法華経』に示される「無量義教菩薩法」であるとしている。『法華文句』や『法華義疏』には、道生と同門の道場寺慧観《えかん》（生没年不詳）や、道生の講義を聴いて『法華経』に精通していた会稽法華寺の慧基《えき》（四一二―四九六）にも同意の説があるとして扱われている。

梁の三大法師の一人である光宅寺法雲《ほううん》（四六七―五二九）は、「無量義は、万善同帰、能く仏道を成ずるをもってす。法華は正しく無二無三破三与一を明かすを異とす、故にすなわち序と為す」（『法華文句』巻第二下、同前二七中、『法華義疏』巻第二、同前四六七下）と、『無量義経』が『法華経』の序であることを認めている。

三論宗の大成者、嘉祥寺吉蔵《きちぞう》（五四九―六二三）は、『法華義疏』巻第二に、『無量義経』とは、『法華経』に示されている「無量義経」に他ならないことを、「処同」「衆同」「時節同」「義同」「翻訳者言同」の五義によって証明している。

天台智顗《ちぎ》（五三八―五九七）は、『法華文句』巻第二下において、前述の諸師の説を引用して、これらが偏える弁であると批判した上で次のように述べている。「無量義とは、一法より生ず。その一法とは無相であり、名づけて実相となす。この実相より、無量の法を生ず。無量の法とは、頓（華厳）漸（三蔵、方等、般若）、三乗、四果である。これらは、実相から出でたものであって、この無量の法が、一の義処に入る為めの序と作すことを得る、（中略）無量義経を説き已って、さらに、無量義処三昧に入るとは、これ法華の為めの序と作るのみ」と述べ、『法華経』と爾前の諸経、諸法門との関係を意識しながら、この『無量義経』と『法華経』に関心を示している。智顗の他の著述の中でも、『無量義経』の説がしばしば引用されるが、特に『法華玄義《げんぎ》』巻十の「教相判釈《きょうそうはんじゃく》」の場面においては、自説を証明するに当たり、『無量義経』の文を引いて解釈するなど、法華開会《ほっけかいえ》の思想の展開に重要な位置を占める文献として扱われている。

以上、これらの諸師は、そのよって立つ学的立場によって内容を異にするが、みな『無量義経』とは、『法華経』に示される「無量義経」であるとしている。

ところが、中興寺僧印《そういん》（四三五―四九九）は、『法華経』の「無量義教菩薩法」は、万善成仏の旨を明かすものであり、『無量義経』の「無量」とは、空を説く三乗の行の根本のことであるとしている。したがって『法華経』

の序とはなり得ず、『法華経』の「無量義教」は、『無量義経』ではない（『法華文句』巻第二下、大正大蔵経第三十四巻二七中、『法華義疏』巻第二、同四六七中）、としている。

最近の研究　近年、『無量義経』を文献学の観点から考察された荻原雲来《おぎわらうんらい》師は、この経の訳語の不統一・文体の中国臭・内容その他の点から見て、中国で撰述されたものではないかと疑われている。さらに、『法華経』に掲げる「無量義」（mahānirdeśa）の語中、nirdeśa は、「無量に分別されたもの」の義であって、すなわち、一実相の派生を意味するものである。したがって、「無量義教菩薩法」とは、『法華経』を説くに当たり、まず爾前に施設した三乗の教理行果が、一実相の発露に外ならないことを示すものであると理解すべきであり、別に今の経を指すものではないとしている（『荻原雲来文集』四八八頁、参照）。

本経は、後世の教相判釈を検討する上で、特に、経の中心課題である「説法品」の内容に衆目が集中し、さらには諸師によって依用されて有名になったといえる。たしかに「説法品」に述べられるいくつかのポイントを組み合わせ考察する時、法華を拠り所とする立場の者にとっては、重要な意義を導き出すことができるのである。今、要約して数点を挙げれば、

1、如来は久しからずして、般涅槃する。

2、衆生の性欲不同を知って、無量義の法を説いた。無量義とは、一法より生ず。一法とは、無相であり、実

相である。

3、種々に法を説くこと方便力を以ってし、四十余年には、未だ真実を顕わさず。

4、『法華経』序品に説かれる「無量義教菩薩法」

などである。これらによって、

a、『法華経』と『無量義経』との密接な関係が明らかになる。

b、『法華経』と法華以前の諸経との関係が、真実と方便の関係の上で論じられる。

c、無量義と実相、空と実相など、空思想より実相観への導入がはかられ、『法華経』の思想内容が予測できる。

このように、『法華経』を視点の中心に据えて仏教を体系づけるためには、本経には不可欠の条件が整っている。これらが、『法華経』の教説として展開され、「諸法実相《しょほうじっそう》」「三乗開会《さんじょうかいえ》」などの重要な問題の提起に及ぶものであるし、本経が、『法華経』の開経とされる理由もここにあるのである。

法華経

一　はじめに

諸々の仏教経典の中で『法華経』ほど広く世に知られ用いられた経典はほかにない。その要因の第一は、『法華経』の中心テーマである「諸法実相《しょほうじっそう》」の思想、すなわち、あらゆる存在を絶対的に包容するという仏教の精神を平易に説き明かした点にあろう。仏滅後、部派仏教批判から大乗仏教が起こり、紀元前後頃から大乗経典が成立するが、『法華経』は、その比較的前期に基本的部分が成立していたとされる。その後、約百年から二百年の長い時を経て、ほぼ現在用いられている経典として完成された。法華の思想は、部派仏教思想や空観《くうがん》思想を基盤として「諸法実相」の考えを生み、あらゆる存在は、絶対的に肯定されるべきものであることを表わした。

また、『法華経』は、釈尊一代の仏教の概括的結論を述べていること、加えて、譬喩や因縁などを多く用いた平易な説き方で、比較的理解し易いこと、その内容が宗教的なことはもちろん、道徳的、哲学的などバラエティに富みながら、しかも深玄な思想を含んでいること、など広く世に行なわれる要素に満ち溢れている。

第二の要因は、偉大な仏教研究者であり、経典翻訳家であった鳩摩羅什《くまらじゅう》によって『法華経』が訳出されたことを挙げなければならない。その深遠な思想を含蔵するにたる漢訳は、文学性に富む流暢な名文で、古来『法華経』といえば、この羅什訳の『妙法蓮華経』を指すことになっている。

第三の要因は、『法華経』は時代と所を変えて多くの学者によって研究されたが、特に智顗《ちぎ》の法華経観は後世の法華経流伝に多くの影響を与えた。『法華経』は、一見、不思議な奇瑞や譬喩などが目立つ経典であるが、そこから「諸法実相」を基盤として、開会の思想によって仏教思想の体系を確立し、三諦三観思想、性具思想、一念三千論などの仏教の中心的哲学を明示して、後の仏教文化に大いなる影響を及ぼしたことも、『法華経』を世に知らしめた要因である。

二　経　題

『法華経』のサンスクリット語の題名は、Saddharmapuṇḍarika といい sat- は、「真の、善き、正しい、勝れた」を意味し、dharma- は、「法、教え」を意味する。puṇḍarika は、「(蓮の王とされる) 白蓮」のことで、西晋の竺法護《じくほうご》は「正法華」と訳し、姚秦の羅什は「妙法蓮華」と訳した。

三　原典と翻訳

原典　中国においては、経典翻訳に際して訳出原本を保存しなかったので、『妙法蓮華経』の原本の存在は、いまだ明らかにされていない。しかし、サンスクリット語の写本は、各地で発掘されており、その発見された地域により、現在では三種に分類されている（岩本裕『法華経』解題　岩波文庫による）。

1、ネパール本（八世紀以後の写本）　完本。

2、中央アジア本（五―七世紀の写本）　断片が数十種ある。

a、カシュガル本（ペトロフスキー本）　完本に近い。

b、カダリック本（コータン東方出土）　断片数部。

c、ファルハード・ベーグ本（カダリック西北出土）　断片。

d、マンネルハイム本　断片。

e、トリンクラァ本　断片。

f、トゥルファン本　断片。

g、大谷本　断片。

等がある。

3、ギルギット本（カシュミール） 約四分の三。

これまでに、これらの写本により原典研究が進み、出版刊行されたものは次の三種である。

1、Kern and Nanjio "Bibliotheca Buddhica", No10 (1908—1912)

2、荻原雲来・土田勝弥改訂梵文法華経（一九三四—一九三五）

3、Nalinaksha Dutt 校訂本 (1953)

この中では、ケルン・南条本が法華経研究のテキストとして高く評価されている。

漢訳 『法華経』の漢訳は、全訳・抄訳を合わせて十六篇存在したといわれる。このうち全訳では、六訳があったとされるが、現存するものに次の三種がある。

1、『正法華経《しょうほけきょう》』十巻 竺法護訳 西晋太康七年（二八六）（大正大蔵経第九巻 法華部〔六三上—一三四中〕所収）

2、『妙法蓮華経』七巻 鳩摩羅什訳 姚秦弘始八年（四〇六）（大正大蔵経第九巻 法華部〔一上—六二下〕所収、本書の訳出の原本）

3、『添品《てんぼん》妙法蓮華経』七巻 闍那《じゃな》崛多《くった》・達摩《だつま》笈多《ぎゅうた》共訳 隋仁寿元年（六〇一）（大正大蔵経第九巻 法華部〔一三四中—一九六上〕所収）

『正法華経』は、その訳文が難解であって、現在まで研究・読解共に進まず、わずかに研究資料として用いられる程度である。

『妙法蓮華経』は、訳文が流麗で文学性に優れ、さかんに読解され、教学上でも諸学派の諸師によって研究講讃されたことは周知のとおりである。

『添品妙法蓮華経』は、羅什訳を増補する形式で訳出されたものである。

この三本相互の文献学的異同については、『添品妙法蓮華経』の序文に貴重な記述が見られる。要約して示すと次のようになる。

a、竺法護訳は、「多羅《たら》の葉に似たり」、鳩摩羅什訳は、「亀茲《きじ》の文に似たり」と述べて、二訳本は、各々基づく原本を異にしている。

b、竺法護訳には、普門品の偈がなく、鳩摩羅什訳には、薬草喩品の後半、富楼那と法師二品の初め、提婆達多品、普門品の偈が欠如している。

c、鳩摩羅什訳は、嘱累品を薬王品の前に移している。

d、竺法護訳・鳩摩羅什訳共に、陀羅尼品を普門品の後に置く。

以上のように、原本のこと、諸品の出入のこと、諸品の位置などについて、先行の二訳本の異同を述べると共に、『添品妙法蓮華経』の増補の方針も窺うことができる。

現在のサンスクリット刊本に章節の分類などで一致するのは『添品妙法蓮華経』であるが、『妙法蓮華経』が「嘱累品」を「神力品」と「薬王品」の間に置いたことは、法華経の成立史的にはむしろ古い型を示していると考えられている。しかし原典写本の中で最も古いとされるギルギット本（五—六世紀）をはじめ、カシュガル本その他の諸写本と対比しても、『妙法蓮華経』に一致するものは見当たらない。前述の『添品妙法蓮華経』の序文に記された「亀茲の文」とは、何処の原典であるかなど、なお研究を要する。

その他の翻訳　『法華経』は、チベット語、ウイグル語、西夏語などにも訳されているが、ここでは比較的新しくサンスクリット本から翻訳されたものを示すと、

Eugéna Burnouf　仏訳（1852）
Hendrik Kasper Kern　英訳（1884）
南条文雄・泉芳璟共訳『梵漢対照新訳法華経』（一九一三）
岡教邃訳『梵文和訳法華経』（一九二三）
河口慧海『梵蔵伝訳妙法白蓮華経』（一九二四）
坂本幸男・岩本裕訳注『法華経』（一九六二—一九六七）
松濤誠廉・長尾雅人・丹治昭義共訳『法華経』（一九七六—一九七七）

などがある。

四　法華思想の成立

『法華経』成立史研究　『法華経』の成立については、多くの学者によって研究が進められてきたが、その全容は明確にはなっていない。その原因の一つは、『法華経』自体に成立に関する記述が見られないことによる。わずかに『法華経』の内容から推して、その成立年代を測る方法だけが残されている。

伝統的な仏教経典の成立に関する研究としては、漢訳仏典を拠り所として、釈尊一代の経典を批判分類し、何が究極的な仏説であるかを求める努力がなされた。いわゆる教相判釈《きょうそうはんじゃく》の方法である。これは、近代において文献学的研究が進むに及んで、経典の成立史とは関わりのないものとして扱われるようになり、今や教相判釈は、釈尊の教えを心に直結しようとする、信仰的な意義のみが重要視されるようになった。

近代における原典を中心とする研究の、主な成果を紹介すると次のようである。

まず、本田義英『法華経論』は、原典と漢訳仏典との比較研究において、原語の形態を解明し、分類することによって成立を明らかにするという方法を示した。

布施浩岳『法華経成立史』は、仏塔信仰の形態を手掛かりとして、現行の『法華経』の提婆達多品を除いた二十七品を次のように分類している。

第一類…序品、方便品、譬喩品、信解品、薬草喩品、授記品、化城喩品、五百弟子受記品、授学無学人記品、

　　随喜功徳品（10品）

第二類…法師品、見宝塔品、勧持品、安楽行品、従地涌出品、如来寿量品、分別功徳品、法師功徳品、常不軽菩薩品、如来神力品（10品）

　その他
以上の分類により、さらにそれぞれの内容から、現行の経典の成立には次の四期を経過していることを究明した。

　第一期…第一類の偈。原始法華の成立、紀元前一世紀。

　第二期…第一類の長行。西北インドで成立、一世紀。

　第三期…第二類。西北インドで成立、一〇〇年前後。

　第四期…その他。一五〇年前後。

と結論している。

　次に、中村元は『大乗仏教の成立史的研究』の中で、信解品の長者窮子《ちょうじゃぐうじ》の喩えに見られる記述から、インドの貨幣経済が急激に発展したウェーマ・カドフィャース時代に『法華経』成立年代の上限を推定し、また、仏塔建造がヴァースデーヴァ以降は減退していることから、嘱累品までの古層部分の成立は四〇〜二二〇年頃であろうとしている。

　また、平川彰『初期大乗仏教の研究』は、方便品の偈に仏像に関する記述があることから、『法華経』の最古の部分が成立したのは、一世紀後半より遡ることは困難であるとし、また、龍樹《りゅうじゅ》の『大智度論』に引用されていることから、二〜三世紀頃には流布していたとする。

その他、現在にいたるまで成立史に関する研究は、文献学、社会経済学、社会学、言語史学などさまざまな視点から進められている。

大乗仏教の興起と法華思想　仏教はいうまでもなく、釈尊によって説かれた宗教である。釈尊の生存年代には諸説あり、説によっては一世紀の隔たりがあるが、およそ紀元前五〜四世紀の人である。釈尊は、八十年の生涯において、その時・場・相手によっていろいろな教えを説いた。しかしその教えの根本にあるのは、人間やもの、存在のすべてがさまざまな関係をもちながら成り立っているという縁起観《えんぎかん》である。

つまり、自己を含めたすべての存在は、さまざまな原因（因）と外的条件（縁）の結果として存在しており、不変で独立した実体があるのではなく、あくまで相依・相対的な存在であり（諸法無我）、その原因や条件が変われば それに応じて、在り方も変わっていく（諸行無常）という、考え方である。

釈尊は、この縁起観という真理において例外なく生まれては死んでいく、われわれ人間の在り方を苦（一切皆苦）として捉えた。そしてこの苦の克服こそが人間に課せられた課題であり、そのための実践修行の道を自ら行ない、説法した。それこそ縁起観に基づく正しい生活であり、悟りに至るための実践であった。

釈尊の生存中から徐々に教団が形成されていったと考えられるが、釈尊の滅後には、その教団を中心として教えが伝えられていった。最初は口誦で伝えられたが、より正確な伝承が望まれるようになり、仏弟子たちが『律蔵』をはじめとする仏典を編纂した。しかし、時の推移や、伝播した地方の違いにより、釈尊の教えに対する解釈の相違が生じ、見解を異にする多数の部派が成立し、紀元前二世紀には、この部派仏教が隆盛を極めた。

部派仏教の教理はアビダルマ（法の研究）といわれ、釈尊の教えを体系的に分類整理し、語義を解釈し、その理解に基づいて新たな学説が立てられていった。それは主に、煩悩の基としての心を限りなく深く究明することが目的とされ、その哲学的・分析的な姿勢から、結果的に仏教の本来持っていた苦からの離脱（悟り）や救済への指向が失われていくようになった。

このような傾向に対する批判として、紀元前一世紀頃から大乗仏教運動が起こった。いわば失われた宗教性を回復しようとする宗教改革といえる。

この新しい仏教は、自らを大乗（衆生を乗せて悟りに導く大きな乗物＝教え）と称し、部派仏教を小乗と貶み、その修行者を声聞《しょうもん》（自己の悟りのみに専念する者）、縁覚《えんがく》（一人で修行する者）と呼んだ。

さて、大乗仏教の教理の基盤は空観《くうがん》である。その思想は、世の中に存在するすべてのものが移り変わる無常なものであるから、執着すべきものではないとする。これは基本的には、釈尊の縁起観を継承したものといえる。『法華経』の「諸法実相」の思想も、この空観思想を基盤として生み出されたものである。

法華思想の成立と特長

『法華経』は、紀元前一〇〇年頃から数百年という長い時間をかけて成立し、インドにおける仏教思想のひとつの大きな転換点となった。その根底には「諸法実相」の思想がある。「諸法実相」とは、人間を含めたすべての存在は移り変わるものであるが、しかし、ひとつひとつの存在は絶対的に肯定されるべき尊い存在である、という考え方である。つまり、万物を全面的に受け入れ、それぞれに存在価値を認めていく。

ここから展開して、人間についていえば、あらゆる人が救済され、成仏できるとし、そのために釈尊は世に出現した、と説き、般若経典（『維摩経』など）では成仏から見捨てられていた声聞や縁覚までもが成仏できるとした。これを一仏乗《いちぶつじょう》（一乗）という。

すなわち『法華経』では、声聞や縁覚が自分の修行結果としての境地に満足し、安住し、執着することに対しては厳しく批判するが、しかし声聞は声聞の修行のままで、縁覚は縁覚の悟りを得たままで成仏することができるというのである。これを「三乗即一乗」という言葉で示している。このように法の普遍性のもとでは、あらゆる立場の思想・信仰が否定されるべきものではなく、それぞれに存在意義があるという絶対的な包容性が大きな特長になっている。

また『法華経』では、法を説く釈尊そのものの普遍性・永遠性を認める。つまり、教えが時間的・空間的な次元に限られず、真実であり普遍的であることから、教えを説く釈尊も歴史的な釈尊に限らず、遠い過去にもあるいは未来にも存在するとして（多仏思想）、ついには永遠の人格的生命をもつ釈尊を認めるのである。具体的には、歴史的存在である釈尊は、実は遙か昔に成仏している永遠なる存在であり、いつの世にも厳然として真実として存在し得る、と説くのである。

五　法華思想の展開と註疏

伝播と注釈的研究　その後、インドでは空観・諸法実相思想をより哲学的に探求したナーガールジュナ（龍樹、二―三世紀）を中心とした中観派《ちゅうがんは》の仏教が生まれ、インド各地方へ浸透し、のみならず東南アジアや西域・中国にも大きな影響を与えた。

『法華経』に関しても、龍樹の『大智度論』に多く引用されているのをはじめ、ヴァスバンドゥ（世親、四世紀）は、『妙法蓮華経憂波《うば》提舎《だいしゃ》』（『法華経論』ともいう）二巻を著した。また堅意（四―五世紀）の『入大乗論』などにも引用されている。その他、多くの研究者があり、多数の注釈があったとされるが伝わっていない。

一方、中国への仏教そのものの流伝年代に関しては、諸説があり明確に決定するに至っていないが、紀元前一世紀頃から、西域から、あるいは南方海路から徐々に流入してきたものである。はじめは宗教思想としてよりも、呪術的・儀礼的な面から受容されたと想像され、仏典の解釈も中国固有の思想、特に老荘思想を援用して行なわれた。

南北朝時代（四―五世紀）になると、本来的に相違する思想で仏教を把握しようとすることに対する反省が起こり、特に西域から来た鳩摩羅什とその門下によって、空観思想をはじめとする大乗仏教教理の本格的な探求が行なわれるようになった。

雑多の仏典が無秩序に招来された中国では、それをそれぞれの立場で仏典を整理組織し、何が究極的な仏説であるかを決める価値基準が模索された。それが「教相判釈」という方法である。中でも『般若経』『法華経』『涅槃経』『華厳経』などの大乗仏教経典を、いかに位置づけるかが大きな問題となり、仏教者は、それぞれの見解を立てるようになった。特に『法華経』の解釈が「教相判釈」上、最も重要視され、多くの学僧が『法華経』の注釈的研究を残している。代表的なものを次に挙げる。

羅什が『法華経』を訳出すると直ちに彼の門下生によって講究され、僧叡《そうえい》（―四三六）は、『経序』を作った。また、道生（三五五―四三四）は、中国における現存最古の経疏である、『妙法蓮花経疏』二巻を著した。さらに慧叡《ええい》の『喩疑』や、慧観《えかん》の『法華宗要序』などの著も、それぞれ法華の意義を世に知らしめた。

次に、梁の三大法師の一人、涅槃宗の光宅寺法雲（四六七―五二九）は、『法華義記』八巻を著し、講述も百回に及んだと言われている。

中国天台の開祖、智顗（五三八―五九七）は、『法華経』の「諸法実相」に基づいて、禅定と観法の実践を意義づけた『摩訶止観《まかしかん》』十巻、教学を体系づけた『法華玄義《げんぎ》』十巻、自己の思想による随文釈義《ずいもんしゃくぎ》の『法華文句《もんぐ》』十巻をそれぞれ講述し、門下の章安大師灌頂《かんじょう》（五六一―六三二）が記録編集し、後世に伝えられた。これを『法華三大部』という。

また、三論宗の大成者である嘉祥大師吉蔵《きちぞう》（五四九―六二三）は、『法華義疏《ぎしょ》』十二巻、『法華玄論《げんろん》』十巻、『法華統略《とうりゃく》』六巻、『法華遊意《ゆうい》』二巻、『法華論疏《ろんしょ》』三巻を著した。

さらに法相宗の窺基《きき》（六三二―六八二）は『法華玄賛《げんざん》』十巻を、禅宗の戒環は『法華経要解』七巻を著した。以上のように学派宗派を問わず、『法華経』が研究講讃された。中でも、智顗の『法華三大部』は、思想体系・教義・他への影響などいずれの面を見ても、他の追随を許さず、『法華経』研究において、この天台法華思想に触れない者はない。

『法華経』の日本への流伝は、敏達天皇の六年（五七七）であるが、間もなく、聖徳太子によって講讃された。太子は、『勝鬘経』『維摩経』についで『法華経』に註し、三経の義疏として著し、日本を大乗仏教の精神をもって統治することを表明した。この『法華義疏』は、法雲の『義記』の思想を承け、法華を万善同帰の一句に摂し、道徳的宗教的根本として位置づけた。太子の法華思想による構想は、後に法華滅罪寺となって現われ、法華思想は日本仏教文化の主流をなし、あらゆる方面に影響を及ぼした。孝謙天皇の時（七五六）、鑑真《がんじん》和尚によって、はじめて『法華三大部』が伝来すると、平安朝に伝教大師最澄が、さかんに天台法華の義を講讃し、その徳音いよいよ民衆に及び、鎌倉仏教へと展開していった。それ以後の日本仏教において、その中心を貫く思想は、法華であるといっても過言ではない。

中国における『法華経』の科文　一つの経をいかに読解するかの大綱を示しながら、段落を付けていく方法を科《か》文《もん》という。あるいは科段、分科というのも同義である。『法華経』の科文についても、一般的には、序《じょ》・正宗《しょうしゅう》・流《る》通《ずう》の三段に分ける。しかし、細かな分断には諸家に各説がある。智顗の『法華文句』、吉蔵の『法華義疏』『法華玄論』などには、諸家の異説が紹介されている。上記した、中国における諸多の『法華経』の注釈的研究においては、欠かせない研究法であったので、ここに主な説を挙げることにする。

羅什門下の僧叡は、「法華を開いて九徹《きゅうてつ》と為す」として、法華経の要素を九種に分類して、さかんに講経した。経典解釈としては極めて初歩的であるが、当時は九徹法師と称され讃えられた。

道生は、『法華経』の前半十三品を「三因を明かして一因と為す」段とし、これを序・正・流通の三に分け、後半十四品もまた、序・正・流通の三に分け、その内、涌出品からの八品を「三果を弁じて一果と為す」段とし、終わりの六品を「三人を均しく一人と為す」段とした。つまり、一経因果二門六段ということになる。

河西の道朗《どうろう》（—四九〇）は、涅槃に精通していたという。『法華経』については、次のように五門に分けて解釈している。

序品	法華必転の相
方便品から法師品	法華の体無二の法
宝塔品から寿量品	常住法身の果
分別品から嘱累品	所生の功徳
薬王品から普賢品	流通の方軌

である。

玄暢《げんちょう》（四一六—四八四）は、三論の学僧である。序品から宝塔品を因分、勧持品から神力品を果分、嘱累品から普賢品を護持分とし、三段に分けた。

僧印（四三五―四九九）は、特に『法華経』に精通した学僧とされ、四段に分けて講義を行なった。四段とは、

序品　　序分
方便品から安楽品　　開三顕一分
涌出品から功徳品　　開近顕遠分
不軽品から普賢品　　流通分

である。

光宅寺法雲の科文は、広く流行し、特に『法華経』に関しては、先述の道生と共に後世に大きな影響を与えた。序品を序分、方便品から分別功徳品を正宗分、随喜功徳品から普賢品までを流通分とした一経三段の精密な分科である。

この他に諸家に広略さまざまな分科が行なわれ、智顗や吉蔵の『法華経』研究に影響を与えていくことになる。特に智顗は、一経三段、二門六段によって法華思想を宣揚した。その総科は、いわば一種の法華縮写図とも呼ぶべき、優れたものである。本書では、この智顗の総科と各品毎の科文を解題の後に略図として示しておくので、参照されたい。

六　各品の大意

ここでは、智顗の科文に沿いながら、梗概を記るす。

序品第一　本品は『法華経』全体の総序であると共に、迹門《しゃくもん》十四品の序説でもある。通序は、まず経の六事によって、法華会座の雄大な相を示し、別序では、さまざまな奇瑞を現じながら、本経にこれから説かれる甚深の妙旨をあらかじめ表明する。この現瑞に対して疑念を懐いた大衆の代表者である弥勒菩薩（慈悲の主）は、文殊菩薩（智慧の主）に、その瑞相の意味を尋ねる。文殊は、過去世に二万の日月燈明如来がおり、無量義処三昧に入ってから『法華経』という経典を説き、やがて涅槃に入ったという故事を語る。慈悲と智慧の二徳は、修道の双翼であり、二師のこの問答は、『法華経』の構想を密かに説き示し、本迹《ほんじゃく》の要として位置づけられる。さらには、答問序中の久遠の談が、本門における久遠実成《くおんじつじょう》の密説であることに対する。

方便品第二　本品は、迹門の正宗分で上根の人に対する法説周の第一正説である。つまり、三乗の権執《ごんしゅう》を開して、一乗が真実であることを顕わす段である。この品は、前半十四品の中心課題を示しており、開三顕一《かいさんけんいち》、開権《かいごん》顕実《けんじつ》と略され、また法華の開顕、開会ともいう。

まず、仏が三昧より立ち、仏の智慧は深遠であり、その法は三乗の人には到底理解しがたいものであるから、これまでさまざまに巧みな方便を用いて衆生を引導してきたことを示す。そこで、この「仏と仏とのみがよく知ることができる」という法を、十如実相（十如是《じゅうにょぜ》）の形で説く。これを「略法華経」、または「破地獄の文」ともいう。智顗は、この文によって、「一念三千」の思想を説き、「円融三諦《えんにゅうさんたい》」の妙理を開いた。この秘蔵された甚深の大義は、「言を絶す」「難解の法」と形容されている。

舎利弗が一会の代表として、その難解の法を説き示し給うことを仏に懇願する。仏の三止と、舎利弗の三請を経て、増上慢の人が退座し、大衆の聞法の心構えが最高に達する。そこで仏は、衆生のため仏知見《ぶっちけん》（仏のものの見方、理解の仕方）を開き、示し、悟らせ、入らせることが、仏の出世の理由であることを説く。さらに、三乗に対して随宜の説法をなし、機根を調え、最後に一乗究竟法を説いて開顕するという、一切の諸仏の化導の道筋は、常に同じであることを、十方諸仏・過去仏・未来仏・現在仏・釈迦仏の五仏章に渡って説くのである。

この品は、「方便と真実」「諸法実相」「二乗作仏」「小善成仏」などの教学上重要な諸テーマを含んでいる。本文の補註に詳述するので参照されたい。

譬喩品第三　本品は、法説、譬説の二周に亘る章である。前分は、前の法説周の第一正説を受けて、残りの第二領解、第三述成、第四授記の各段である。後分は、譬説周に移り、その第一正説段を説く。

前品で舎利弗に対し、仏が開顕の大義を示すと、舎利弗は、大悟し歓喜し、昔、大乗の化を受けたことを忘れ、小乗に執着し、終日剋責していた心情を語り、今は身心共に安泰を得て、如来の真の子であることを自覚したことを告白する（領解段）。次に如来が述成し、ついで舎利弗の劫国・名号などを説いて当来成仏の予言を与える（授記段）。四衆の歓喜渇仰で法説周が終わる。

次に第二譬説周に移り、いまだ得悟できない者のために、舎利弗の請いに応じて、仏が重ねて開顕の旨を説く。この説法が「三車一車の譬」または「三界火宅の譬」と名づけられる、法華七喩の第一の譬である。それは、世間の父と子の関係を藉《か》りて、大慈をもって三界火宅よりわが子を救済する姿に、仏が巧みな方便と慈悲をもって大衆を引導する相に準《なぞら》えている。「今この三界は皆、わが有なり。その中の衆生は悉くこれ吾が子なり」といい、仏の大慈悲と三車三乗の権を開し、一車一乗の実を顕わすことが主題となる。

偈頌の終わりは、「信」を後世に弘めることを勧める段で、法印は、世間を利益するために説くものであり、妄りに宣伝することを誡《いま》しめ（十四誹謗）、利根にして智慧明瞭の者のために説くべきこと（五双の善根）を説き、伝道の心構えを述べている。

信解品第四　本品は、譬説周四段の中の第二領解段である。火宅の譬喩を聞いた中根人は、教えを信じ、正真の領解を得る。そこで須菩提、迦旃延、迦葉、目連の四大弟子は、長者窮子の譬を語り、自ら領解したところを告白する。この譬喩が主題となる。

智顗によれば、その内容は、父の子に寄せる深い愛情に、五時に亘る如来の伝道の慈悲を準える（五時教判）ものである。一、「父と子と相い失う」は、大通如来以来、大乗の化を受けながら退いていたことを示す。二、「父と子と相い見る」は、華厳の擬宜の益を蒙ることを述べる。三、「父が命じて追いて誘う」は、阿含、方等の二時に誘引・弾訶の益を受けることを示す。四、「家業を領知す」は、般若の転教を喩え淘汰の益を示す。五、「正しく家業を付す」は、法華の開顕を示す。

最後に偈頌で仏恩の広大であることを賛嘆して、この品を結ぶ。

薬草喩品第五　この品は、譬説周の第三如来の述成を示す段である。仏は、三草二木の譬で、平等な慈悲と智慧を準える。衆生の機根の差別を三草二木に譬え、仏の平等な大慧を一味の慈雨に譬え、諸種の草木は、みな一味の慈雨に浴しながらも、生長の度合いに差がある。同様に、仏も、一相一味の法によって衆生を利益し、導いて一仏乗に帰入させようとするが、衆生の機根によって領解するところに差別が生じることを説く。

本品には、その他、四弘誓願の文や、「現世安穏　後生善処」「汝等所行　是菩薩道」などの要文が示される。

授記品第六　本品では、中根人に具体的に記を与える。迦葉には光明如来の、須菩提には名相如来の、迦旃延には閻浮那提金光如来の、目連には多摩羅跋栴檀香如来の記別《きべつ》が与えられる。『法華経』の授記と他経との大きな違いは、すべてに平等に仏界を成ずる記を与えることである。

この品の偈頌の終わりには、下根の領解となる因縁周を説くための一句を置く。

化城喩品第七　本品は、三周説法の第三因縁説の正説である。いまだ領解することができない下根の人のために、過去世の大通智勝如来の故事を挙げて、師弟の宿世の因縁を説く。

昔、大通智勝如来には、出家以前に十六人の子があった。子らも、智勝仏が『法華経』を説くのを聞いて出家し、後に十方に分かれて、それぞれ成仏する。今の釈尊は、その十六人目の子で娑婆国土で成仏し、智勝仏の下で『法華経』を講じ衆生教化に努める。現在の声聞の弟子たちは、その時の説法で成仏できなかった者である。

そこで仏は、化城《けじょう》の譬によって、五百由旬の宝処を示し、ついに目的地に到達させる。

この品には、「願以此功徳　普及於一切　我等与衆生　皆共成仏道」の回向文がある。

（以下の諸品は、続刊の「法華部2」に収録されるので、その梗概も続刊の「解題」に記す）

無量義経
妙法蓮華経
科文

無量義経　科文

序分　徳行品第一

- 通序[1]
  - 法・人・時・主・処の経の五事[1]
  - 衆を明かす[2]
    - 標[2]
      - 声聞衆[2]
      - 菩薩衆[3]
      - 雑衆[4]
        - 八部[4]
        - 四衆[5]
        - 輪王[6]
        - 人衆[7]
    - 菩薩衆[8]
      - 名を列ね数を唱える[8]
      - 自利[9]
        - 法身[9]
        - 止徳[10]
        - 観徳[11]

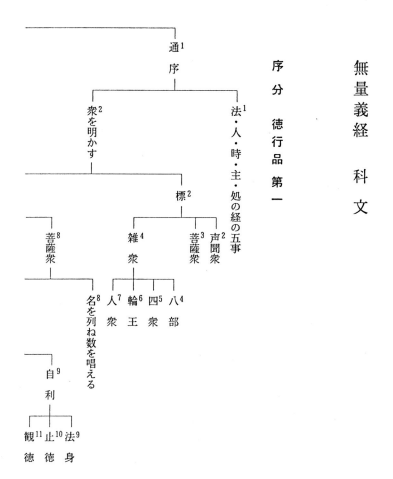

- 列[8]
  - 徳を歎ず[9]
    - 利他[12]
      - 転法輪[12]
      - 利他徳[13]
    - 自利[14]
      - 到彼岸[14]
      - 四弘願[15]
      - 金剛位[16]
  - 声聞衆[17]──名を列ね数を唱え、徳を歎ず
- 別序[18]
  - 三業供養[18]
  - 讃歎偈[19]
    - 仏身歎[19]
      - 真応二身[19]
      - 報身[20]
      - 内証身[21]
      - 修徳の三身[22]
      - 三十二相に約して内証身を歎ず[23]
      - 有相の諸相好を遣って諸相好を示現す[24]
      - 相の用[25]
    - 帰敬歎[26]
      - 能敬所敬の無著[26]
      - 能説の教主[27]
      - 所説の法輪[28]
    - 仏徳歎[29]
      - 因行[29]
        - 総じて因行を歎ず[29]
        - 別して六度を歎ず[30]
      - 果徳[31]

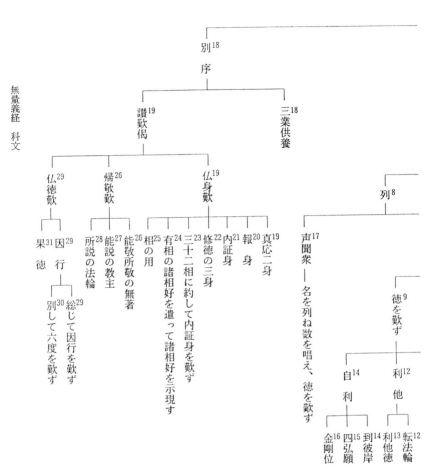

正宗分　説法品第二

- 1 大衆正に問う分
- 2 如来、許しを垂る分
- 3 菩薩、正に問う分
  - 3 所行の法門を問う
  - 4 疾成の法を問う
- 5 如来、略して答う分
- 6 重ねて三疑を問う分
  - 6 法門の名を問う
  - 7 法門の義を問う
  - 8 法門の行を問う
- 9 如来広く説く分
  - 9 三疑を答う
    - 9 法門の名を答う
    - 10 法門の行を答う
    - 11 法門の義を答う
  - 12 結歎
    - 12 所詮を歎ず
    - 13 能詮を歎ず
    - 14 勧学

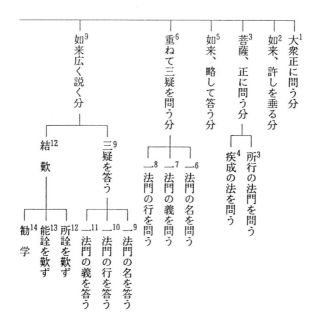

- 大衆、重ねて徴かに問う分[15]
  - 三徳の不可思議を歎ず[15]
    - 法身[15]
    - 般若[16]
    - 解脱[17]
  - 発問の所由を明かす[18]
  - 正問を挙ぐ[19]
- 如来、広く説く分[20]
  - 能問を讃歎す[20]
  - 利益の不虚を明かす[21]
  - 自他の疾かに成ずることを明かす[22]
  - 正問に答う[23]
    - 前説三乗今説一乗を挙ぐ[23]
    - 諸仏の三密を結歎す[24]
    - 無量義経を結歎す[25]
    - 経契を明かす[26]
    - 勧学[27]
- 此方、随喜し供養する分[28]
- 他方、随喜し供養する分[29]
- 経を聞くの得益分[30]
  - 菩薩[30]
  - 雑衆[31]
    - 小乗の得益[31]
    - 大乗の得益[32]

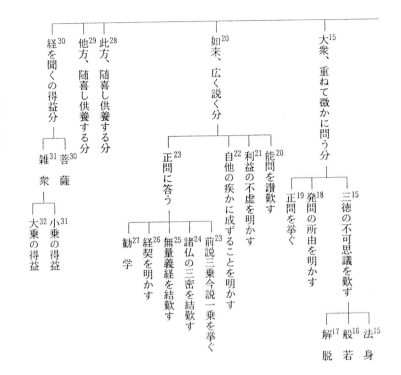

流通分　十功徳品　第三

- [1] 正説の経を標歎す
- [2] 所利益の人を挙げて能利益の経を歎ず
- [3] 得聞の益を挙げて未聞の失を示す
- [4] 菩薩の発問
- [5] 如来の答
  - [5] 述歎
  - [6] 釈
  - [7] 来・至・住の問に答う
  - [8] 功徳を明かす
- [9] 如来の試問
- [10] 菩薩問わんと欲して答え奉る
- [11] 十功徳力を明かす
  - [11] 浄心不思議力
  - [12] 義生不思議力
  - [13] 船師不思議力
  - [14] 王子不思議力
  - [15] 龍子不思議力
  - [16] 治等不思議力

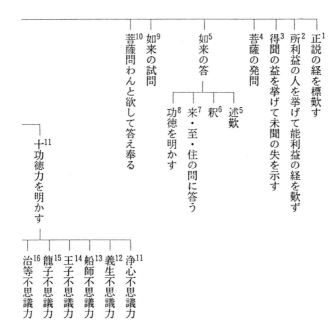

- 11 如来、正に答う
  - 17 賞封不思議力
  - 18 得忍不思議力
  - 19 抜済不思議力
  - 20 登地不思議力
  - 21 十功徳力を結す
- 22 菩薩の領解
  - 22 説法品を領解す
  - 23 十功徳力を領解す
- 24 重ねて時会の得益を讃ず
- 25 瑞を現じて供養す
  - 25 此土の供養
  - 26 他土東方の供養
  - 27 他土九方の供養
- 28 菩薩等に付属す
- 29 滅後弘経の仏勅を敬い受く
- 30 流通を讃歎す
- 31 経を聞いて受持す

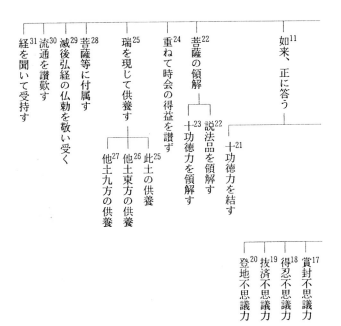

妙法蓮華経　総科

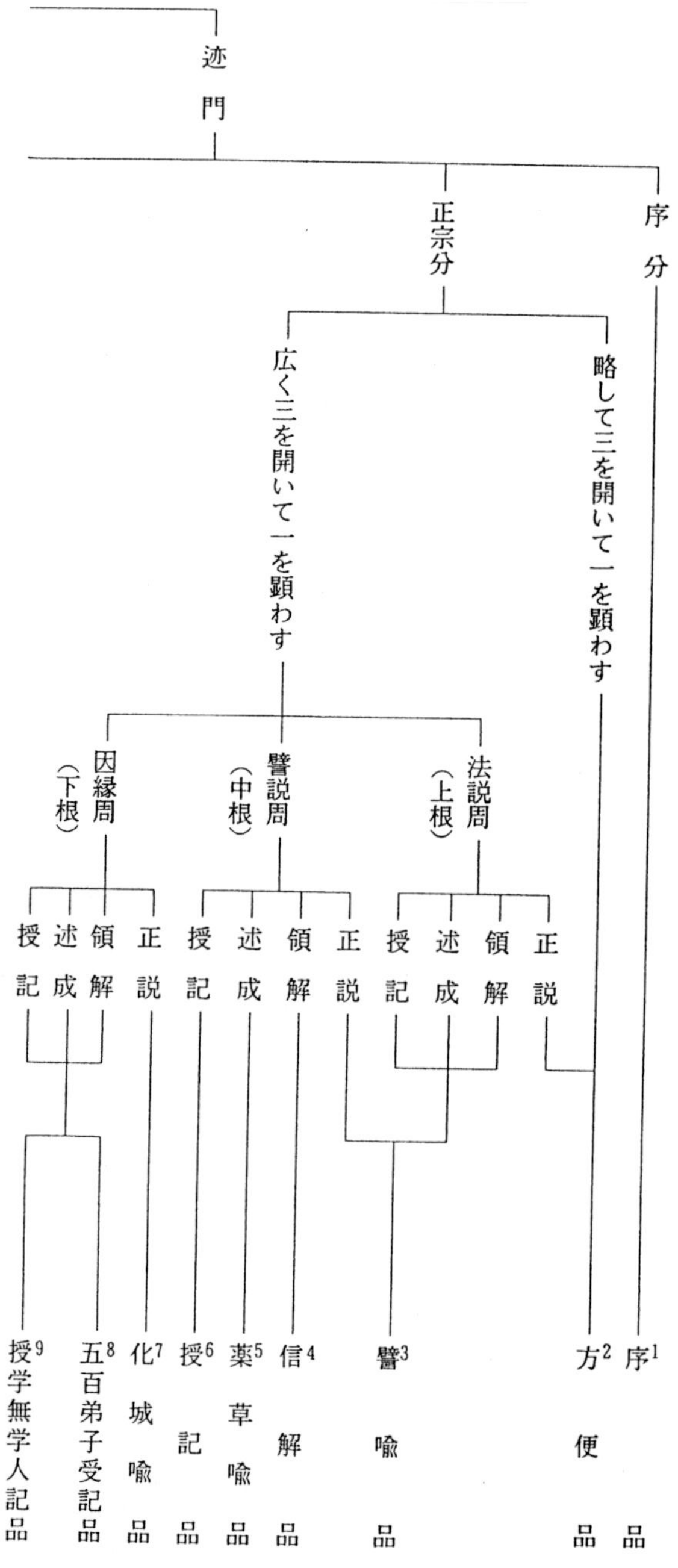
迹門
序分
正宗分
略して三を開いて一を顕わす
広く三を開いて一を顕わす
法説周（上根）
譬説周（中根）
因縁周（下根）
正説
領解
述成
授記
正説
領解
述成
授記
正説
領解
述成
授記
序1品
方2便品
譬3喩品
信4解品
薬5草喩品
授6記品
化7城喩品
五8百弟子受記品
授9学無学人記品

- 流通分
  - 弘通の功徳の深さを明かして未来の流通を勧む
    - 法[10] 師 品
    - 見[11] 宝 塔 品
  - 往事を挙げて流通を証す
    - 提[12] 婆 達 多 品
  - 他方と此土の流通を勧む
    - 勧[13] 持 品
  - 初心行者のために安楽行を説く
    - 安[14] 楽 行 品

- 本門
  - 序分
    - 従[15] 地 涌 出 品
  - 正宗分
    - 略して近を開し遠を顕わす
      - 従[15] 地 涌 出 品
    - 広く近を開し遠を顕わす
      - 近を開いて遠を顕す
        - 如[16] 来 寿 量 品
      - 法身の記を授く
        - 随[18] 喜 功 徳 品
      - 領解を申す
        - 分[17] 別 功 徳 品
  - 流通分
    - 滅後の弘経の功徳を説いて流通せしむ（17〜22本門流通 23〜28本迹に通ずる）
      - 初品の因の功徳
        - 随[18] 喜 功 徳 品
      - 初品の果の功徳
        - 法[19] 師 功 徳 品
      - 信毀の罪福
        - 常[20] 不 軽 菩 薩 品

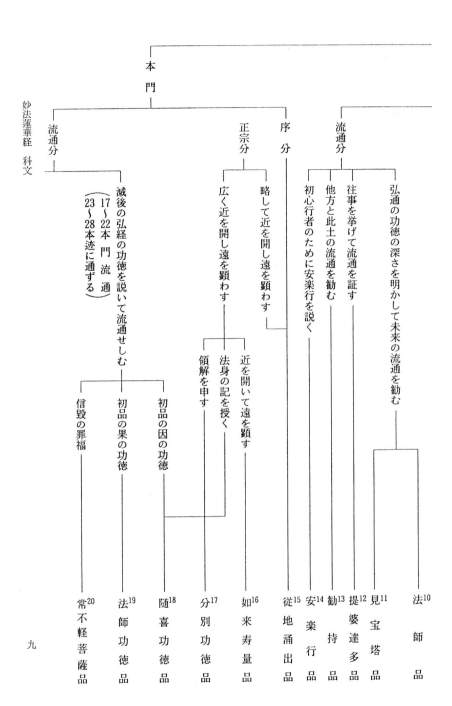

- 流通を付嘱す
  - 嘱累流通
    - 21 如来神力品
    - 22 嘱累品
  - 化他流通
    - 苦行
      - 23 薬王菩薩本事品
    - 三昧
      - 24 妙音菩薩品
      - 25 観世音菩薩普門品
    - 総持
      - 26 陀羅尼品
    - 誓願
      - 27 妙荘厳王本事品
  - 自行流通
    - 神通
      - 28 普賢菩薩勧発品

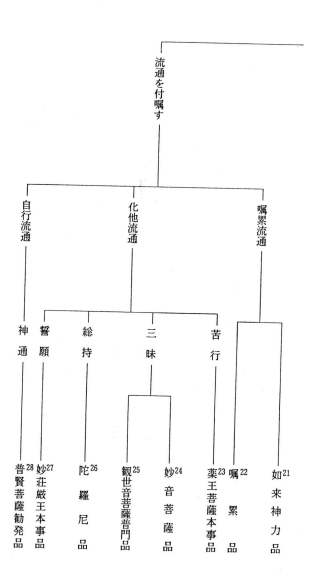

妙法蓮華経　科文

迹門　序分　序品第一

- 通[1]序
  - 信[1]・聞・時・主・処の経の五事
  - 同[2]聞衆
    - 声[2]聞衆・菩[3]薩衆
    - 雑[4]類衆
      - 欲[4]界衆・色界衆
      - 龍[5]王衆
      - 緊[6]那羅王衆
      - 乾[7]闥婆王衆
      - 阿[8]修羅王衆
      - 迦[9]楼羅王衆
      - 人[10]王衆

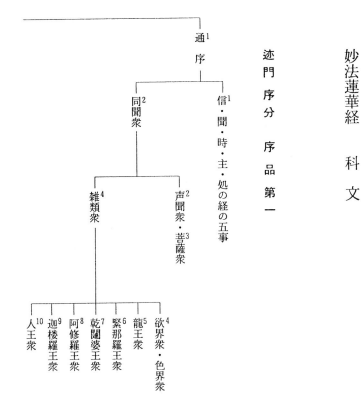

妙法蓮華経　科文

- 別序[11]
  - 集衆序[11]
  - 現瑞序[12]
    - 此土六瑞[12]
      - 説法瑞[12]
      - 入定瑞[13]
      - 雨華瑞[14]
      - 地動瑞[15]
      - 衆喜瑞[16]
      - 放光瑞[17]
    - 他土六瑞[18]
      - 六趣を見るの瑞[18]
      - 諸仏を見るの瑞[19]
      - 諸仏の説法を聞くの瑞[20]
      - 四衆の得道を見るの瑞[21]
      - 菩薩修行相を見るの瑞[22]
      - 仏涅槃を見るの瑞[23]
  - 疑念序[24]
    - 弥勒の疑念[24]・大衆の疑念[25]
  - 発問序[26]
    - 長行[26]
    - 偈頌[27]
      - 此土の六瑞を問う[27]・他土の六瑞を問う[28]
      - 正しく文殊の答を請う[29]

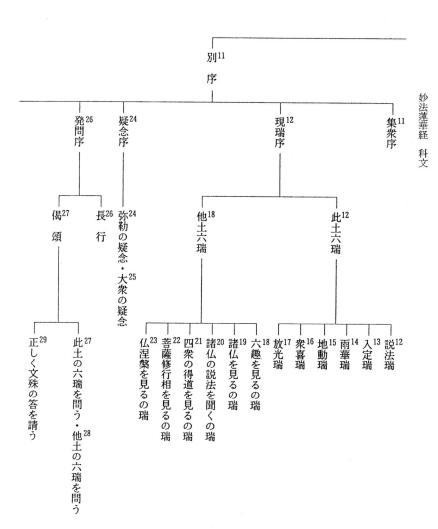

- 答問序[30]
  - 長行[30]
    - 惟忖して答う[30]
    - 曾て見を略答す[31]
    - 曾て見を広答す[32]
      - 最初一仏の同道[32]
      - 中間二万仏の同道[33]
      - 最後一仏の同道[34]
  - 偈頌[35]
    - 曾て見を広答す[35]
      - 最初一仏の同道[35]
      - 最後一仏の同道[36]
    - 分明に判じて答う[37]

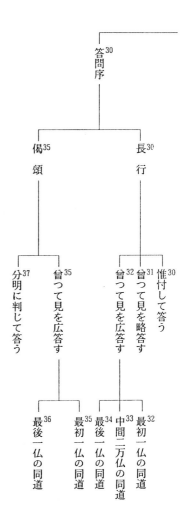

迹門　正宗分　方便品　第二

- 略[1]して三を開いて一を顕す
  - 長[1]行
    - 言[1]に寄せて権実二智を歎ず
      - 諸[1]仏の二智を歎ず
      - 釈[2]迦の二智を歎ず
    - 言[3]を絶して権実二智を歎ず
  - 偈[4]頌
    - 言[4]に寄せて権実二智を歎ず
    - 言[5]を絶して権実二智を歎ず
    - 略[6]して開顕し執を動じて疑いを生ず
      - 諸[6]仏の実を顕す
      - 釈[7]迦の権を開く
  - 疑[8]いを挙げて請を致す
    - 衆[8]の疑いを叙す
      - 経[8]家の叙
      - 仏[9]の二智を疑う
      - 己[10]の所得を疑う
    - 正[11]しく請を決す
      - 第[11]一の請
      - 第[12]二の止
      - 第[13]二の請
      - 第[14]三の止
      - 第[15]三の請

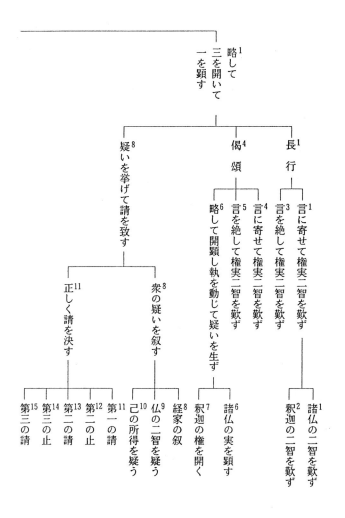

- 第一正説段　法説周　広く三を開いて一を顕す[16]
  - 長行[16]
    - 説くことを許す[16]
    - 増上慢の衆を遣去す[17]
    - 旨を受く[18]
    - 正説[19]―五仏章
      - 第一諸仏章[19]
        - 法の希有を歎ず[19]
        - 虚妄なきを説く[20]
        - 方便を開く[21]
        - 真実を顕す[22]
        - 出世の本懐を標す[23]
        - 正しく真実を釈す[24]
        - 諸仏の同道を結す[25]
      - 第二過去仏章[26]
      - 第三未来仏章[27]
      - 第四現在仏章[28]
      - 第五釈迦仏章[29]
        - 権を開く[29]
        - 実を顕す[30]
        - 濁を挙げて権を釈す[31]
        - 偽を揀びて信を敦む[32]
  - 偈頌[33]
    - 許答[33]
      - 五千人の退席[33]
      - 衆の清浄[34]
      - 誡めて許す[35]
    - 第一諸仏章[36]
      - 権を開く[36]
      - 実を顕す[37]
      - 信を勧める[38]
      - 五濁[39]
      - 虚しからず[40]

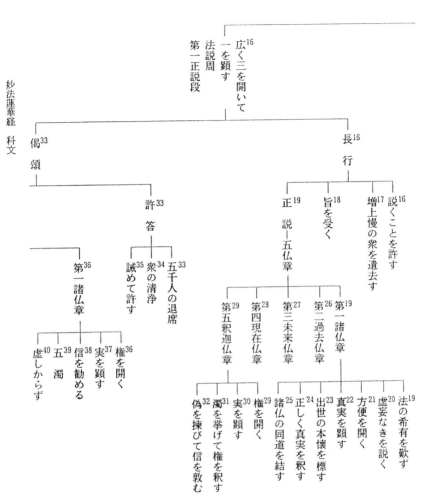

- 五仏章 [36]
  - 第二過去仏章 [41]
    - 三を開く [41]
    - 一を顕す [42]
      - 略して開会す [42]
      - 広く五乗を開会す [43]
        - 総じて明かす [43]
        - 別して明かす [44]
          - 菩薩の開会 [44]
          - 二乗の開会 [45]
          - 人天の開会 [46]
  - 第三未来仏章 [47]
    - 三を開く [47]
    - 一を顕す [48]
  - 第四現在仏章 [49]
    - 実を顕す [50]
    - 権を開く [51]
  - 第五釈迦仏章 [52]
    - 略して開顕を頌す [52]
    - 広く開顕を頌す [53]
      - 五濁の開三 [53]
      - 化の方便を施す [54]
      - 実を顕す [55]
      - 法の希有を歎ず [56]
      - 不虚 [57]
      - 衆を揀びて信を敦む [58]

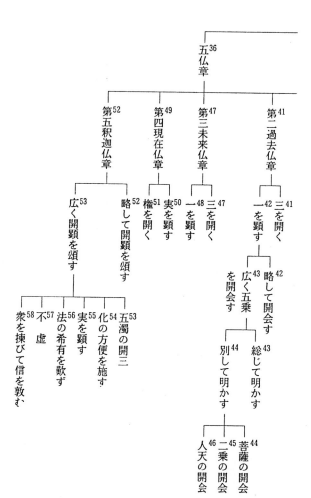

譬喩品　第三

- 法説周[1]
  - 第二舎利弗の領解段[1]
    - 経家の叙[1]
    - 身子の自陳[2]
      - 長行[2]──三業の慶喜[2]─身[3]─口[4]─意業に約す[5]─結成[6]
      - 偈頌[7]──法を聞かざることを頌す[7]─心に妙解の喜びを得ることを頌す[8]─結成[9]
  - 第三如来の述成段[10]
    - 昔曾つて大乗を教う[10]
    - 中間忘れて小乗を取る[11]
    - 今還って大乗を説きて本願を遂ぐ[12]
  - 第四如来授記段[13]
    - 長行[13]──劫数[13]─行因[14]─得果[15]─国土[16]─説法[17]─劫名[18]─衆数[19]─寿量[20]─補処[21]─法住[22]
    - 偈頌[23]──得果[23]─行因[24]─劫名[25]─国土[26]─衆数[27]─説法[28]─寿量[29]─法住[30]─舎利供養[31]─結歎[32]
  - 第五四衆の領解段[33]
    - 長行[33]
      - 経家の叙[33]──衆喜[33]─供養[34]
      - 正しく領解す[35]──開権を領す[36]─顕実を領す[37]
    - 偈頌[38]──開権顕実[39]・自ら得解を述べ随喜廻向す[40]

- 長行[1]
  - 舎利弗請問[1] ― 自ら疑い無きことを述す[2] ― 他に疑い有るを述す[3] ― 普き衆のために請う[4]
  - 如来答説[5]
    - 開譬[5]
      - 発起[5]
      - 総譬（三界火宅の譬）[6]
        - 長者[7]
        - 舎宅[8]
        - 一門[9]
        - 五百人[10]
        - 火起こる[11]
        - 三十子[12]
      - 別譬[13]
        - 火を見る[13]
        - 几を捨て車を用う[14]
          - 几を捨てる[14]
          - 車を用う[15]
        - 等しく大車を賜う[16]
          - 諸子の免難を見て喜ぶ[16]
          - 諸子、車を索む[17]
          - 等しく大白牛車を賜う[18]
          - 車を得て歓喜す[19]
        - 長者虚妄せず[20]
          - 免難不虚[21]
          - 不乖本心不虚[22]
    - 合譬[23]
      - 総譬に合す[23] ― 長者[23] ― 五百人[24] ― 舎宅[25] ― 三十子[26] ― 火起 ― 一門[27]
      - 別譬に合す[28] ― 見火[28] ― 捨几[29] ― 用車[30] ― 等賜大車[31] ― 長者無虚妄[32]

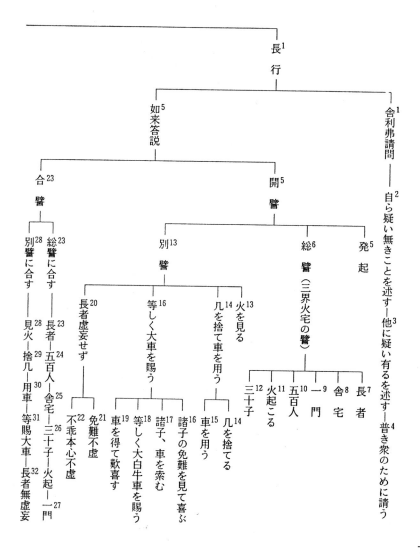

- 譬[1]説周　第一正説段
  - 偈[33]頌
    - 開[33]譬
      - 総[33]譬
        - 長[33]者
        - 火[34]宅
        - 五[35]百人
        - 欲[36]界に火起こる
          - 焼[36]かれる所の類
            - 五[36]鈍使禽獣―慢[36]―瞋[37]―癡[38]―貪[39]―疑[40]
            - 五[41]利使鬼神―総[41]明―邪[42]見―戒[43]見―身[44]見―見[45]取見―辺[46]見
            - 総[47]じて利鈍を結す
          - 火[48]起の由
          - 火[49]起の勢
          - 被[50]焼の相
        - 色[51]界に火起こる
        - 無[52]色界に火起こる
        - 総[53]じて三界の衆難一に非ざることを結成す
      - 別[54]譬
        - 長[54]者火を見る
          - 能[54]見
          - 所[55]見
          - 驚[56]入す
        - 几[57]を捨て車を用う
          - 几[57]を捨てる
          - 車[58]を用う
        - 等[59]しく大車を賜う
          - 難[59]を免れて歓喜す
          - 諸[60]子、車を索む
          - 等[61]しく大白を賜う
          - 車[62]を得て歓喜す

- 合[63]譬
  - 合総譬[63]—長者[63]—五百人[64]—舎宅[65]—火起[66]
  - 合別譬[67]—見火能見—所見[68]—驚入[69]—捨几用車[70]—捨几—用車[71]—等賜大車[72]—長者無虚妄[73]
- 勧信流通[74]
  - 両章を標す[74]
    - 可説不可説を標す[74]
    - 可通不可通を標す[75]
  - 両章を釈す[76]
    - 可説不可説を釈す[76]
    - 可通不可通を釈す[77]
      - 大悲を用うれば[77] 悪人のために説くなかれ—堕地獄[77]—畜生[78]—賤人[79]—不値仏[80]・人悪道[81]・得為人[82]
      - 大慈を用うれば善人のために説くべし[83]
    - 可説を総結す[84]

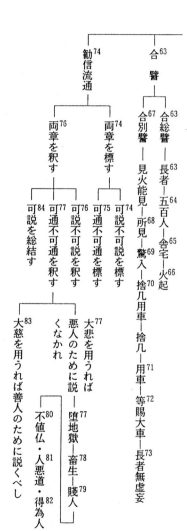

信解品 第四

譬[1]説周 第二四大声聞領解段

- 経[1]家の歓喜を叙す
- 四[2]大声聞、自らの得解を略して説く
- 長[3]行
  - 広[3]く譬説を説く
    - 父[3]子相い失う
      - 子[3]は父の長者に背きて去る
      - 父[4]は子を求めて一城に止る
      - 窮[5]子たまたま父の城に到る
      - 父[6]憂念す
    - 父[7]子相い見る
      - 子[7]が父を見る
      - 父[8]が子を見る
    - 父[9]が命じて追うて誘う
      - 傍[9]人を遣して追う
        - 勧[9]門の擬宜
        - 誡[10]門の擬宜
        - 息[11]化を勧誡す
      - 二[12]人を遣して誘う
        - 斉[12]教領
        - 取[13]意領
    - 家[14]業を領知す
      - 心[14]相体信す
      - 命[15]じて家業を知らしむ
      - 命[16]を受けて領知す

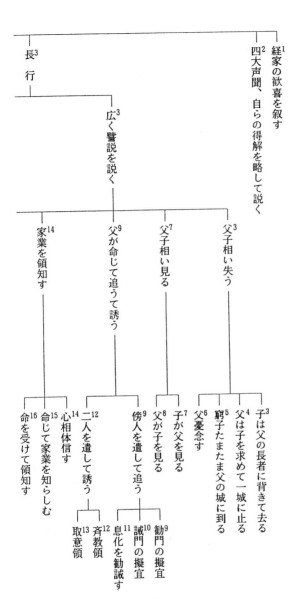

- 正しく家業を付す[17]
  - 業を付す[17]
  - 歓喜す[18]
- 合[19] 譬
  - 父子の相失に合す[19]
  - 父子の相見に合す[20]
  - 父命じて追うて誘うに合す[21]
  - 家業を領知するに合す[22]
  - 正しく家業を付するに合す[23]
- 偈[24] 頌
  - 法説を頌す[24]
  - 開譬を頌す[25]
    - 父子相い失う[25]
    - 父子相い見る[26]
      - 子が父を見る[26]
      - 父が子を見る[27]
    - 父命じて追うて誘う[28]
      - 傍人を遣して誘う[28]
      - 二人を遣して誘う[29]
    - 家業を領知[30]
    - 正しく家業を付す[31]
  - 合譬を頌す[32]
    - 父子の相失に合す[32]
    - 父子の相見に合す[33]
    - 父命じて追うて誘うに合す[34]
    - 家業を領知するに合す[35]
    - 正しく家業を付するに合す[36]
  - 仏恩の甚深を歎ず[37]

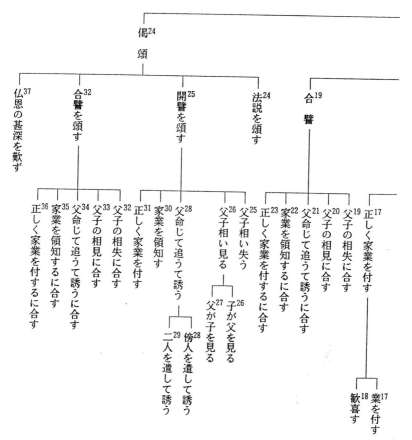

薬草喩品 第五

譬説周[1] 第三如来述成段

- 長行[1]
  - 述成略説[1]
  - 述成法説[2]
  - 述成開譬[3]
    - 有差別の六譬[3] ― 土地[3]―卉木[4]―密雲[5]―注雨[6]―受潤[7]―増長[8]
    - 無差別の三譬[9] ― 一地の所生[9]―一雨の所潤[10]―三草二木[11]
  - 述成合譬[12]
    - 差別の譬に合す[12] ― 密雲[12]―注雨[13]―土地[14]―卉木[15]―受潤[16]―増長[17]―譬をあげて六意に帖合す[18]
    - 無差別の譬に合す[19] ― 一地一雨に合す[19]―草木の差別に合す[20]
  - 復宗称述[21]
- 偈頌[22]
  - 法説を頌す[22]
  - 開譬を頌す[23]
    - 有差別の譬[23] ― 密雲[23]―注雨[24]―土地[25]―卉木[26]―受潤[27]―増長[28]
    - 無差別の譬[29]
  - 合譬を頌す[30]
    - 差別に合す[30]
      - 密雲[30]
      - 注雨[31]
      - 山川[32]
      - 卉木[33]
      - 受潤[34] ― 小草人天[34]―中草二乗[35]―上草三蔵の菩薩[36]―小樹通教の菩薩[37]―大樹別教の菩薩[38]
        - 所潤能潤を結す[39]
      - 増長[40] ― 人天の増長[40]―二乗の増長[41]―通教の菩薩[42]―別教の菩薩[43]
    - 無差別に合す[44]

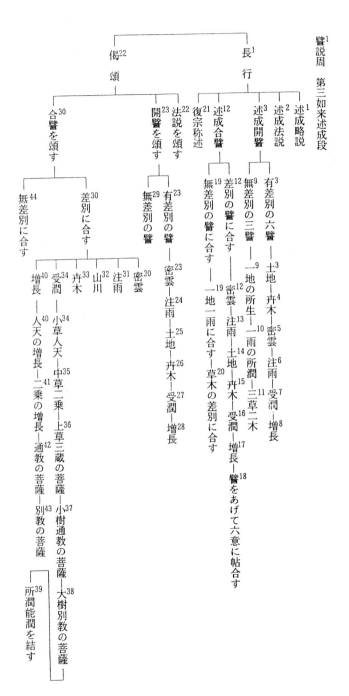

授記品　第六

譬説周　第四授記段[1]

- 迦葉に記を授く[1]
  - 長行[1]—行因[1]—得果[2]—劫国[3]—仏寿[4]—正像[5]—国浄[6]
  - 偈頌[7]—行因[7]—得果[8]—国浄[9]—寿命[10]—正像[11]
- 三人に記を授く[12]
  - 三人に記を請う[12]
    - 正しく請う[12]
    - 開譬[13]
    - 合譬[14]
    - 結成[15]
  - 須菩提に記を与う[16]
    - 長行[16]—行因[16]—得果[17]—劫国[18]—寿命[19]—正像[20]
    - 偈頌[21]—誡聴[21]—行因[22]—得果[23]—国浄[24]—寿命[25]—正像[26]
  - 迦旃延に記を与う[27]
    - 長行[27]—行因[27]—得果[28]—国浄[29]—寿命[30]—正像[31]
    - 偈頌[32]—誡聴[32]—行因[33]—得果[34]—国浄[35]
  - 目連に記を与う[36]
    - 長行[36]—行因[36]—得果[37]—劫国[38]—国浄[39]—寿命[40]—正像[41]
    - 偈頌[42]—行因[42]—得果[43]—寿命[44]—国浄[45]—正像[46]
- 下根の授記、並びに許説の宿縁[47]

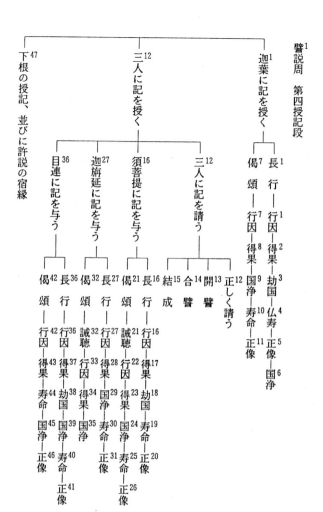

化城喩品 第七

因縁周[1] 第一正説段

- 久遠を知見す[1]
  - 長行[1]
  - 偈頌[2]
- 結縁の由[3]
- 遠由[3]
  - 大通仏の成道[3]
    - 仏寿の長遠[3]
    - 成道前の事[4]
    - 正しく成道す[5]
    - 成道後眷属の供養 ― 偈[6]
    - 法輪を転ぜんことを請う ― 偈[7]
  - 十方の梵天説法を勧請す[8]
    - 威光照動[8]
    - 東方の梵天法を請う[9] ― イ観瑞 ― ロ驚駭 ― ハ相問決 ― 偈 ― ニ尋光見仏 ― ホ三業供養 ― 偈 ― ヘ請法 ― 偈 ― ト黙許
    - 東南方の梵天法を請う[10]
    - 南方の梵天法を請う[11]
    - 総じて六方の梵天法を請うを明かす[12]
    - 上方の梵天法を請う[13]

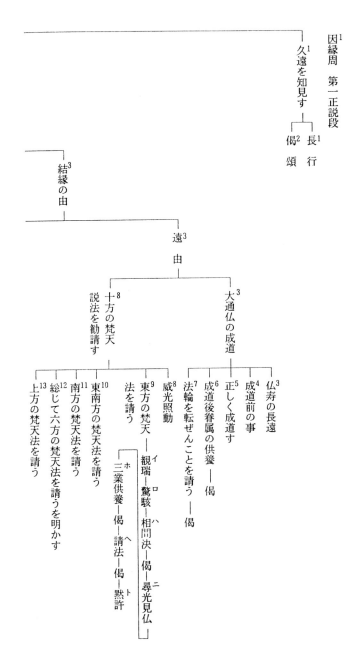

- 宿世の結縁[3]
  - 長行[3]
    - 近由[14]
      - 半字の法輪を転ぜんことを請う[14]
        - 請を受く[14]
        - 正しく転ず[15]
        - 法を聞いて道を得る[16]
      - 半字を廃して満字を明かすの法輪を転ぜんことを請う[17]
        - 出家す[17]
        - 法を請す[18]
        - 転王所将の出家[19]
        - 請を受けて説法す[20]
        - 時衆の解不解[21]
        - 説法の時節[22]
        - 説き終わって入定す[23]
    - 正しく結縁す[24]
      - 初に結縁を法説す[24]
        - 昔日共に結縁せるを明かす[24]
          - 仏の入定を知る[24]
          - 十六王子の覆講[25]
          - 衆利益を得る[26]
          - 定より起って称歎す[27]
        - 中間の値遇を明かす[28]
        - 今日還って法華を説くを明かす[29]
          - 古今を結合す[29]
            - 師の古今[29]
            - 弟子の古今[30]
          - 今法華を説くを明かす[31]
      - 開譬[32]
        - 導師の譬[32]
        - 将導の譬[33]

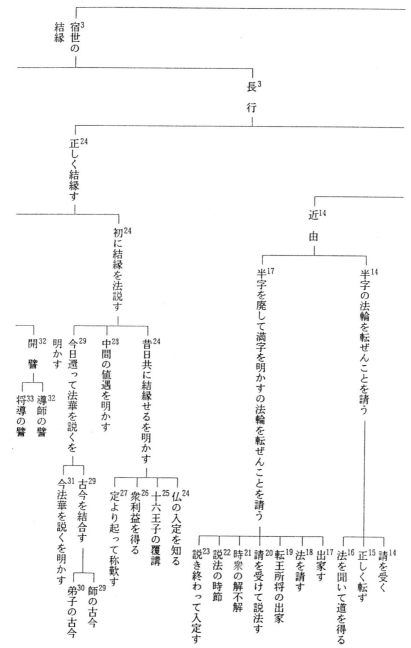

- 次に結縁を譬説す[32]
  - 合譬[34]
    - 導師の譬に合す[34]
    - 将導の譬に合す[35]
- 偈頌[36]
  - 結縁の由[36]
    - 遠由[36]
      - 大通仏の成道[36]
      - 十方の梵天法を請う[37]
    - 近由[38]
      - 半字の法輪を転ぜんことを請う[38]
      - 満字の法輪を転ぜんことを請う[39]
  - 正しく結縁す[40]
    - 法説[40]
      - 昔共に結縁す[40]
      - 中間に相い値う[41]
      - 今法華を説く[42]
    - 譬説[43]
      - 開譬[43]
      - 合譬[44]

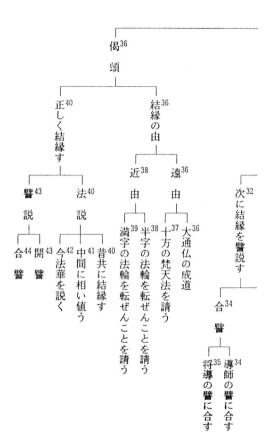

無量義経

多田孝文校註

無《む》量《りょう》義《ぎ》経《きょう》

蕭斉天竺三蔵曇摩伽陀耶舎訳

徳《とく》行《ぎょう》品《ほん》 第一

通序――経の五事

1[一]是《か》くの如《ごと》く我れ聞けり。一時、仏、[二]王舎城《おうしゃじょう》、[三]耆《ぎ》闍崛山《しゃくつせん》の中に在《いま》したもう。2[四]大比丘衆《だいびくしゅ》万二千人と倶《とも》なり。3[五]菩《ぼ》薩摩《さつま》訶《か》薩《さつ》八万人あり。4[六]*天《てん》・龍《りゅう》・夜《や》叉《しゃ》・乾闥婆《けんだつば》・阿《あ》修羅《しゅら》・迦《か》楼《る》羅《ら》・緊那羅《きんなら》・摩睺羅伽《まごらが》あり。5諸《もろ》もろの比丘《びく》・比丘尼《びくに》、[七]優《う》婆《ば》塞《そく》・[八]優《う》婆《ば》夷《い》も倶なり。6[九]大転輪王《だいてんりんおう》・小転輪王、金輪《こんりん》・銀輪《ごんりん》・諸転輪の王、7国王・王子・国臣・国民・国士・国女・国大長者、各《おの》おの眷属《けんぞく》百千万数の而も自ら囲遶《いにょう》せると与《とも》に、仏所《ぶっしょ》に来詣《らいけい》して頭面《ずめん》に足《みあし》を礼《らい》し、遶《めぐ》ること百千匝《ひゃくせんそう》して、香を焼《た》き華を散《さん》じ、種種《しゅじゅ》に供養したてまつる。仏に供養し

一 是くの如く我れ聞けり　以下この一品は、本経の序分である。はじめに通序、経の五事を述べ、次に別序を挙げる。　㊀三八四上

二 王舎城　Rājagṛha　の訳。中インドの摩掲陀(マガ)国の首都。

三 耆闍崛山　Gṛdhrakūṭa の音写。霊鷲山、霊山、鷲峰などと訳す。王舎城の東北にあり、釈尊説法の地として著名。

四 大比丘衆　比丘は、bhikṣu　の音写。乞士、除士、熏士、破煩悩などと訳す。出家して具足戒を受けた男子の通称。女子の場合は、比丘尼 bhikṣuṇī という。

五 菩薩摩訶薩　Bodhisattvamahāsattva の略音写。略して菩薩といい、覚有情、大士などと訳す。仏果を求め、大心を発して仏道に入り、六度の行を修し、上は菩提を求め、下は衆生を教化する聖者。

六 天……摩睺羅伽　八部衆という。補註参照。

七 優婆塞　upāsaka の音写。清信士、居士と訳す。三帰五戒を受けた在俗の男子。

八 優婆夷　upāsikā　の音写。清信女と訳す。　㊀三八四中

九 転輪王　Cakravarti-rāja. 身に三十二相を具え、即位の時に天より輪宝を感得し、これを転じて四方を征服するの

たてまつり已《おわ》りて、退きて一面に坐す。

菩薩衆

8 其*の菩薩の名を、[一]文殊師利《もんじゅしり》[二]法王子《ほうおうじ》・大威《だいい》徳蔵《とくぞう》法王子・無《む》憂《う》蔵《ぞう》法王子・大辯蔵《だいべんぞう》法王子・弥《み》勒《ろく》菩薩・導首《どうしゅ》菩薩・薬王《やくおう》菩薩・薬上《やくじょう》菩薩・花幢《けどう》菩薩・花《け》光幢《こうどう》菩薩・陀羅尼《だらに》自在王《じざいおう》菩薩・観《かん》世《ぜ》音《おん》菩薩・大勢至《だいせいし》菩薩・常精進《じょうしょうじん》菩薩・[三]宝印手《ほういんしゅ》菩薩・宝積《ほうしゃく》菩薩・宝杖《ほうじょう》菩薩・越三界《おつさんがい》菩薩・毘《び》摩《ま》[四]颰羅《ほつら》菩薩・香象《こうぞう》菩薩・大香象《だいこうぞう》菩薩・師子《しし》吼王《くおう》菩薩・師子《しし》遊戯世《ゆげせ》菩薩・師子《しし》奮迅《ふんじん》菩薩・師《し》子精進《ししょうじん》菩薩・勇鋭力《ゆえいりき》菩薩・師子《しし》威猛伏《いみょうぶく》菩薩・荘厳《しょうごん》菩薩・大荘厳《だいしょうごん》菩薩と曰《い》う。是くの如き等の菩薩摩訶薩八万人と倶なり。9 是の諸もろの菩薩は、皆な是れ[五]法身《ほっしん》の大士《だいじ》ならざること莫《な》し。[六]戒《かい》・定《じょう》・慧《え》・解《げ》脱《だつ》・解脱知《ち》見《けん》の成就する所なり。10 其の心禅寂《ぜんじゃく》にして、常に[七]三昧《さんまい》に在り。[八]恬安惔怕《てんなんたんぱく》にして[九]無為無欲なり。顚倒《てんどう》の乱想、復《ま》た入ることを得ず。静寂清澄《じょうじゃくしょうちょう》にして[一〇]志玄虚《しげんこ》漠《まく》なり。之れを守りて動ぜざること億百千劫《おくひゃくせんごう》、無量の法門悉《ことごと》く現在前《げんざいぜん》せり。11 大智《だいち》慧《え》を得て諸法に通達《つうだつ》し、[一一]性相《しょうそう》の真実を暁了《ぎょうりょう》し分別《ふんべつ》するに、有無・長短・明現顕白《みょうげんけんびゃく》なり。12 又た善能《よ》く諸もろの根性欲《こんじょうよく》を知り、陀羅尼・無礙《むげ》辯才《べんざい》を以って、[一二]諸仏の[一三]転法輪に随順して能《よ》く転ず。[一四]微《み》滞《たい》先ず堕《お》ちて以って欲塵《よくじん》を淹《ひた》し、涅《ね》槃《はん》の門を開き、解脱の風を扇《あお》いで、世の悩熱《のうねつ》を除き、法の清涼《しょうりょう》を致す。

次に甚深《じんじん》の[一五]十二因縁《じゅうにいんねん》を降らして、用《も》って無明《むみょう》・老《ろう》・病《びょう》・死《し》等の猛盛熾然《みょうじょうしねん》なる[一六]苦《く》聚《じゅ》の日光

で転輪王という。輪宝に金・銀・銅・鉄の四種があり、金輪王は四洲、乃至鉄輪王は一洲を治める。古代インドにおける伝説上の理想の帝王。

一　文殊師利……　以下二十九聖は、大菩薩衆の代表者。補註参照。
二　法王子　法王の子、仏子菩薩の異称。
三　宝印手　(宮)は「宝印首」とある。今は(大)による。
四　颰　(大)は「跋」とある。今は(三)(宮)による。
五　法身の大士　煩悩の繋縛を離れ、仏の自性たる真如を体とする大菩薩の通称。
六　戒・定・慧・解脱・解脱知見　法身の大士の備えている五種の功徳性。五分法身という。
七　三昧　samādhi.　三摩地とも音写する。定、正受、等念、寂静などと訳す。
八　恬安惔怕　おだやかでやすらかなこと。
九　無為　分別の造作がないこと。
一〇　志玄虚漠　志は深く、私欲なく淡白なさま。
一一　性相の真実　諸法の体性と相状のありのままのすがた。
一二　諸　(大)は「請」とある。今は(三)(宮)による。
一三　転法輪　仏が教法を説くこと。
一四　微滞　かすかなしずく。『註無量義

に灑《そそ》ぎ、爾《しか》して乃ち洪《おお》いに無上の大乗を注ぎて、衆生の諸有《しょう》の善根《ぜんこん》を潤漬し、善の種子《しゅじ》を布《し》きて功徳の田《でん》に遍《へん》じ、普《あま》ねく一切をして[17]菩提《ぼだい》の萌《め》を発《お》こさしむ。智慧の日月《にちがつ》、方便《ほうべん》の時節、大乗の事業《じごう》を扶踈《ふそ》増長して、衆《しゅ》をして疾《と》く[18]阿耨多羅三藐三菩提《あのくたらさんみゃくさんぼだい》を成《じょう》じ、常住の快楽《けらく》、微妙真実に、無量の大悲もて、苦の衆生を救わしむ。13是れ諸もろの衆生の真善知識《しんぜんちしき》、是れ諸もろの衆生の大良《だいろう》[19]福田《ふくでん》、是れ諸もろの衆生の請《しょう》ぜざるの師、是れ諸もろの衆生の安隠《あんのん》の楽処《らくしょ》・救処《くしょ》・護処《ごしょ》・大依止処《だいえししょ》なり。処処に衆の為《た》めに、大良導師《だいろうどうし》・大導師と作《な》れり。能く生の盲なるが為めには而も眼目《げんもく》を作し、聾《ろう》・劓《ぎ》・瘂《あ》の者には耳・鼻・舌を作し、[20]諸根毀欠《きけつ》せるには能く具足せしめ、顚狂荒乱《てんおうこうらん》なるには大《だい》[21]正念《しょうねん》を作さしむ。船師・大船師なり、[22]群《ぐん》生《しょう》を運載し、生死《しょうじ》の河を渡《わた》して涅槃の岸に置《お》く。医王・大医王なり、病相《びょうそう》を分別し、薬性《やくしょう》を暁了して、病に随いて薬を授け、衆をして薬を服せしむ。[23]調御《じょうご》・大調御なり、諸もろの[24]放逸《ほういつ》の行《ぎょう》無し。猶《な》お象馬師《ぞうめし》の能く調《ととの》うるに調わざること無く、師子《しし》の勇猛《ゆうみょう》にして、衆獣《しゅじゅう》を威伏《いぶく》して、沮壊《そえ》す可きこと難きが如し。14菩薩の[25]諸波羅蜜《しょはらみつ》に遊戯《ゆげ》し、[26]如来の地に於いて堅固《けんご》にして動ぜず、15願力に安住して、広く仏国を浄め、16久しからずして阿耨多羅三藐三菩提を成ずることを得べし。是の諸もろの菩薩摩訶薩は皆な是《か》くの如き不思議の功徳有り。

声聞衆

17 *其の比丘の名を、大智舎利弗《だいちしゃりほつ》・神通目犍連《じんずうもっけんれん》・慧命須菩提《えみょうしゅぼだい》・摩訶迦旃延《まかかせんねん》・弥多羅尼子富楼《みたらにしふる》

経』では微滞は苦空を指し、五欲の五塵を淹す、とある。
一五 十二因縁　苦界に生起する十二の因果関係を表示するもの。
一六 苦聚の日光　諸苦が心に集まり常に燃えさかる状態。
一七 菩提　bodhi の音写。覚、道、智などと訳す。 (大)三八四下
一八 阿耨多羅三藐三菩提　Anuttara-sa=myak-saṃbodhi の音写。無上正遍知、無正等正覚と訳し、仏の覚智をいい、略して菩提ともいう。
一九 福田　puṇya-kṣetra の訳、福徳を生みだす田の意。
二〇 諸根　眼・耳・鼻・舌・身・意の六根のこと。
二一 正念　邪念を離れ、正しい道を憶念すること。
二二 群生　諸もろの衆生のこと。
二三 調御　あらゆる煩悩魔を調伏し制御すること。
二四 放逸　pramāda. 放蕩、怠慢の意。
二五 諸波羅蜜　pāramitā. 到彼岸、度などと訳す。施・戒・忍・進・定・慧に分別すれば六度という。これに方便・願・力・智の四を加えて十度ともいう。
二六 如来の地　如来の境地。

那《な》・阿若憍陳如《あにやきようちんによ》等・天眼阿那律《てんげんあなりつ》・持律優波離《じりつうばり》・侍者阿難《じしやあなん》・仏子羅云《ぶつしらうん》・優波難陀《うはなんだ》・離婆多《りはた》・劫賓那《こうひんな》・薄拘羅《はくら》・阿周陀《あしゆだ》・莎伽陀《しやかだ》・頭陀大迦葉《ずだだいかしよう》・優楼頻螺迦葉《うるびんらかしよう》・伽耶迦葉《がやかしよう》・那提迦葉《なだいかしよう》と曰う。是くの如き等の比丘万二千人あり。皆な[一]阿羅漢《あらかん》にして、諸もろの[二]結漏《けつろ》を尽くして復た[三]縛著《ばくじやく》無く、真正《しんしよう》の解脱〔を得たる諸聖〕なり。

別序――三業供養

18 爾の時に大荘厳《だいしようごん》菩薩摩訶薩、遍《あま》ねく衆の坐して各おの定意《じようい》なるを観じ已りて、衆中《しゆちよう》の八万の菩薩摩訶薩と倶に座より而も起ちて、仏所に来詣し、頭面に足を礼し、遶ること百千匝して、天華《てんげ》・天香《てんこう》を焼散《しようさん》し、天衣《てんね》・天瓔珞《てんようらく》・天無価宝《てんむげほう》、[四]上空の中より旋転して来下《らいげ》し、四面《しめん》に雲のごとく集まりて而も仏に献《たてまつ》る。天厨《てんちゆう》の天鉢器《てんばつき》に天の百味充満盈溢《よういつ》し、色《しき》を見、香《こう》を聞《か》ぐに自然《じねん》に飽足す。天幢《てんどう》・天幡《てんばん》・[五]天軒蓋《てんこんがい》・天妙楽具《てんみようらくぐ》、処処に安置し、天の伎楽《ぎがく》を作して、仏を娯楽《ごらく》せしめたてまつり、即ち前《すす》んで[六]胡跪《こき》し、合掌し、一心に倶共《とも》に声を同じうして、偈《げ》を説きて讃《ほ》めて言《もう》さく、

讃歎偈――仏身を讃歎す

19 「大なる哉　[七]大悟大聖主《だいごだいしようしゆ》　[八]垢《く》無く染《ぜん》無く所著《しよじやく》無し
[九]天人象馬《てんにんぞうめ》の調御師《じようごし》　道風徳香《どうふうとくごう》　一切に熏《くん》じ

一　阿羅漢　arhan の音写。応供、不生、殺賊などと訳す。供養を受けるに価する聖者。声聞の四果の第四。
二　結漏　結とは心身を繋縛すること。漏とは六根より常に漏泄すること。
三　縛著　煩悩が心身を離れない状態。
四　上　(大)は「于」とある。今は(三)(宮)による。
五　軒　(大)は「幰」とある。今は(三)による。
六　胡跪　敬を表わす礼法。右膝を地に着け左膝を立てる。「胡」を(大)は「踋」とするが、今は(三)(宮)による。
七　大悟大聖主　仏の徳名。無始の迷妄を破り、真実の知見を悟られた上首の意。
八　垢…染…著　いずれも煩悩妄執(こだわり)の異称。
九　天人象馬の調御師　釈尊の異称。天人を調教して涅槃に到らせる師の意。
(大)三八五上

20 智恬《しず》かに情怕《しず》かに慮凝《りょぎょう》静かなり　意滅し識亡《もう》じて心亦た寂《じゃく》なり
永く夢妄《むもう》の思想念《しそうねん》を断じて　復た一〇諸大陰界入《しょだいおんかいにゅう》無し
21 其の身は有《う》に非ず亦た無《む》に非ず　因に非ず縁に非ず自他に非ず
方に非ず円に非ず短長に非ず　出に非ず没に非ず生滅《しょうめつ》に非ず
造に非ず起に非ず為作《いさ》に非ず　坐に非ず臥に非ず行住に非ず
動に非ず転に非ず閑静《げんじょう》に非ず　進に非ず退に非ず安危《あんき》に非ず
是《ぜ》に非ず非《ひ》に非ず得失に非ず　彼《ひ》に非ず此《し》に非ず去来《こらい》に非ず
青《しょう》に非ず黄《おう》に非ず赤白《しゃくびゃく》に非ず　紅《く》に非ず紫《し》種種《しゅじゅ》の色に非ず
22 一一戒《かい》　定《じょう》　慧《え》　解《げ》　知見《ちけん》より生じ　三明《さんみょう》　一二六通《ろくつう》　一三道品《どうぼん》より発《ほっ》し
一四慈悲《じひ》　一五十力《じゅうりき》　一六無畏《むい》より起こり　衆生善業の因縁より出《い》でたり
23 示して一七丈六紫金《じょうろくしこん》の暉《ひかり》を為し　方整《ほうしょう》に照り曜《かがや》きて甚だ明徹《みょうてつ》なり
毫相《ごうそう》は月のごとく旋《めぐ》り項《うなじ》に日の光あり　旋髪紺青《せんぼつこんじょう》にして頂《いただき》に肉髻《にくけい》あり
一八浄　眼　明　鏡《じょうげんみょうきょう》のごとく上下に眴《まじろ》ぎ　眉睫紺舒《みしょうこんじょ》に方《ただ》しき口頬《くきょう》なり
脣舌は赤好《しゃくこう》にして一九丹華《たんげ》の若《ごと》く　白き歯の四十なる　猶お珂雪《かせつ》のごとし
額は広く鼻は脩《なが》く二〇面門《めんもん》は開け　胸に二一万字を表《ひょう》して師子の臆《むね》なり
手足は柔軟《にゅうなん》にして千輻《せんぷく》を具え　腋掌《やくしょう》には合縵《ごうまん》ありて内外《ないげ》に握れり
臂は脩く肘は長く指は直《なお》く纎《ほそ》し　皮膚は細軟にして毛は右に旋《めぐ》れり

一〇　諸大陰界入　四大、五陰（蘊）、十八界、十二入のこと。
一一　戒・定・慧・解・知見　二頁頭註六参照。
一二　六通　天眼通、天耳通、他心通、神足通、宿命通、漏尽通の総称。
一三　道品　四念処、四正勤、四如意足、五根、五力、七覚、八正道の三十七種の修道の方法の略称。
一四　慈悲　四無量心の略称。慈・悲・喜・捨の後の二を略す。
一五　十力　是処非処力、業智力、定力、根力、欲力、性力、至処道力、宿命力、天眼力、漏尽力のこと。仏の有する十種の力能。
一六　無畏　仏が説法するに当たり畏れを感じない四種の智徳。四無所畏の略。
一七　丈六紫金　釈尊の身体は一丈六尺であり、その相(すがた)が金色であると伝えられる。以下、釈尊の三十二相を挙げて讃歎する。
一八　鏡　(大)は「照」とある。今は(三)(宮)による。
一九　華　(大)は「菓」とある。今は(宮)による。
二〇　面門　mukha の訳。口のこと。
二一　万　(大)は「卍」とある。今は(三)(宮)による。

踝《か》膝《しつ》は現われず[一]　陰馬《おんめ》のごとくに蔵《かく》れ　細き筋鎖《こんさ》の骨は鹿の腨腸《せんちょう》なり
表裏映徹《ようてつ》し浄くして垢《あか》無し　[二]濁水《じょくすい》も染むる莫《な》く塵をも受けず
是くの如き等の相《そう》　三十二あり　[三]八十種好《はちじゅっしょこう》　見る可きに似たり
24 而《しか》も実には相非《そうひ》相《そう》の色《しき》無し　一切の有相《うそう》の眼《まなこ》の対《たい》絶せり
無相の相にして有相の身なり　衆生の身相《しんそう》の相も亦た然《しか》なり
25 能く衆生をして歓喜し礼して　心を[四]虔じ敬を表して慇懃《おんごん》なることを成《じょう》[五]ぜしむ
是れ自高我慢《じこうがまん》の除こるに因りて　是くの如き妙色《みょうしき》の軀《み》を成就したまえり

信順帰命することを讃歎す

26 今[六]　我れ等八万の等衆《しゅ》　倶共《とも》に[七]稽首《けいしゅ》して咸《ことごと》く
善《よ》く思想心意識《しそうしんいしき》を滅したまえる　象馬《ぞうめ》調御《じょうご》の無著《むじゃく》の聖に[八]帰命《きみょう》したてまつる
27 稽首して法色身《ほうしきしん》　戒　定　慧　解　知見聚に帰依したてまつる
28 稽首して[九]妙幢相《みょうどうそう》に帰依したてまつる　稽首して難思議《なんしぎ》に帰依したてまつる
[一〇]梵音《ぼんのん》は雷震《らいしん》のごとく[一一]響八種あり　微妙清浄にして甚だ深遠《じんのん》なり
[一二]四諦《したい》　[一三]六度《ろくど》　十二縁《じゅうにえん》　衆生の心業に随順して転じたもう
聞くこと有るは心意開けて　無量生死の[一四]衆結《しゅけつ》を断ぜざること莫し
聞くこと有るは或るいは[一五]須陀洹《しゅだおん》　斯陀《しだ》　阿那《あな》　阿羅漢《あらかん》

一　現われず　(大)は「不現」とするが、(宮)は「露現」とある。今は『註無量義経』による。
二　濁　(大)は「浄」とある。今は
三　八十種好　aśityanuvyañjana. 釈尊の微妙の相好を八十種数え讃嘆する。
四　虔　(三)(宮)は「投」とある。
五　成　(大)は「誠」とある。
六　今　(大)になし。
七　稽首　vandana の訳。伴談、伴題と音写する。頭を地につけて礼拝すること。
八　帰命　namas の訳。南無と音写する。己れの身命を投げ出して仏に帰依すること。
九　幢　(三)(宮)は「種」とある。
一〇　梵音　仏の音声。
一一　響八種　仏の音声に具わる八種の徳。八音という。一、極好音。二、柔軟音。三、和適音。四、尊慧音。五、不女音。六、不誤音。七、深遠音。八、不竭音。
一二　四諦　迷悟両界の因果を説く四種の真理。苦、集（苦の原因）、滅（涅槃）、道（滅に到る道）の四をいう。(大)三八五中
一三　六度　六波羅蜜の訳。菩薩に課せられた六種の実践徳目。一、布施。二、持戒。三、忍辱。四、精進。五、禅定。六、智慧。
一四　衆結　煩悩を表わす語。結 samyo=

無漏無為《むろむい》の[一六]縁覚処《えんがくしょ》　無生無滅の菩薩地《ぼさつじ》を得《え》
或るいは無量の陀羅尼[一七]　[一八]無碍《むげ》の楽説大辯才《ぎょうせつだいべんさい》を得て
甚深微妙の偈を演説し　遊戯《ゆげ》して法の[一九]清池《しょうち》に澡浴《そうよく》し
或るいは躍り飛騰《ひとう》して神足《じんそく》を現じ　水火《すいか》に出没して身《み》自由なり
如来の法輪《ほうりん》の相《そう》是くの如し　清浄無辺にして思議し難し
我れ等咸《ことごと》く復た共に稽首して　法輪転じたもうに時を以ってするに帰依したてまつる
稽首して梵音声に帰依したてまつる　稽首して縁諦度[二〇]に帰依したてまつる

仏の徳行を讃歎す

29 世尊は往昔《おうしゃく》の無量劫に　懃苦《ねんごろ》に衆の徳行を修習《しゅしゅう》して
我れ人天龍神王《にんでんりゅうじんのう》の為めにし　普《あま》ねく一切の諸もろの衆生に及ぼしたまえり
30 能く一切の諸もろの捨て難き　財宝妻子及び国城を捨てて
法の内外に於いて悋《おし》む所無く　頭目髄脳《ずもくずいのう》　悉く人に施せり
諸仏の清浄の戒を奉持《ぶじ》して　乃至《ないし》命を失えども毀傷《きしょう》したまわず
若し人あり刀杖《とうじょう》もて来たり害を加え　悪口《あっく》　[二一]罵辱《めにく》すれども終に瞋《いか》りたまわず
劫を歴《へ》て身を挫《くだ》けども倦惰《けんだ》したまわず　昼夜に心を摂めて常に禅[二二]に在り

jana の総称。
一五　須陀洹・斯陀・阿那・阿羅漢　小乗仏教における四つの修行目標(向)と到達境地(果)。四向四果と総称する。須陀洹 srota āpanna. 預流と訳す。斯陀含 sakṛd-āgāmin. 一来と訳す。阿那含 anāgāmin(p). 不還と訳す。阿羅漢 arhat.
一六　縁覚　pratyeka-buddha. 辟支仏の訳。独覚とも訳す。師なくして独自にさとりを開いた人。また、十二因縁を観じてさとることから縁覚という。
一七　陀羅尼　dhāraṇī の音写。総持、能捨と訳す。修行者が心の散乱を防いで集中し、教法や教理を記憶し保持するために用いる呪文。
一八　無礙の楽説大辯才　仏の説法に自在である智辯。法無礙、義無礙、詞無礙、楽無礙の四無礙辯をいう。
一九　池　㊂宮は「渠」とある。
二〇　縁諦度　十二因縁、四諦、六度の略。
二一　罵辱　罵り辱しめること。
二二　禅　dhyāna. 禅那の略。静慮、熟慮と訳す。禅定に同じ。

遍《あま》ねく一切の衆の道法を学《がく》して　智慧深く衆生の根《こん》に入りたまえり
31 是の故に今自在《じざい》の力を得て　法に於いて自在にして法王と為りたまえり
我れ等[一]　咸く共倶《とも》に稽首して　能く諸もろの懃《つと》め難きを懃めたまえるに帰依したてまつる」

一 等　㊂宮は「復」とある。

説《せっ》法《ぽう》品《ほん》第二

大衆、正に問う

1 二 爾の時に大荘厳《だいしょうごん》菩薩摩訶薩、八万の菩薩摩訶薩と与《とも》に、是の偈を説きて仏を讃《ほ》めたてまつり已りて、倶に仏に白《もう》して言《もう》さく、
「世尊、我れ等八万の菩薩の衆、今者《いま》如来の法の中に於いて、諮問《しもん》する所有《あ》らんと欲す。不審《いぶかし》、世尊、愍聴《みんちょう》を垂れたまわんや不《いな》や。」

如来、許しを垂る

2 仏、大荘厳菩薩、及び八万の菩薩に告げて言《のたま》わく、
「善《よ》い哉《かな》善い哉、善男子《ぜんなんし》、善く是れ時なることを知れり、汝が所問を恣《ほしいまま》にせよ。如来、久しからずして当《まさ》に三 般涅槃《はつねはん》すべし、涅槃の後《の》ちも、普《あま》ねく一切をして復た余の疑無からしめん。何の所問をか欲するや、便《すなわ》ち説く可し。」

二 爾の時に…… 以下この一品は、本経の正宗分である。はじめに、法門の名・義・行に関する問答がある。

三 般涅槃 parinirvāṇa の音写。涅槃、泥洹とも略す。寂滅、円滅、滅度、無為などと訳す。ここでは聖者が間もなく死を迎えることをいう。

菩薩、正に問う

[3]是《こ》こに大荘厳菩薩、八万の菩薩と与に、即ち共に声を同じうして仏に白して言さく、
「世尊、菩薩摩訶薩、疾《と》く阿耨多羅三藐三菩提を成《じょう》ずることを得んと欲せば、応当《まさ》に何等《なんら》の法門を修行すべき、[4]何等の法門か能く菩薩摩訶薩をして疾く阿耨多羅三藐三菩提を成ぜしむるや。」

㊅三八五下

如来、略して答う

[5]仏、大荘厳菩薩、及び八万の菩薩に告げて言わく、
「善男子、一の法門有りて、能く菩薩をして疾く阿耨多羅三藐三菩提を得しむ。若し菩薩有りて、是の法門を学せば、則《すなわ》ち能く疾く阿耨多羅三藐三菩提を得ん。」

重ねて三疑を問う

[6]「世尊、是の法門とは、号《な》をば何等と字《な》づくる、[7]其の義云何《いか》ん、[8]菩薩云何んが修行せんや。」

如来、広く説く

[9]仏の言わく、

「善男子、是の一の法門をば名づけて無量義《むりょうぎ》と為す。10菩薩、無量義を修学《しゅがく》することを得
んと欲せば、応当に一切諸法は自《おの》ずから、[一]本《ほん》、来《らい》、今《こん》、性相空寂《しょうそうくうじゃく》にして、大無く小無く、
生無く滅無く、住に非ず動に非ず、進ならず退ならず、猶お虚空《こくう》の如く二法有ること無し
と観察すべし。而《しか》るに諸もろの衆生、虚妄《こもう》にして是れは此《し》、是れは彼《ひ》、是れは得《とく》、是れは
失《しつ》と[二]横計《おうけい》して、不善の念を起こし衆の悪業を造りて、[三]六趣《ろくしゅ》に輪迴《りんね》し、[四]諸もろの苦毒《くどく》を備え
て、無量億劫《むりょうおくこう》に自ら出づること能《あた》わず。
菩薩摩訶薩、是くの如く諦《あき》らかに観じて、憐愍《れんみん》の心を生じ、大慈悲を発して、将《まさ》に救抜《くばつ》
せんと欲し、又た復た深く一切の諸法に入る。法の相は是くの如くにして、是くの如き法
を生ず。法の相は是くの如くにして、是くの如き法に住す。法の相は是くの如くにして、
是くの如き法を異す。法の相は是くの如くにして、是くの如き法を滅す。法の相は是くの
如くにして、能く悪法を生ず。法の相は是くの如くにして、能く善法を生ず。住・異・滅
も亦た復た是くの如し。菩薩、是くの如く[五]四相の始末を観察して、悉《ことごと》く遍《あま》ねく知り已りて、
次に復た諦らかに一切の諸法は念念《ねんねん》に住せず新新《しんしん》に生滅すと観じ、復た即時に生・住・異
・滅すと観ぜよ。是くの如く観じ已りて、衆生の諸もろの根性欲《こんしょうよく》に入る。性欲無量なるが
故に説法無量なり、説法無量なるが[六]故に義も亦た無量なり。11[七]*無量義とは一法より生ず。
其の一法とは即ち無相なり。是くの如き無相は、相無くして相ならず、相ならずして相無
きを、名づけて[八]実相《じっそう》と為す。

一 本、来、今　過去、未来、現在の三世。
二 横計　誤って考えること。
三 六趣　六道のこと。地獄、餓鬼、畜生、修羅、人間、天上の六界をいう。
四 諸　(元)(明)は「受」とある。『註無量義経』は「諸もろの苦毒を受けて」とする。
五 四相　生、住、異、滅の総称。四有為相ともいう。
六 故　㊂(宮)により補う。
七 無量義とは……実相と為す　本経の要文、破地獄の文。
八 実相　諸法の真実の体相。法性、真如、如来蔵などと同義。

(大)三八六上

菩薩摩訶薩、是くの如き真実の相に安住し已りて、発する所の慈悲は明諦《みょうたい》にして虚《むな》しからず。衆生の所に於いて真に能く苦を抜く。苦既に抜き已りて、復た為めに法を説きて、諸もろの衆生をして快楽《けらく》を受けしむ。

12善男子、菩薩、若し能く是くの如く一の法門無量義を修《しゅ》せん者、必ず疾く阿耨多羅三藐三菩提を成ずることを得ん。13善男子、是くの如き甚深《じんじん》の無上大乗無量義経は、文理真正《もんりしんしょう》に尊《そん》にして過上《かじょう》無し。三世《さんぜ》の諸仏の共に守護したもう所なり。衆魔《しゅま》群道《ぐんどう》、得入すること有ること無く、一切の邪見生死《じゃけんしょうじ》に壊敗《えはい》せられず。14是の故に善男子、菩薩摩訶薩、若し疾く無上菩提《むじょうぼだい》を成ぜんと欲せば、応当に是くの如き甚深の無上大乗無量義経を修学すべし。」

大衆、重ねて徴かに問う

15爾の時に大荘厳菩薩、復た仏に白して言さく、

「世尊、世尊の説法、不可思議なり。16衆生の根性《こんじょう》、亦た不可思議なり。17法門解脱、亦た不可思議なり。18我れ等は、仏の所説の諸法に於いて、復た[一]疑惑《ぎわく》無けれども、而も諸もろの衆生は、迷惑《めいわく》の心を生ぜんが故に、重ねて世尊に諮問したてまつる。

19如来の[二]得道より已来《このかた》四十余年、常に衆生の為めに、諸法の四相の義・苦の義・空の義・無常・無我・無大・無小・無生・無滅・一[三]相・無相・法性《ほっしょう》・法相《ほっそう》・本来空寂《くうじゃく》・不来・不去《ふこ》・不出・不没を演説したもう。若し聞くこと有る者は、或るいは[四]煗法《なんぼう》・頂法《ちょうほう》・世第一法《せだいいっぽう》・

一　惑　(三)(宮)は「難」とある。

二　得道　成道、成仏に同じ。

三　相　(大)は「切」とある。今は(三)(宮)による。

四　煗法・頂法・世第一法　この三に忍法を加えて四善根位または四如行位という。

須陀洹果《しゅだおんか》・斯陀含果《しだごんか》・阿那含果《あなごんか》・阿羅漢果《あらかんか》・[五]辟支仏道《びゃくしぶつどう》を得、菩提心を発《お》こし、[六]第一地・第二・第三に登り、第十地に至れり。

往日《むかし》説きたもう所の諸法の義と、今説きたもう所と、何等か異なること有らん、而も甚深の無上大乗無量義経のみ菩薩修行せば、必ず疾く[七]無上菩提を成ずることを得んと言《のたも》う、是の事《じ》云何《いか》ん。唯だ願わくは世尊、一切を[八]慈《じ》愍《みん》して広く衆生の為めに而も之れを分別《ふんべつ》し、普ねく現在及び未来世《みらいせ》に法を聞くこと有らん者をして、余の疑網《ぎもう》無からしめたまえ。」

如来、広く説く

[20]是こに仏、大荘厳菩薩に告げたまわく、
「善い哉善い哉、大善男子、能く如来に是くの如き甚深の無上大乗微妙の義を問えり。[21]当に知るべし。汝能く利益《りやく》する所多く、人天《にんでん》を安楽し、苦の衆生を抜かん。真の大慈悲なり、信実にして虚しからず。[22]是の因縁を以って、必ず疾く無上菩提を成ずることを得ん。亦た一切の今世《こんせ》・来世《らいせ》の諸有《しょう》の衆生をして、無上菩提を成ずることを得しめん。
[23]善男子、我れ[九]道場菩提樹下《どうじょうぼだいじゅげ》に[一〇]端坐《たんざ》してより[一一]六年にして、阿耨多羅三藐三菩提を成ずることを得たり。仏眼《ぶつげん》を以って一切の諸法を観ずるに、宣説《せんぜつ》す可からず。所以《ゆえ》は何《いか》ん、諸もろの衆生の性欲《しょうよく》不同なるを以ってなり。性欲不同なれば種種に法を説きぬ。種種に法を説くこと方便力《ほうべんりき》を以ってす。[一二]四十余年には[一三*]未だ真実を顕《あら》わさず。是の故に衆生の得道[一四]差別《しゃべつ》して、

五　辟支仏道　縁覚または独覚に到る修行。
六　第一地　菩薩修行の位に十地あり、その初地。
七　無上菩提　仏の得た菩提。この上ないすぐれた菩提。
八　愍　(三)(宮)は「哀」とある。
九　道場菩提樹下　道場は bodhi manda. 菩提道場、菩提場とも訳し、釈尊がさとりを開いた場所をいう。釈尊はその場所の菩提樹の下で成道した。
一〇　端坐　坐禅をいう。
一一　六年　釈尊は、二十九歳出家、三十五歳成道という説があり、この説が多く依用される。
一二　四十余年には未だ真実を顕わさず　四十余年は、成道してからこの経の説時までをいう。この文は、『法華経』が釈尊の最晩年八年の説法であることの根拠とされる要文。補註参照。
一三　未だ真実を顕わさず　(大)は「未曾顕実」とある。今は(三)(宮)による。　(大)三八六中
一四　得道差別　三乗差別の意。

疾く無上菩提を成ずることを得ず。

善男子、法は譬《たと》えば水の能く垢穢《くえ》を洗うに、若《も》しは井《せい》、若しは池《ち》、若しは江《こう》、若しは河《か》、溪《けい》・渠《こ》・大海、皆な悉く能く諸有《しょう》の垢穢を洗うが如く、其の法水《ほっすい》も亦た復た是くの如く、能く衆生の諸もろの煩悩の垢を洗う。善男子、水の性は是れ一なれども、江・河・井・池・溪・渠・大海、各各別異《べつい》なり。其の法性《ほっしょう》も亦た復た是くの如し、[一]塵労《じんろう》を洗除すること等しくして差別無けれども、[二]三法・[三]四果・[四]二道、一ならず。善男子、水は倶に洗うと雖も、而も井は池に非ず、池は江河に非ず、溪渠は海に非ず。如来世雄《せおう》の、法に於いて自在にして、説く所の諸法も亦た復た是くの如し。初《しょ》・中《ちゅう》・後《ご》の説、皆な能く衆生の煩悩を洗除すれども、而も初は中に非ず、而も中は後に非ず。初・中・後の説、文辞《もんじ》一なりと雖も、而も義は各おの異なり。

善男子、我れ[五]樹王《じゅおう》を起《た》ちて、[六]波羅奈《はらな》・[七]鹿野園《ろくやおん》の中に詣《いた》りて、[八]阿若拘隣《あにゃくりん》等の五人の為めに、四諦の法輪を転ぜし時も、亦た諸法は本来空寂なり、代謝《だいしゃ》して住せず、念念に生滅《しょうめつ》すと説き、中間此《なかごろこ》こ及《お》以《よ》び処処に於いて、諸もろの比丘、并びに衆の菩薩の為めに、十二因縁・六波羅蜜《ろくはらみつ》を辯演《べんえん》し宣説し、亦た諸法は本来空寂なり、代謝して住せず、念念に生滅すと説き、今復た此こに於いて、大乗無量義経を演説するに、亦た諸法は本来空寂なり、代謝して住せず、念念に生滅すと説く。善男子、是の故に初説・中説・[九]後説、文辞は是れ一なれども、而も義は差異なり。義異なるが故に衆生の解《げ》異なり。解異なるが故に得法《とくほう》・得果《とくか》・

一　塵労　心を労する塵。煩悩をいう。

二　三法　三つの法門。四諦、十二因縁、六度の三法門をいう。

三　四果　須陀洹果、斯陀含果、阿那含果、阿羅漢果の四。

四　二道　方便道と真実道。三乗は方便道、一乗は真実道。

五　樹王　菩提樹をいう。

六　波羅奈　Vārāṇasi. 中インドの国。今のベナレス。

七　鹿野園　Mṛgadāva. 釈尊が最初に説法をした場所。波羅奈の北約六キロ。

八　阿若拘隣等の五人　阿若は阿若憍陳如 Ājñāta-kauṇḍinya の略。拘隣は憍陳如の訛、あるいは摩訶男拘利 Mahānāma-koliya のことという。他に阿濕婆恃 Aśvajit (阿説示、馬勝)、跋提 Bhadrika、十力迦葉 Daśabala-kāśyapa の三人を加えて、釈尊の最初の説法を受けた五比丘とするが、人名には異説がある。

九　後　(大)は「今」とある。今は(元)によ る。

得道《とくどう》亦た異なり。善男子、初め四諦を説きて声[10]聞を求むる人の為めにせしかども、而も八億の諸天来下《らいげ》して法を聴きて、菩提心を発こし、中《なか》ごろ処処に於いて、甚深の十二因縁を演説して辟支仏を求むる人の為めにせしかども、而も無量の衆生、菩提心を発こし、或いは声聞に住しき。次に[11]方等十二部経《ほうどうじゅうにぶきょう》・[12]摩訶般若《まかはんにゃ》・[13]華厳海空《けごんかいくう》を説きて、菩薩の[14]歴劫修行《りゃくこうしゅぎょう》を宣説せしかども、而も百千の比丘・万億の人天・無量の衆[15]生、須陀洹を得、斯陀含を得、阿那含を得、阿羅漢を得、辟支仏の因縁の法の中に住す。善男子、是の義を以っての故に、故《かるがゆえ》に知んぬ、説は同じけれども、而も義は別異なり。義異なるが故に衆生の解異なり。解異なるが故に得法・得果・得道亦た異なり。是の故に善男子、我れ道を得て初めて起ちて法を説きしより、今日、大乗無量義経を演説するに至るまで、未だ曽《か》つて苦・空・無常・無我・非真・非仮《ひけ》・非大・非小・本来生[16]ぜず今亦た滅せず、一[17]相・無相・法相・法性・不来・不去なり、而も衆生は四相に遷さると説かざるにあらず。

24 善男子、是の義を以っての故に、諸仏は二言《にごん》有ること無く、能く一音を以って普ねく衆の声に応じ、能く一身を以って百千万億[18]那由他無量無数《なゆたむりょうむしゅ》[19]恒河沙《ごうがしゃ》の身を示し、一一《いちいち》の身の中に、又た若干《そこばく》の百千万億那由他[20]阿僧祇《あそうぎ》恒河沙の種種の類形《るいぎょう》を示し、一一の形《ぎょう》の中に、又た若干の百千万億那由他阿僧祇恒河沙の形を示す。善男子、是れ則ち諸仏の不可思議甚深の境界《きょうがい》なり。[21]二乗の知る所に非ず、亦た十住《じゅうじゅう》の菩薩の及ぶ所に非ず。唯だ仏と仏とのみ乃《いま》し能く究了《くりょう》したまえり。

一〇 声聞 śrāvaka の訳。仏の説法の声を聞いて得道する人の意。

一一 方等十二部経 方等は大乗の意。十二部経は十二分経ともいう。経典の文学的様式を長行、重頌、授記、孤起、無問自説、因縁、譬喩、本事、本生、方広、未曾有、論議の十二に分類したもの。小乗十二部経と異なる点がある。

一二 摩訶般若 Mahāprajñāpāramitā-sūtra.『大品般若経』をいう。般若は智慧の意。

一三 華厳海空 『華厳経』をいう。「空」は(三)(宮)による。(大)は「雲」とする。
(大)三八六下

一四 歴劫修行 多くの劫の間、修行すること。

一五 衆生 (元)(明)により補う。

一六 生 (大)は「然」とある。今は(三)(宮)による。

一七 相 (大)は「切」とある。今は(三)(宮)による。

一八 那由他 Nayuta の音写。インドの数量の単位。千億、または万億という。

一九 恒河沙 恒河 Gaṅgā は、ガンジス河。その河の砂の数のように無限の数量を表わす。

二〇 阿僧祇 Asaṃkhya の音写。インドの数量の単位。無数を表す。

二一 二乗 声聞と縁覚。

25 善男子、是の故に我れ説く、『微妙甚深の無上大乗無量義経は、文理《もんり》真正《しんしょう》に尊にして過《か》上《じょう》無し。26 三世《さんぜ》の諸仏の共に守護したもう所なり。衆魔《しゅま》外道《げどう》、得入《とくにゅう》すること有ること無く、一切の邪見生死に壊敗《えはい》せられず』と。

27 菩薩摩訶薩、若し疾く無上菩提を成ぜんと欲せば、応当に是くの如き甚深の無上大乗無量義経を修学すべし。」

此方、随喜し供養す

28 仏、是れを説きたまい已りて、是《こ》こに[一]三千大千世界、六種に震動し、自然《じねん》に空中より種種の花、[二]天憂鉢羅華《てんうばつらけ》・[三]鉢曇摩華《はつどんまけ》・[四]拘物頭華《くもつずけ》・[五]分陀利華《ふんだりけ》を雨《ふ》らし、又た無数種種の天香《てんこう》・天《てん》衣《ね》・天瓔珞《てんようらく》・天無価宝《てんむげほう》を雨らし、上空の中より旋転して来下し、仏及び諸もろの菩薩・声聞・大衆《だいしゅ》に供養す。天厨《てんちゅう》の天鉢器に、天の百味充満盈溢《じゅうまんよういっ》し、天幢・天幡・天[六]軒蓋・天妙楽具、処処に安置し、天の伎楽を作して仏を歌《か》歎《たん》したてまつる。

他方、随喜し供養す

29 又た復た[七]六種に東方恒河沙等の諸仏の世界を震動し、亦た天華《てんげ》・天香・天衣・天瓔珞・天無価宝・天厨の天鉢器に天の百味・天幢・天幡・天軒蓋・天妙楽具を雨らし、天の伎楽を作して、彼の仏及び彼の菩薩・声聞・大衆を歌歎したてまつる。南西北方・四維・上下

一　三千大千世界　古代インドの世界観による全宇宙。須弥山を中心とする一世界を千集めたものを小千世界といい、それを千集めたものを中千世界、さらにそれを千集めたものを大千世界という。合計、三千の世界から成るので三千大千世界、略して三千世界、三千界ともいう。

二　天憂鉢羅華　utpala　の音写。青蓮華。

三　鉢曇摩華　padma　の音写。紅蓮華。

四　拘物頭華　kumuda の音写。白蓮華、黄蓮華と訳されるが、赤蓮華、青蓮華などともいう。また未敷蓮華ともいう。

五　分陀利華　puṇḍarīka　の音写。大白蓮華。

六　軒　(大)は「幰」とある。今は(宮)による。

七　六種　瑞祥として、大地が震動する時の六種の相。動、起、涌、震、吼、覚または撃の六。

(大)三八七上

八　転　(二)(宮)になし。

九　無生法忍　無生とは無生無滅の意で、真如の理を表わす。忍とは認知、認可の意で、真如の理を覚知すること。

も亦た復た是くの如し。

この経を聞くの得益

30 是こに衆中の三万二千の菩薩摩訶薩は無量義三昧を得《え》、三万四千の菩薩摩訶薩は無数無量の陀羅尼門《だらにもん》を得、能く一切三世の諸仏の不退《ふたい》の法輪を転ず。31 其の諸もろの比丘・比丘尼・優婆塞・優婆夷、天・龍・夜叉・乾闥婆・阿修羅・迦楼羅・緊那羅・摩睺羅伽、大転輪王・小転輪王、銀輪・鉄輪・諸転輪[八]の王、国王・王子・国臣・国民・国士・国女・国大長者、及び諸もろの眷属百千衆倶《とも》に、仏如来の是の経を説きたもうを聞きたてまつる時、或るいは煖法《なんぼう》・頂法・世間第一法・須陀洹果・斯陀含果・阿那含果・阿羅漢果・辟支仏果を得、32 又た菩薩の無生法忍[九]《むしょうぼうにん》を得、又た一の陀羅尼を得、又た二の陀羅尼を得、又た三の陀羅尼を得、又た四の陀羅尼、五・六・七・八・九・十の陀羅尼を得、又た百千万億の陀羅尼を得、又た無量無数恒河沙阿僧祇の陀羅尼を得て、皆な能く随順して不退転《ふたいてん》の法輪を転ず。無量の衆生は阿耨多羅三藐三菩提の心を発こしき。

十功《じゅうく》徳《どく》品《ほん》第三

正説の経を歎ず

[1][一]爾の時に大荘厳《だいしょうごん》菩薩摩訶薩、復た仏に白《もう》して言《もう》さく、

「世尊、世尊是の微妙甚深《みみょうじんじん》の無上大乗無量義経を説きたもう、真実甚深、甚深甚深なり。[2]所以《ゆえ》は何《いか》ん、此の衆の中に於いて、諸もろの菩薩摩訶薩、及び諸もろの[二]四衆《ししゅ》、天・龍・鬼神・国王・臣民・諸有《しょう》の衆生、是の甚深の無上大乗無量義経を聞きて、陀羅尼門・[三]三法・四果・[四]菩提の心を獲得《ぎゃくとく》せざること無し。当に知るべし、此の[五]経は文理《もんり》真正《しんしょう》に尊にして過《か》上《じょう》無し。三世の諸仏の守護したもう所なり。衆魔《しゅま》群道《ぐんどう》の得入すること有ること無く、一切の邪見生死《じゃけんしょうじ》、之れに壊敗《えはい》せられず。所以は何ん、一たび聞けば、能く一切の法を持《たも》つが故に。

[3]若《も》し衆生有りて、是の経を聞くことを得れば、則ち為《こ》れ大利《だいり》なり。所以は何ん、若し能く修行すれば、必ず疾《と》く[六]阿耨多羅三藐三菩提《あのくたらさんみゃくさんぼだい》を成《じょう》ずることを得ればなり。其れ衆生有りて、聞くことを得ざる者は、当に知るべし、是れ等は為れ大利を失えるなり。無量無辺不可思議《むりょうむへんふかしぎ》阿僧祇劫《あそうぎこう》を過ぐれども、終《つい》に阿耨多羅三藐三菩提を成ずることを得ず。所以は何ん、菩提の大直道《だいじきどう》を知らざるが故に、険《けわ》しき径《みち》を行くに留難《るなん》多きが故なり。

一　爾の時に……　以下この一品は、本経の流通分である。

二　四衆　比丘、比丘尼、優婆塞、優婆夷。

三　三法・四果　三法とは、前品に説かれる煗法・頂法・世第一法の三法のこと。聖位に至るべき準備のための四つの位の内の三。四果とは、須陀洹果・斯陀含果・阿那含果・阿羅漢果のことで、小乗の修行証果の四つの位。

四　菩提の心　詳しくは阿耨多羅三藐三菩提心。菩提心と略称する。菩提（覚、道）を求める心。

五　経　㊂(宮)は「法」とある。

六　阿耨多羅三藐三　㊂(宮)は「無上」とある。

(大)三八七中

菩薩の発問

4 世尊、是の経典は不可思議なり。唯だ願わくは世尊、広く大衆の為めに慈哀して、是の経の甚深不思議の事《じ》を敷演したまえ。世尊、是の経典は、何《いず》れの所よりか来たり、去りて何れの所にか至り、住《とど》まりて何れの所にか住する。乃ち是くの如き無量の功徳、不思議の力有りて、衆をして、疾く阿耨多羅三藐三菩提を成ぜしめたもうや。」

如来の答

5 爾の時に世尊、大荘厳菩薩摩訶薩に告げて言《のたま》わく、

「善い哉善い哉、善男子、是くの如し、是くの如し、汝が所言《しょごん》の如し。善男子、我れ是の経を説くこと甚深甚深、真実甚深なり。6 所以は何ん、衆をして疾く阿耨多羅三藐三菩提を成ぜしむるが故に、一たび聞けば、能く一切の法を持つが故に、諸もろの衆生に於いて、大いに利益《りやく》するが故に、大直道を行じて、留難無きが故に。

7 善男子、汝、『是の経は、何れの所よりか来たり、去りて何れの所にか至り、住まりて何れの所にか住する』と問わば、当に善《よ》く諦《あき》らかに聴《き》くべし。善男子、是の経は、本《も》と[七]諸仏の宮[八]宅の中より来たり、去りて一切衆生の発菩提心に至り、諸もろの菩薩所行の処に住す。

七 諸仏の宮宅　諸仏大慈悲の徳を喩えて宮宅という。

八 宮　㊂宮は「室」とある。

善男子、是の経は、是くの如く来たり、是くの如く去り、是くの如く住したまえり。
8 是の故に、此の経は能く是くの如き無量の功徳不思議の力有りて、衆をして疾く阿耨多羅三藐三菩提を成ぜしむ。
9 善男子、汝、寧《むし》ろ是の経に復た十の不思議の功徳力《くどくりき》（一）有るを聞かんと欲するや不《いな》や。」
10 大荘厳菩薩（二）の言さく、
「願《ねが》わくは聞きたてまつらんと欲す。」

如来、正に答う

11 仏の言わく、
「善男子、第一に、是の経は、能く菩薩の未だ発心《ほっしん》せざる者をして、菩提心を発《お》こさしめ、（三）慈仁《じにん》無き者には、慈心を起こさしめ、殺戮《せつりく》を好む者には、大悲の心を起こさしめ、嫉妬を生ずる者には、随喜の心を起こさしめ、愛著《あいじゃく》有る者には、能捨《のうしゃ》の心を起こさしめ、（四）諸もろの慳貪《けんどん》の者には、布施の心を起こさしめ、憍慢《きょうまん》多き者には、持戒の心を起こさしめ、瞋恚《しんに》盛んなる者には、忍辱《にんにく》の心を起こさしめ、懈怠《けだい》を生ずる者には、精進の心を起こさしめ、諸もろの散乱の者には、禅定《ぜんじょう》の心を起こさしめ、愚癡《ぐち》（五）多き者には、智慧の心を起こさしめ、（六）未だ彼れを度《ど》すること能《あた》わざる者には、彼れを度する心を起こさしめ、（七）十悪を行ずる者には、（七）十善の心を起こさしめ、（八）有為《うい》を楽《ねが》う者には、（八）無為《むい》の心を志さしめ、退心《たいしん》有る者には、

一 十の不思議の功徳力　以下の経文にこの十種の不思議功徳力が順次説かれる。
二 菩薩　㊂㊪により補う。
三 慈仁……能捨の心を起こさしめ　慈、悲、喜、捨の四無量心を明かす。
四 諸もろの慳貪……智慧の心を起こさしめ　布施、持戒、忍辱、精進、禅定、智慧の六波羅蜜を明かす。
五 多　㊅は「於」とある。今は『註無量義経』による。
六 未だ彼れを……除滅の心を起こさしむ　以下の六種心を明かす。
七 十悪、十善　十悪は、身の殺生・偸盗・邪淫の三、口の妄語・綺語・悪口・両舌の四、意の貪欲・瞋恚・愚痴の三をいい、十善はその反対。
八 有為、無為　有為は、諸もろの因縁によって作り出された現象、無常なもの。無為は、因縁によって作られたものではない、不生不滅の存在。

不退の心を作《な》さしめ、[九]有漏《うろ》を為す者には、[九]無漏《むろ》の心を起こさしめ、煩悩多き者には、除滅《じょめつ》の心を起こさしむ。善男子、是れを是の経の第一の功徳不思議の力と名づく。

12善男子、第二に是の経の不可思議の功徳力とは、若《も》し衆生有りて、是の経を得ん者、若しは一転、若しは一偈《いちげ》、乃至《ないし》一句もせば、則ち能く百千億の義に通達《つうだつ》して、無量数劫《むりょうしゅこう》にも受持《じゅじ》する所の法を演説すること能わじ。所以は何ん、其れ是の法は義無量なるを以っての故に。善男子、是の経は、譬《たと》えば一の種子《しゅじ》より百千万を生じ、百千万の中より一一《いちいち》に復た百千万数を生じ、是くの如く展転《てんでん》して、乃至無量なるが如く、是の経典も亦た復た是くの如し。一法より百千の義を生じ、百千の義の中より一一に復た百千万数を生じ、是くの如く展転して、乃至無量無辺の義あり。是の故に此の経を[一〇]無量義と名づく。善男子、是れを是の経の第二の功徳不思議の力と名づく。

13善男子、第三に是の経の不可思議の功徳力とは、若し衆生有りて、是の経を聞くことを得て、若しは一転、若しは一偈、乃至一句もせば、百千万億の義に通達し已《お》りて、煩悩有りと雖も、煩悩無きが如く、生《しょう》に出で死《し》に入れども怖畏《ふい》の想《おもい》無けん、諸もろの衆生に於いて憐愍《れんみん》の心を生じ、一切の法に於いて勇健《ゆうこん》の想を得ん。壮《さか》んなる力士の諸有《しょう》の重き者を能く担い能く持つが如く、是の持経の人も亦た復た是くの如し。能く無上菩提の重き宝を荷い、衆生を担負して[一一]生死《しょうじ》の道《どう》を出づ。未だ自ら度すること能わざれども、已《すで》に能く彼れを度せん。猶お船師《せんし》の身、重病に嬰《かか》り、四体御《おさ》まらずして此の岸に安止《あんし》すれども、好き堅牢

九 有漏、無漏　有漏は煩悩、無漏は煩悩が滅された状態。　(大)三八七下

一〇 無量義　この経名の出処。

一一 生死の道を出づ　生死流転より離脱すること。

一　船舟　㊂宮は「舟船」とある。

二　五道諸有　五道とは六道から天上を除いたもの。諸有とは迷界の衆生。

三　百八の重病　百八の煩悩のこと。

四　至　宋元宮になし。

大三八八上

の一船舟有りて、常に諸もろの彼れを度する者の具《ぐ》を辨ぜるを、給与して去らしむるが如く、是の持経者も亦た復た是くの如し。二五道諸有の身、三百八の重病に嬰《かか》り、常恒《つね》に相い纒《まと》われて、無明・老・死の此の岸に安止せりと雖も、而も堅牢なる此の大乗経無量義は能く衆生を度することを辨ずるもの有り。説の如く行ずる者は、生死を度することを得るなり。善男子、是れを是の経の第三の功徳不思議の力と名づく。

14 善男子、第四に是の経の不可思議の功徳力とは、若し衆生有りて、是の経を聞くことを得て、若しは一転、若しは一偈、乃至一句もせば、勇健の想を得て、未だ自ら度せずと雖も、而も能く他を度せん。諸もろの菩薩と与《とも》に以って眷属と為り、諸仏如来、常に是の人に向かいて而も法を演説したまわん。是の人、聞き已りて悉《ことごと》く能く受持し、随順して逆わじ。転《うた》た復た人の為めに宜しきに随いて広く説かん。善男子、是の人は、譬えば国王と夫《ぶ》人《にん》と、新たに王子を生ぜん。若しは一日、若しは二日、若しは七日に至り、若しは一月、若しは二月、若しは七月に至り、若しは一歳、若しは二歳、若しは七歳に至り、四復た国事を領理すること能わずと雖も、已に臣民に宗《たっと》み敬《うやま》われ、諸もろの大王の子を以って伴侶《はんりょ》と為さん、王及び夫人、愛心偏《ひと》えに重くして常に与共《とも》に語らん。所以は何ん、稚小《ちしょう》なるを以っての故に〔といわんが〕如く、善男子、是の持経者も亦た復た是くの如し。諸仏の国王と、是の経の夫人と和合して、共に是の菩薩の子《みこ》を生ず。若し是れ菩薩、是の経を聞くことを得て、若しは一句、若しは一偈、若しは一転、若しは二転、若しは十、若しは百、若しは千、若しは万、若しは億万億、[五]若しは恒河沙無量無数転ぜば、復た真理の極《ごく》を体《さと》ることを能わずと雖も、復た三千大千の国土を震動し、[六]雷震梵音《らいしんぼんのん》もて大法輪を転ずること能わずと雖も、已に一切の四衆・八部に宗《たっと》み仰《あお》がれ、諸もろの大菩薩を以って眷属と為さん。深く諸仏の秘密の法に入りて、演説す可き所、違《たが》うこと無く失《とが》無く、常に諸仏に護念《ごねん》せられて、慈愛偏《ひと》えに覆《おお》われん。[七]新学なるを以っての故に、善男子、是れを是の経の第四の功徳不思議の力と名づく。

15 善男子、第五に是の経の不可思議の功徳力とは、若し善男子、善女人《ぜんにょにん》、若しは仏の在世、若しは[八]滅度の後ちに、其れ是くの如き甚深の無上大乗無量義経を、受持し、読誦し、書写すること有らん。是の人、復た[九]具縛《ぐばく》煩悩にして、未だ諸もろの凡夫の事《じ》を遠離《おんり》すること能わずと雖も、而も能く大菩提の道を示現《じげん》し、一日を延《の》べて以って百劫と為し、百劫を亦た能く促《つづ》めて一日と為して、彼の衆生をして歓喜し信伏せしめん。善男子、是の善男子、善女人は、譬えば龍子《りゅうし》の始めて生まれて七日に、即ち能く雲を興こし、亦た能く雨を降らすが如し。善男子、是れを是の経の第五の功徳不思議の力と名づく。

16 善男子、第六に是の経の不可思議の功徳力とは、若し善男子、善女人、若しは仏の在世、若しは滅度の後ちに、是の経典を受持し読誦せん者は、煩悩を具せりと雖も、而も衆生の為めに法を説きて、煩悩生死を遠離し、一切の苦を断ずることを得しめん。衆生、聞き已りて修行して、得法《とくほう》、得果《とくか》、得道《とくどう》すること、仏如来と等しくして差別《しゃべつ》無けん。譬えば王子、

五　億、若しは　(三)(宮)になし。

六　雷震梵音　雷震は梵音の形容で、徳の広大無辺のこと。梵音は如来説法の音声。「震」を(宮)は「奮」とする。

七　新学　新発意ともいい、新たに発心して仏道に入った者。

八　滅度の後ち　滅後と略す。涅槃の後。

九　具縛　煩悩に縛せられること。

(大)三八八中

復た稚小なりと雖も、若し王の遊巡《ゆうじゅん》し、又た疾病《しつびょう》するを以って、是の王子に委《まか》せて国事を領理せしむ。王子是の時、大王の命に依りて、法の如く群寮《ぐんりょう》百官《ひゃくかん》を教令《きょうりょう》し、正化《しょうけ》を宣流《せんる》するに、国土の人民《にんみん》、各おの其の安きに随いて、大王の治するが如く、等しくして異なること有ること無きが如く、持経の善男子、善女人も亦た復た是くの如し。若しは仏の在世、若しは滅度の後ち、是の善男子、未だ初め[一]不動地《ふどうじ》に住することを得ずと雖も、仏の是くの如く教法を用説《ゆうせつ》したもうに依りて、而も之れを敷演せんに、衆生、聞き已りて一心に修行せば、煩悩を断除し、得法、得果、乃至得道せん。善男子、是れを是の経の第六の功徳不思議の力と名づく。

17 善男子、第七に是の経の不可思議の功徳力とは、若し善男子、善女人、仏の在世、若しは滅度の後ちに於いて、是の経を聞くことを得て、歓喜し信楽《しんぎょう》し希有《けう》の心を生じ、受持し、読誦し、書写し、解説《げせつ》し、法の如く修行し、菩提心を発こし、諸もろの善根を起こし、大悲の意《こころ》を興こして、一切の苦悩の衆生を度せんと欲せば、未だ六波羅蜜《ろくはらみつ》を修行せずと雖も、六波羅蜜、自然《じねん》に在前《ざいぜん》し、即ち是の身に於いて無生忍《むしょうにん》を得、生死煩悩、一時に断壊《だんね》して、[二]菩薩の[三]第七地に昇らん。譬えば健《すこや》かなる人の、王の為めに怨《あだ》を除くに、怨既《すで》に滅し已《お》われば、王大《おお》いに歓喜して、賞賜《しょうし》するに半国の封を皆な悉く以って之れを与えんが如く、持経の男子、女人も亦た復た是くの如し。諸もろの行人《ぎょうにん》に於いて最も為れ勇健なり。六度《ろくど》の法宝、求めざるに自《おの》ずから至り、生死の怨敵、自然に散壊し、無生忍の半仏国の宝を証《しょう》し、封の

一　不動地　菩薩十地の第八地。

二　菩薩の第七地に昇らん　(明)(宮)による。

三　第七地　菩薩十地の第七位、遠行地。

賞ありて安楽ならん。善男子、是れを是の経の第七の功徳不思議の力と名づく。

18 善男子、第八に是の経の不可思議の功徳力とは、若し善男子、善女人、若しは仏の在世、若しは滅度の後ちに、人有りて能く是の経典を得ん者は、敬信《きょうしん》すること仏身を視たてまつるが如く、等しくして異なること無からしめ、是の経を愛楽《あいぎょう》し、受持し、読誦し、書写し、頂戴して、法の如く奉行《ぶぎょう》し、四戒《かい》・忍《にん》を堅固にし、兼ねて五檀度《だんど》を行じ、深く慈悲を発こして、此の無上大乗無量義経を以って、広く人の為めに説かん。若し人先《さ》きより来《このかた》、都《す》べて罪福《ざいふく》有ることを信ぜざる者には、是の経を以って之れを示して、種種の方便を設け、強《し》いて化《け》して信ぜしめん。経の威力《いりき》を以っての故に、其の人の心を発して、欻然《こつねん》として迴《え》することを得しめん。信心既に発《ほっ》して勇猛精進《ゆうみょうしょうじん》するが故に、能く是の経の威徳勢力《いとくせいりき》を得て、得道、得果せん。是の故に善男子、善女人、六化を蒙る功《く》を以っての故に、男子、女人は即ち是の身に於いて無生法忍を得、七上地に至ることを得て、諸もろの菩薩と与に以って眷属と為り、速やかに能く衆生を成就し、仏国土を浄め、久しからずして無上菩提を成ずることを得ん。善男子、是れを是の経の第八の功徳不思議の力と名づく。

19 善男子、第九に是の経の不可思議の功徳力とは、若し善男子、善女人、若しは仏の在世、八及び滅度の後ちに、是の経を得ること有りて、歓喜踊躍《かんぎゆやく》し、未曾有なることを得て、受持し、読誦し、書写し、供養して、広く衆人《しゅにん》の為めに是の経の義を分別し、解説せん者は、即ち九宿業《しゅくごう》の余罪重障《じゅうしょう》、一時に滅尽《めつじん》することを得、便《すなわ》ち清浄なることを得て、大辯を逮得《たいとく》し、

四　戒・忍　六波羅蜜中の持戒、忍辱。
五　檀度　檀は布施、度は波羅蜜。
六　化を蒙る功……女人は　(大)三八八下　(三)(宮)により補う。
七　上地　十地の第八位、不動地。
八　及　(三)(宮)は「若」とある。
九　宿業　前世に作した業因。

次第に諸もろの波羅蜜を荘厳し、諸もろの三昧、[一]首楞厳三昧《しゅりょうごんざんまい》を獲《え》、大総持門《だいそうじもん》に入り、懃精《ごんしょう》進力《じんりき》を得て、速やかに[二]上地に越ゆることを[三]得、善能《よ》く分身散体《ふんじんさんたい》して十方の国[四]土に遍じ、一切[五]二十五有の極苦《ごくく》の衆生を抜済《ばっさい》して、悉く解脱せしめん。是の故に是の経に此《か》くの如きの力有り。善男子、是れを是の経の第九の功徳不思議の力と名づく。

20 善男子、第十に是の経の不可思議の功徳力とは、若し善男子、善女人、若しは仏の在世、及び滅度の後ちに、若し是の経を得て大歓喜を発こし、希有の心を生じ、既に自ら受持し、読誦し、書写し、供養し、説の如く修行し、復た能く広く在家・出家の人を勧めて、受持し、読誦し、書写し、供養し、解説し、法の如く修行せしめん。既に余人をして是の経を修行せしむる力の故に、得道、得果せんこと、皆な是の善男子、善女人の慈心もて[六]懃《ねんご》ろに化する力に由るが故に、是の善男子、善女人は、即ち是の身に於いて、便ち無量の諸もろの陀羅尼門を逮《たい》せん。凡夫地《ぼんぶじ》に於いて、自然に初めの時、能く無数阿僧祇の弘誓《ぐせい》の大願《だいがん》を発こし、深く能く一切衆生を救わんことを発こし、大悲を成就し、広く能く苦を[七]救い、厚く善根を集めて一切を饒益《にょうやく》せん。而も法の沢《うるおい》を演《の》べて洪《おお》いに枯涸《こかつ》に潤《うるお》し、衆の法の薬を以って諸もろの衆生に[八]施し、一切を安楽し、[九]漸見超登《ぜんけんちょうとう》して[一〇]法雲地《ほううんじ》に住せん。恩沢普《あま》ねく潤し、慈もて被らしむること外《ほか》無く、苦の衆生を摂《せっ》して道迹《どうしゃく》に入らしめん。是の故に此の人は、久しからずして阿耨多羅三藐三菩提を成ずることを得ん。善男子、是れを是の経の第十の功徳不思議の力と名づく。

一 首楞厳三昧　首楞厳は śūraṅgama の音写で、健相・健行・一切事竟などと訳す。仏徳は、堅固にして諸魔のよく壊することなきに喩える。煩悩のけがれを摧破する勇猛な仏の三昧。

二 上地　十地の第九位、善慧地。

三 得　(三)(宮)により補う。

四 土　(三)(宮)により補う。

五 二十五有　迷界である三界を二十五種に分ける。四悪趣、須弥四州、六欲天、四禅天、大梵天、無想天、那含天、四空処天の二十五をいう。

六 懃　(元)(明)(宮)は「勧」とある。

七 救　(三)(宮)は「抜」とある。

八 施　(大)は「練」とある。今は(元)(明)による。

九 漸見超登　次第に高い位に登ること。

一〇 法雲地　十地中の最高位、第十地。

(大)三八九上

21善男子、是くの如き無上大乗無量義経は、極めて大威神《だいいじん》の力有り、尊にして過上無し。能く諸もろの凡夫をして皆な[一一]聖果《しょうか》を成じ、永く生死を離れて、[一二]而も自在なることを得しめたもう。是の故に是の経を無量義と名づく。能く一切衆生をして、凡夫地に於いて諸もろの菩薩の無量の[一三]道芽《どうげ》を生起せしめ、功徳の樹をして[一四]欝茂扶疎増長《うつもふそぞうちょう》せしめたもう。是の故に此の経を十不可思議の功徳力と号《な》づく。」

菩薩の領解

[一五]22是こに大荘厳菩薩摩訶薩、及び八万の菩薩摩訶薩、声を同じうして仏に白して言さく、「世尊、仏の説きたもう所の[一六]如き甚深微妙の無上大乗無量義経は、文理真正に尊にして過上無し。三世の諸仏の共に守護したもう所なり。衆魔群道、得入すること有ること無く、一切の邪見生死、之れに壊敗せられず。23是の故に此の経は、乃ち是くの如き十種の功徳不思議の力有るなり。24大いに無量の一切衆生を饒益し、一切の諸もろの菩薩摩訶薩をして、各おの[一七]無量義三昧を得、或るいは百千陀羅尼門を得しめ、或るいは菩薩の諸地・諸忍を得、或るいは縁覚《えんがく》・羅漢の四道果の証を得しめたもう。世尊慈愍《じみん》して、快く我れ等が為めに是くの如き法を説きて、我れをして大いに法利《ほうり》を獲《え》しめたもう。甚だ為れ奇特《きどく》に未曾有なり。世尊の慈恩は実に報ず可きこと難し。」

一一　聖果　仏果。
一二　而　(三)(宮)は「皆」とある。
一三　道芽　仏道の芽。
一四　欝　(大)は「蔚」とある。
一五　是　(三)(宮)は「時」とある。
一六　如　(三)(宮)により補う。
一七　無量義三昧　無量の法義を生ずる依処である実相・無相の三昧。法華を説く時の三昧とされる。

瑞を現わして供養す

25 [一]是の語を作し已りし、爾の時に三千大千世界、六種に震動し、上空の中より復た種種の
華、[二]天憂鉢羅華《てんうばつらけ》・鉢曇摩華《はつどんまけ》・拘物頭華《くもつずけ》・分陀利華《ふんだりけ》を雨《ふ》らし、又た無数種種の天香《てんこう》・天衣《てんね》・
天瓔珞《てんようらく》・天無価宝《てんむげほう》を雨らして、上空の中より旋転して来下し、仏及び諸もろの菩薩・声聞
・大衆に供養す。天厨の天鉢器に天の百味充満盈溢《じゅうまんよういつ》し、色《しき》を見、香《か》を聞ぐに、自然に飽足
す。天幢・天幡・天軒蓋・天妙楽具、処処に安置し、天の伎楽を作して、仏を歌歎す。
26 又た復た六種に東方恒河沙等の諸仏の世界を震動す。亦た天華・天香・天衣・天瓔珞・
天無価宝を雨らし、天厨の天鉢器に天の百味あり、色を見、香を聞ぐに、自然に飽足す。
天幢・天幡・天軒蓋・天妙楽具あり、天の伎楽を作して、彼の仏、及び諸もろの菩薩・声
聞・大衆を歌歎す。
27 南西北方・四維・上下も亦た復た是くの如し。

菩薩等に付属す

28 爾の時に仏、大荘厳菩薩摩訶薩、及び八万の菩薩摩訶薩に告げて言わく、
「汝等、当に此の経に於いて、応に深く敬心を起こし、法の如く修行し、広く一切を化して、懃心《ごんしん》に流布すべし。常に当に慇懃《おんごん》に昼夜に守護して、[三]普ねく衆生をして、各おの法利を獲しむべし。汝等、真に是れ大慈大悲なり。以って神通の願力を立てて、是の経を守護して疑滞《ぎたい》せしむること勿れ。当[四]来世に於いて必ず広く閻浮提《えんぶだい》に行ぜしめ、一切衆生をして、見

(大)三八九中

一　是の語を作し已りし　(三)(宮)により補う。
二　天憂鉢羅華……分陀利華　十六頁頭註二一〜五参照。
三　普令　(三)(宮)は「令諸」とある。
四　来世　(宮)は「時」とある。

聞し、読誦し、書写し、供養することを得しめよ、是れを以っての故に、亦た汝等をして
速やかに阿耨多羅三藐三菩提を得しめん。」
29 是の時に大荘厳菩薩摩訶薩、八万の菩薩摩訶薩と与に、即ち座より起ちて仏所に来詣し
て、頭面に足を礼し、遶ること百千匝して、即ち前《すす》みて胡跪《こき》し、倶共《とも》に声を同じうして、
仏に白して言さく、
「世尊、我れ等快く世尊の慈愍を蒙りぬ。我れ等が為めに、是の甚深微妙の無上大乗無量
義経を説きたもう。敬みて仏勅《ぶっちょく》を受けて、如来の滅後に於いて、当に広く是の経典を流布
せしめ、普ねく一切をして受持し、読誦し、書写し、供養せしむべし。唯だ願わくは世尊、
憂慮《うりょ》を垂れたもうこと勿れ。我れ等、当に願力を以って、普ねく一切衆生をして、見聞し、
読誦し、書写し、供養することを得、是の経法の威神の力を得しむべし。」
30 爾の時に仏、讃めて言わく、
「善い哉善い哉、諸もろの善男子、汝等今者《いま》真に是れ仏子なり。大慈大悲もて、深く能く
苦を抜き厄《やく》を救う者なり。一切衆生の良福田《ろうふくでん》なり。広く一切の為めに大良導《だいろうどう》と作《な》れり。一
切衆生の大依止処《だいえししょ》なり。一切衆生の大施主《だいせしゅ》なり。常に法利を以って広く一切に施せ」と。
31 爾の時に大会《だいえ》、皆な大いに歓喜して、仏の為めに礼を作し、受持して而して去る。

法華経 上

多田孝正 校註

(大)一下

妙《みょう》法《ほう》蓮《れん》華《げ》経《きょう》

一 後秦亀兹国三蔵法師
鳩摩羅什奉　詔訳

巻第一

序《じょ》品《ほん》第一

通序——経の五事

1 二 是《か》くの如《ごと》く我れ聞けり。一時、三 仏、四 王舎城《おうしゃじょう》、五 耆闍崛山《ぎしゃくっせん》の中に住《いま》したもう。

一 後秦　(三)(宮)は「姚秦」とある。

二 是くの如く我れ聞けり　経典冒頭の定型句。如是とは所聞の法に信順する意、我聞は能持の人を指す。以下の一品は、本経迹門の序分である。

三 仏　悟った者、(真理に)目覚めた人。ここでは釈迦牟尼仏(釈尊)のこと。

四 王舎城　Rājagṛha. 釈尊在世当時の摩掲陀《マガダ》国の首都、現在のインドのラージギルはその跡。

五 耆闍崛山　Gṛdhrakūṭa-parvata. 霊鷲山と訳され、王舎城の東北に位置する釈尊説法の地。

声聞衆

2 大比丘衆《だいびくしゅ》万二千人と倶《とも》なり。皆な是《こ》れ[一]阿羅漢《あらかん》なり。[二]諸漏《しょろ》已《すで》に尽《つ》くして、復《ま》た煩悩《ぼんのう》無く、[三]己利《こり》を逮得《たいとく》し、諸《もろ》もろの[四]有結《うけつ》を尽くして、心に自在を得たり。其の名を、*阿若憍陳如《あにゃきょうちんにょ》・摩訶迦葉《まかかしょう》・優楼頻螺迦葉《うるびんらかしょう》・迦耶迦葉《がやかしょう》・那提迦葉《なだいかしょう》・舎利弗《しゃりほつ》・大目犍連《だいもっけんれん》・摩訶迦旃延《まかかせんねん》・阿㝹楼駄《あぬるだ》・劫賓那《こうひんな》・憍梵波提《きょうぼんはだい》・離婆多《りはた》・畢陵伽婆蹉《ひつりょうかばしゃ》・薄拘羅《はくら》・摩訶拘絺羅《まかくちら》・難陀《なんだ》・孫陀羅難陀《そんだらなんだ》・富楼那弥多羅尼子《ふるなみたらにし》・須菩提《しゅぼだい》・阿難《あなん》・羅睺羅《らごら》と曰《い》う。是くの如き衆に知識せられたる大阿羅漢《だいあらかん》等なり。復《ま》た[五]学《がく》、無学《むがく》の二千人有り。[六]摩訶波闍波提比丘尼《まかはじゃはだいびくに》、眷属《けんぞく》六千人と倶なり。羅睺羅の母、[七]耶輸陀羅比丘尼《やしゅだらびくに》、亦た眷属と倶なり。

菩薩衆

3 菩薩摩訶薩《ぼさつまかさつ》八万人あり。皆な阿耨多羅三藐三菩提《あのくたらさんみゃくさんぼだい》に於いて、退転《たいてん》せず。皆な陀羅尼《だらに》を得、[八]楽説辯才《ぎょうせつべんさい》ありて、不退転の法輪《ほうりん》を転じ、無量百千の諸仏に供養《くよう》し、諸仏の所《みもと》に於いて衆の徳本《とくほん》を[九]殖《う》え、常に諸仏に称歎《しょうたん》せらるることを為《え》、慈を以《も》って身を修め、善《よ》く仏慧《ぶって》に入り、大智に通達《つうだつ》し、彼岸に到り、名称《みょうしょう》普《あま》ねく無量《むりょう》の世界に聞こえて、能く無数百千の[一〇]衆《しゅ》生《じょう》を度《ど》す。其の名を、*文殊師利菩薩《もんじゅしりぼさつ》・観世音《かんぜおん》菩薩・得大勢《とくだいせい》菩薩・常精進《じょうしょうじん》菩薩・不休息《ふくそく》菩薩・宝掌《ほうしょう》菩薩・薬王《やくおう》菩薩・勇施《ゆうせ》菩薩・宝月《ほうがつ》菩薩・月光《がっこう》菩薩・満月《まんがつ》菩薩・大力《だいりき》菩薩・無量力《むりょうりき》菩薩・越三界《おっさんがい》菩薩・跋陀婆羅《ばっだばら》菩薩・弥勒《みろく》菩薩・宝積《ほうしゃく》菩薩・導師《どうし》菩薩と曰う。是くの如き等の

一 阿羅漢　arhat の音訳。殺賊、不生、応供などと訳す。すでに世間の煩悩を断じて学ぶべきことが無く、修行を完成した人。

二 諸漏　漏（āsrava）とは、流れ出るの意。六根から流れ出る汚れ、煩悩を表わす。

三 己利　空理を照らす智徳と煩悩を尽くす断徳との二つをいう。この二徳を得て、自己の目指す涅槃に到るので己れの利という。

(大)二上

四 有結　有とは、存在すること。結とは、心を拘束し結びつけること。煩悩を表わす。

五 学、無学　学とは有学ともいい、四果のうちの預流・一来・不還を指す。断ずるべき煩悩が残っており、まだ学ぶべきものがある者をいう。無学とは、阿羅漢をいう。もはや学習すべきもののない者の意。

六 摩訶波闍波提　Mahāprajāpatī. 釈尊の生母摩耶の妹で、釈尊を養育し、難陀を産む。後に出家して仏教教団最初の比丘尼となる。

七 耶輸陀羅　Yaśodharā. 釈尊の妃で、羅睺羅の生母。摩訶波闍波提らと共に出家した。

八 楽説辯才　弁舌さわやかなことの意。四無礙（菩薩や仏の、自由自在な四種の

菩薩摩訶薩八万人と倶なり。

雑類衆

4 爾《そ》の時に一一釈提桓因《しゃくだいかんいん》、其の眷属二万の天子と倶なり。復た名月天子《みょうがつてんじ》、普香《ふこう》天子、宝光《ほうこう》天子、一二四大天王《しだいてんのう》有り。其の眷属万の天子と倶なり。自在《じざい》天子、一三大自在《だいじざい》天子、其の眷属三万の天子と倶なり。一四娑婆《しゃば》世界の主《しゅ》たる梵天王《ぼんてんのう》、一五尸棄《しき》大梵《だいぼん》、光明《こうみょう》大梵等、其の眷属万二千の天子と倶なり。

5 八の龍王《りゅうおう》有り、難陀《なんだ》龍王・跋難陀《ばつなんだ》龍王・娑伽羅《しゃから》龍王・和脩吉《わしゅきつ》龍王・徳叉迦《とくしゃか》龍王・阿那婆《あなば》達多《だった》龍王・摩那斯《まなし》龍王・優鉢羅《うはつら》龍王等なり。各《おの》おの若干《そこばく》百千の眷属と倶なり。

6 四の緊那羅王《きんならおう》有り、法《ほう》緊那羅王・妙法《みょうほう》緊那羅王・大法《だいほう》緊那羅王・持法《じほう》緊那羅王なり。各おの若干百千の眷属と倶なり。

7 四の乾闥婆王《けんだつばおう》有り、楽《がく》乾闥婆王・楽音《がくおん》乾闥婆王・美《み》乾闥婆王・美音《みおん》乾闥婆王なり。各おの若干百千の眷属と倶なり。

8 四の阿修羅王《あしゅらおう》有り。婆稚《ばち》阿修羅王・佉羅騫駄《からけんだ》阿修羅王・毘摩質多羅《びましったら》阿修羅王・羅睺《らご》阿修羅王なり。各おの若干百千の眷属と倶なり。

9 四の迦楼羅王《かるらおう》有り、大威徳《だいいとく》迦楼羅王・大身《だいしん》迦楼羅王・大満《だいまん》迦楼羅王・如意《にょい》迦楼羅王なり。各おの若干百千の眷属と倶なり。

智慧）の一つ、衆生のために楽って弁才を振るうこと。

九 殖　㊂宮は「植」とある。

一〇 衆生　一切の生物。有情ともいう。

一一 釈提桓因　Śakra devānāmindra. 能天主などと訳す。インド神話中の最大の神、インドラ神のこと。仏教に取り入れられて、仏法保護の善神、帝釈天となる。須弥山上に住む三十三天の主。

一二 四大天王　四天王ともいう。須弥山の四方面を守る。東は持国天（Dhṛtarāṣṭra）、南は増長天（Virūḍhaka）、西は広目天（Virūpākṣa）、北は多聞天（毘沙門天、Vaiśravaṇa）。

一三 大自在天子　シヴァ神の異名。世界創造の最高神とされ、摩醯首羅などと音写される。

一四 娑婆世界の主たる梵天王　娑婆（Sahā）は、釈尊の教化する須弥山世界のこと。梵天王（Brahmā）は、ブラフマー神のことで、仏教世界観では色界初禅天の第三の天として娑婆世界を統べる。

一五 尸棄大梵、光明大梵　大梵天王の名。(大)二中尸棄（Śikhin）は有髻、火首などと訳し、初禅天にあり、光明（Jyotisprabha）は二禅天である。

10 [一]韋提希《いだいけ》の子《みこ》阿闍世王《あじゃせおう》、若干百千の眷属と倶なり。各《おの》おの仏足《ぶっそく》を礼《らい》して、退きて一面に坐しぬ。

別序—衆集序・現瑞序

11 爾《そ》の時に世尊[二]、四衆に囲遶《いにょう》せられ、供養《くよう》、恭敬《くぎょう》、尊重《そんじゅう》、讃歎《さんだん》せられて、12 諸もろの菩薩の為《た》めに、[三]大乗経《だいじょうきょう》の無量義《むりょうぎ》、教菩薩法《きょうぼさっぽう》、仏所護念《ぶっしょごねん》と名づくるを説きたもう。13 仏、此の経を説き已《おわ》りて、[四]結跏趺坐《けっかふざ》し、[五]無量義処三昧《むりょうぎしょざんまい》に入りて、身心動《どう》じたまわず。

14 是の時に天より[六]曼陀羅華《まんだらけ》・摩訶曼陀羅華《まかまんだらけ》・[七]曼殊沙華《まんじゅしゃげ》・摩訶曼殊沙華《まかまんじゅしゃげ》を雨《ふ》らして、仏の上《みうえ》、及び諸もろの大衆に散じ、15 普《あま》ねく仏の世界、[八]六種に震動す。

16 爾の時に会中《えちゅう》の比丘《びく》・比丘尼《びくに》・優婆塞《うばそく》・優婆夷《うばい》、天《てん》・龍《りゅう》・夜叉《やしゃ》・乾闥婆《けんだつば》・阿修羅《あしゅら》・迦楼《かる》羅《ら》・緊那羅《きんなら》・摩睺羅伽《まごらが》・人《にん》・非人《ひにん》、及び諸もろの小王《しょうおう》、[九]転輪聖王《てんりんじょうおう》、是の諸もろの大衆、未《み》曾《ぞう》有なることを得、歓喜《かんぎ》し合掌して、一心に仏を観《み》たてまつる。

17 爾の時に仏、眉間《みけん》[一〇]白毫相《びゃくごうそう》より光を放ちて、東方万八千の世界を照らしたもうに、周遍《しゅうへん》せざること靡《な》し。下は[一一]阿鼻地獄《あびじごく》に至り、上は[一二]阿迦尼吒天《あかにたてん》に至る。

18 此の世界に於いて、尽《ことごと》く彼《か》の土の六趣《ろくしゅ》の衆生を見、19 又た彼の土の現在の諸仏を見、20 及び諸仏の所説の経法《きょうほう》を聞き、21 并びに彼の諸もろの比丘・比丘尼・優婆塞・優婆夷の諸もろの修行し得道する者を見、22 復た諸もろの菩薩摩訶薩の種種《しゅじゅ》の因縁、種種の信解《しんげ》、

一 韋提希の子阿闍世王　韋提希（Vaidehi）は思惟、勝妙身と訳す。釈尊在世当時のマガダ国の頻婆娑羅王の妃。阿闍世（Ajātaśatru）は父王を幽閉して殺したことなどを後悔し、後、釈尊に帰依した。

二 世尊　Bhagavat の訳。福徳ある者、聖なる者の意。釈尊のこと。のちに仏の尊称（十号の一）となる。あらゆる徳を具して世に尊重されることからいう。

三 大乗経　大乗（mahāyāna）とは、あらゆる衆生を乗せて悟りに導く大きな乗物の意。無量の意義をもつ、などと形容されるこの経は無量義経のこととされてきたが、早くから疑義が出されている。

四 結跏趺坐　坐法の一。趺とは足の甲のこと。趺を交わらせて（結）、反対の足のももにのせる（跏）こと。

五 無量義処三昧　釈尊が法華経説法時に入った禅定。無量の衆生教化に対応した種々の方便を無量義といい、実相ともいう。

六 曼陀羅華　māndārava. 天妙華、適意華、白団花と訳す。見る者の心を悦ばせるという。

七 曼殊沙華　mañjūsaka. 柔軟花、円華、赤団花と訳す。見る者の心を柔軟にするという。

八 六種に震動す　世に祥瑞のある時、大地が六種に震動する様子。動、起、涌、

種種の相貌《そうみょう》ありて菩薩の道《どう》を行《ぎょう》ずるを見る。23復た諸仏の般涅槃《はつねはん》したもう者を見、復た諸仏の般涅槃の後ち、仏舎利《ぶっしゃり》を以って、一三七宝の塔を起《た》つるを見る。

疑念序

24爾《そ》の時に弥勒《みろく》菩薩、是の念を作《な》す、

「今者《いま》世尊《せそん》、神変《じんぺん》の相《そう》を現じたもう、何の因縁を以ってか而《しか》も此の瑞有りや。今、仏世尊は、三昧《さんまい》に入りたまえり。是の不可思議なる希《け》有《う》の事を現ぜるを、当に以って誰れにか問うべき。誰れか能《よ》く答えん者なる。」

復た此の念を作す、

「是の文殊師利《もんじゅしり》法王《ほうおう》の子《みこ》は、已に曾つて過去の無量の諸仏に親近《しんごん》し供養せり。必ず応に此の希有の相を見るべし。我れ今、当に問うべし。」

25爾の時に比丘・比丘尼・優婆塞・優婆夷、及び諸もろの天・龍・鬼神等、咸《ことごと》く此の念を作す、

「是の仏の光明神通《こうみょうじんずう》の相を、今、当に誰れにか問うべしや。」

発問序

26爾の時に弥勒菩薩、自《みずか》ら疑いを決せんと欲し、又た四衆の比丘・比丘尼・優婆塞・優婆

覚または撃、震、吼の六種をいう。

九　転輪聖王　または転輪王。身に三十二相を具し、即位の時に天より輪宝を感得し、四方の世界を征服するという。

一〇　白毫相　仏の三十二相の一つで、眉間にある白色の毫（細毛）のこと。清浄、柔軟で右に旋り、常に光明を放つ。

一一　阿鼻地獄　阿鼻は Avīci の音写。無間と訳す。五逆罪を犯した者などが墜ち、猛火に焼かれ、極限の苦しみを受けるという地獄。

一二　阿迦尼吒天　Akaniṣṭha. 色究竟と訳す。色界十八天の最上の天で、形態を有する天の最高であるから、質礙究竟、有頂天ともいう。

一三　七宝　金（suvarna）、銀（rūpya）、瑠璃（vaidūrya, 猫眼石?）、猫黎（sphatika, 水晶）、硨磲（musāragalva, 貝の一種）、珊瑚（lohitamuktikā）、瑪瑙（aśmagarbha）というのが一般的だが、経典による異同も多い。本経でもこの後で、金・銀・珊瑚・真珠・摩尼・車渠・馬瑙とされる。　（大）二下

夷、及び諸もろの天・龍・鬼神等の衆会《しゅえ》の心を観じて、文殊師利に問いて言わく、
「何の因縁を以って此の瑞《めでた》き神通の相《そう》有りて、大光明を放ち、東方万八千の土《ど》を照らしたもうに、悉《ことごと》く彼の仏の国界の荘厳《しょうごん》[一]を見るや。」
是こに於いて弥勒菩薩、重ねて此の義を宣べんと欲して、偈《げ》[二]を以って問いて曰わく、

27 「文殊師利　導師は何が故ぞ
眉間白毫《みけんびゃくごう》の　大光を普《あま》ねく照らしたもうや
曼陀羅　曼殊沙華を雨《ふ》らして
栴檀《せんだん》の香《かんば》しき風　衆の心を悦可《えっか》す
是の因縁を以って　地　皆な厳浄《ごんじょう》なり
而も此の世界　六種に震動す
時に四部の衆　咸《ことごと》く皆な歓喜し
身意快然《しんにけねん》として　未曾有《みぞう》なることを得《う》
眉間の光明　東方
万八千の土を照らしたもうに　皆な金色《こんじき》の如し
阿鼻獄《あびごく》より　上《かみ》有頂《うちょう》[三]に至るまで
諸もろの世界の中の　六道の衆生
生死の所趣《しょしゅ》　善悪の業縁《ごうえん》

一 荘厳　vyūha（みごとに配置されている）、alamkāra（美しく飾る）の訳。仏国土や説法の場所を美しく飾ること、あるいは仏・菩薩が福徳・智慧で身を飾ること。

二 偈　gāthā の音写。偈陀、伽陀とも音写し、偈頌と訳す。教えや徳をたたえる詩句。

三 有頂　前述の阿迦尼吒天を指し、「阿鼻獄より上有頂に…」で最低から最高までの全ての世界というほどの意。

受報《じゅほう》の好醜《こうしゅう》　此《こ》こに於いて悉《ことごと》く見る
又た諸仏　四聖主師子《しょうじゅしし》
経典の　微妙《みみょう》第一なるを演説したもうに
其の声《みこえ》　清浄に　柔軟《にゅうなん》の音《みこえ》を出《い》だして
諸もろの菩薩を教えたもうこと　無数《むしゅ》億万
梵音《ぼんおん》は深妙《じんみょう》にして　人をして聞かんと楽《ねが》わしめ
各おの世界に於いて　正法《しょうぼう》を講説して
種種の因縁をもってして　無量の喩《たとえ》を以って
仏法を照明《しょうみょう》し　衆生を開悟《かいご》せしめたもうを観《み》る
若《も》し人　苦に遭《あ》いて　老病死を厭《いと》うには
為めに涅槃を説きて　諸苦の際を尽くさしめ
若し人　福有りて　曽《か》つて仏に供養し
勝法《しょうほう》を志求《しぐ》するには　為めに縁覚《えんがく》を説き
若し仏子有りて　種種の行《ぎょう》を修《しゅ》し
五無上慧《むじょうえ》を求むるには　為めに浄道を説きたもう
文殊師利　我れ此こに住して
見聞すること斯《か》くの若《ごと》く　千億の事に及べり

(大)三上

四　聖主師子　聖主ともいう。仏は諸もろの聖中の最上であることから仏の尊号となる。

五　無上慧　仏の得る智慧のこと。

是くの如く衆多《しゅた》なる　今　当に略して説くべし
28 我れ彼の土の　[一]恒沙《ごうしゃ》の菩薩
種種の因縁もて　而も仏道を求むるを見る
或《あ》るいは施《せ》を行ずるに　金銀珊瑚《こんごんさんご》
真珠摩尼《しんじゅまに》　硨磲馬碯《しゃこめのう》
[二]金剛諸珍《こんごうしょちん》　奴婢車乗《ぬひしゃじょう》
宝飾《ほうじき》の輦輿《れんよ》を　歓喜して布施し
仏道に[三]廻向《えこう》して　是の乗の
[四]三界第一にして　諸仏の歎《ほ》めたもう所なるを得んと願う有り
或るいは菩薩の　駟馬《しめ》の宝車の
[五]欄楯《らんじゅん》　華蓋《けがい》　軒飾《こんじき》あるを布施する有り
復た菩薩の　身肉手足
及び妻子を施して　無上道を求むるを見る
又た菩薩の　頭目《ずもく》身体を
欣楽施与《ごんぎょうせよ》して　仏の智慧を求むるを見る
文殊師利　我れ諸王の
仏所に往詣《おうけい》して　無上道を問いたてまつり

一　恒沙　または恒河沙。恒河（ガンジス河）の砂の数、ひいては無量の数の多さを喩える。

二　金剛諸珍　……輦輿　八珍を挙げる。金剛（vajra）とはダイヤモンド、諸珍とは帝青宝（indranila）・大青宝（mahānilam）等の珍宝、奴（男の使役人）、婢（女の使役人）、車、乗（乗用の象や馬）、輦（人が引く天子の乗る戦車）、輿（肩で担ぐ貴人用の乗物）のこと。

三　迴向　回向・廻向とも書く。変化、回転の意から、自己の善行による徳を他に廻らし向けること。

四　三界　欲界（欲望にとらわれた世界）・色界（形態にとらわれた世界）・無色界（精神的条件のみの世界）の三つのこと。

五　欄楯華蓋　欄楯は、聖域の周囲を囲む柵。華蓋は、はながさのこと。

便《すなわ》ち楽土　宮殿臣妾《ぐうでんじんしょう》を捨てて
鬚髪《しゅほつ》を剃除《たいじょ》して　法服《ほうぶく》を被《き》るを見る
或るいは菩薩の　而も比丘と作《な》りて
独り閑静《げんじょう》に処し　楽《ねが》いて経典を誦《じゅ》するを見る
又た菩薩の　勇猛精進《ゆうみょうしょうじん》し
深山《じんせん》に入りて　仏道を思惟《しゆい》するを見る
又た欲を離れ　常に空閑《くうげん》に処し
深く禅定《ぜんじょう》を修して　六五神通《ごじんずう》を得るを見る
又た菩薩の　禅に安んじて合掌し
千万偈を以って　諸法の王を讃《ほ》めたてまつるを見る
復た菩薩の　智深く志固く
能く諸仏に問いたてまつり　聞きて悉く受持するを見る
又た仏子の　七定慧具足《じょうえぐそく》して
無量の喩を以って　衆の為めに法を講じ
欣楽《ごんぎょう》説法して　諸もろの菩薩を化《け》し
魔の兵衆《ひょうしゅ》を破して　八法鼓《ほうく》を撃《う》つを見る
又た菩薩の　寂然宴黙《じゃくねんえんもく》にして

六　五神通　五通、五神変ともいう。天眼通・天耳通・他心通・宿命通・漏尽通の五つの不思議自在の働き。

七　定慧　禅定と智慧。戒（śīla）、定（samādhi）、慧（prajñā）の三学のうち、定と慧。

八　法鼓　仏の説法を、軍隊を進めるための太鼓に喩える。

(大)三中

一〇

天龍　恭敬《くぎょう》すれども　以って喜びと為さざるを見る
又た菩薩の　林に処して光を放ち
地獄の苦を済いて　仏道に入らしむるを見る
又た仏子の　未だ嘗《か》つて睡眠せず
林中に[一]経行《きょうぎょう》して　仏道を懃求《ごんぐ》するを見る
又た[二]戒を具して　威儀欠くること無く
浄きこと宝珠の如くにして　以って仏道を求むるを見る
又た仏子の　[三]忍辱《にんにく》の力に住して
[四]増上慢《ぞうじょうまん》の人の　悪罵《おめ》捶打《すいちょう》すれども
皆な悉く能く忍んで　以って仏道を求むるを見る
又た菩薩の　諸もろの戯笑《けしょう》
及び癡《ち》なる眷属《けんぞく》を離れ　智者に親近《しんごん》し
一心に乱を除き　念《おも》いを山林に摂《おさ》めて
億千万歳　以って仏道を求むるを見る
或るいは菩薩の　餚饍《きょうぜん》飲食《おんじき》
百種の湯薬を　仏及び僧に施し
名衣上服《みょうえじょうぶく》の　価直《あたい》千万なる

[一] 経行　歩行の意。一定の区間を直線的に往復すること。修禅法の一つ。禅宗では「きんひん」と読む。
[二] 戒　śīla. 三学・六波羅蜜の一つ。修行規則を守り、修行を推進する自発的な精神。
[三] 忍辱　kṣānti. 六波羅蜜の一つ。耐え忍んで怒りの心を発こさないこと。
[四] 増上慢　まだ悟っていないのに悟ったと思い、奢り高ぶること。

或るいは無価《むげ》の衣を　仏及び僧に施し
千万億種の　栴檀の宝舎
衆の妙《たえ》なる臥具《がぐ》を　仏及び僧に施し
清浄の園林《おんりん》の　華菓《けか》茂《しげ》く盛んなると
流《る》泉浴池《せんよくち》とを　仏及び僧に施し
是くの如き等の施の　種種[五]に微妙なるを
歓喜し厭《あ》くこと無くして　無上道を求むるを見る
或るいは菩薩の　寂滅《じゃくめつ》の法を説きて
種種に　無数の衆生に教詔《きょうしょう》する有り
或るいは菩薩の　諸法の性《しょう》は
二相有ること無し　猶お虚空の如しと観ずるを見る
又た仏子の　心に所著《しょじゃく》無くして
此の妙慧《みょうえ》を以って　無上道を求むるを見る
文殊師利　又た菩薩の
仏の滅度の後ち　舎利《しゃり》に供養する有り
又た仏子の　諸もろの[六]塔廟《とうみょう》を造ること
無数恒沙にして　国界を厳飾《ごんじき》し

五　種種　(大)は「種果」とある。今は(博)による。

六　塔廟　stūpa の音略であり、窣堵婆、藪斗婆などとも音写する。略して塔婆、仏図、浮図などともいう。仏舎利を安置して供養するための建造物。

一　由旬　**yojana.** 距離の単位。牛に車をつけて一日引かせる距離（約七キロメートル）とされる。

㊅三下

宝塔は高妙にして　五千由旬《ゆじゅん》[一]
縦広正等《じゅうこうしょうとう》にして　二千由旬
一一《いちいち》の塔廟に　各おの千の幢幡《どうばん》あり
珠《たま》もて交露《きょうろ》せる幔《まく》ありて　宝鈴《ほうりょう》　和鳴《わみょう》せり
諸もろの天龍神　人《にん》及び非人《ひにん》
香華《こうけ》伎楽《ぎがく》を　常に以って供養するを見る
文殊師利　諸もろの仏子等
舎利を供《く》せんが為めに　塔廟を厳飾す
国界は自然に　殊特妙好《しゅどくみょうこう》なること
天の樹王の　其の華　開敷《かいふ》せるが如し
仏　一の光を放ちたもうに　我れ及び衆会《しゅえ》
此の国界の　種種に殊妙なるを見る
諸仏の神力　智慧は希有《けう》なり
一の浄光を放ちて　無量の国を照らしたもう
29 我れ等　此れを見て　未曾有なることを得
仏子文殊　願わくは衆の疑いを決したまえ
四衆は欣仰《ごんぎょう》して　仁《きみ》及び我れを瞻《み》る

世尊　何が故ぞ　斯《こ》の光明を放ちたもうや
仏子　時に答えて　疑いを決して喜ばしめたまえ
何の[二]饒益《にょうやく》する所ありてか　斯の光明を演《の》べたもう
仏　道場に坐して　得たまえる所の妙法
為《さだ》めて此れを説かんとや欲す　為めて当に[三]授記《じゅき》したもうべしや
諸もろの仏土の　衆宝　厳浄なるを示し
及び諸仏を見たてまつること　此れ小《おぼろ》げの縁に非ず
文殊　当に知るべし　四衆龍神
仁者《にんしゃ》を瞻察《せんさつ》す　為《さだ》めて何等をか説きたまわん」

答問序

30 爾《そ》の時に文殊師利、弥勒菩薩摩訶薩及び諸もろの大士《だいじ》に語る。

「善男子《ぜんなんし》等、我が[四]惟忖《ゆいじゅん》するが如きは、今《いま》、仏世尊は、大法を説き、大法の雨を雨《ふ》らし、大法の螺《かい》を吹き、大法の鼓《つづみ》を撃《う》ち、大法の義を演《の》べんと欲するならん。

31 諸もろの善男子、我れ過去の諸仏に於いて、曽つて此の瑞《ずい》を見たてまつりしに、斯《こ》の光を放ち已《おわ》りて、即ち大法を説きたまいき。是の故《ゆえ》に当に知るべし、今の仏の光を現じたもうも亦《ま》た復《ま》た是くの如く、衆生をして咸《ことごと》く一切世間の、信じ難きの法を聞知《もんち》することを得

二　饒益　人に利益を与えて助けること。

三　授記　記とは記莂の意で、仏が修行者に対して、未来の世において必ず仏となることを予言し、保証を与えること。

四　惟忖　よく考え、おしはかること。

しめんと欲するが故に、斯の瑞を現じたもうならん。

32 諸もろの善男子、過去《かこ》無量無辺不可思議《むりょうむへんふかしぎ》一阿僧祇劫《あそうぎこう》の如き、爾の時に仏有《いま》す。二日月燈明《にちがつとうみょう》と号づけたてまつる。三＊如来《にょらい》、応供《おうぐ》、正遍知《しょうへんち》、明行足《みょうぎょうそく》、善逝《ぜんぜい》、世間解《せけんげ》、無上士《むじょうじ》、調御丈夫《じょうごじょうぶ》、天人師《てんにんし》、仏《ぶつ》、世尊《せそん》と号《な》づけたてまつる。正法を演説したもうに、四＊初善《しょぜん》、中善《ちゅうぜん》、後善《ごぜん》なり。其の義深遠《じんのん》に、其の語巧妙《ぎょうみょう》に、純一無雑《じゅんいちむぞう》にして、具足清白《ぐそくしょうびゃく》、梵行《ぼんぎょう》の相なり。五声聞《しょうもん》を求むる者の為めには、応ぜる六四諦《したい》の法を説きて、生《しょう》・老《ろう》・病《びょう》・死《し》を度し、涅槃《ねはん》を究竟《くきょう》せしめ、辟支仏《びゃくしぶつ》を求むる者の為めには、応ぜる十二因縁《じゅうにいんねん》の法を説き、諸もろの菩薩の為めには、応ぜる六波羅蜜《ろくはらみつ》を説きて、阿耨多羅三藐三菩提《あのくたらさんみゃくさんぼだい》を得て一切種智《いっさいしゅち》を成《じょう》ぜしめたもう。

33 次に復た仏有す、亦た日月燈明と名づけたてまつる。次に復た仏有す、亦た日月燈明と名づけたてまつる。是くの如く二万の仏、皆な同じく一字にして日月燈明と号《な》づけたてまつる。又た同じく一姓《いっしょう》にして、七頗羅堕《はらだ》を姓《しょう》としたまえり。

弥勒、当に知るべし、初仏後仏、皆な同じく一字にして、日月燈明と名づけ、十号をば具足《ぐそく》したまえり、説く可き所の法は、初も中も後も善なり。

34 其の最後の仏、未だ出家したまわざりし時、八の王子有り、一をば有意《うい》と名づけ、二をば善意《ぜんい》と名づけ、三をば無量意《むりょうい》と名づけ、四をば宝意《ほうい》と名づけ、五をば増意《ぞうい》と名づけ、六をば除疑意《じょぎい》と名づけ、七をば八響意《こうい》と名づけ、八をば法意《ほうい》と名づく。是の八の王子、威徳《いとく》自在にして、各おの四天下《してんげ》を領す。是の諸もろの王子、父の出家して阿耨多羅三藐三菩提を

一　阿僧祇劫　阿僧祇は asaṁkhya, asaṁkhyeya の音写。数えきれないの意。無数、無央数と訳す。劫は kalpa の音写。古代インドの最長の時間の単位。合して数えきれないほど長い時間を表わす。

二　日月燈明　Candrasūryapradīpa. 無量の過去に法華経を説いた仏。その光明は天の日月のようであることから名づけられた。

三　如来……世尊　仏を讃える十種の称号。如来十号という。補註参照。

四　初善……梵行の相なり　大乗の七善。補註参照。

五　声聞　śrāvaka. 仏の声を聞く者の意。四諦の教えによって修行する出家者のこと。

六　四諦　catur-ārya-satya. 諦は真理の意。仏教の根本教説である、苦、集、滅、道の四つの真理をいう。㊅四上

七　頗羅堕　Bhāradvāja の音写。力を身につけている者という意味で、太古の聖仙の姓。

八　響　㊂㊒は「響」とある。

得たまえりと聞きて、悉く王位を捨てて、亦た随い出家し、大乗の意《こころ》を発《お》こし、常に梵行《ぼんぎょう》を修して、皆な法師と為れり。已に千万の仏の所《みもと》に於いて、諸もろの善本《ぜんぽん》を殖えたり。

是の時に日月燈明仏、大乗経の無量義《むりょうぎ》、教菩薩法《きょうぼさつぼう》、仏所護念《ぶっしょごねん》と名づくるを説きたもう。是の経を説き已《おわ》りて、即《すなわ》ち大衆の中に於いて、結跏趺坐《けっかふざ》し、無量義処三昧に入りて、身心《しんじん》動《どう》じたまわず。

是の時に、天より曼陀羅華・摩訶曼陀羅華・曼殊沙華・摩訶曼殊沙華を雨らして、仏の上《みうえ》、及び諸もろの大衆に散じ、普《あま》ねく仏の世界は六種に震動す。

爾の時に会中《えちゅう》の比丘・比丘尼・優婆塞・優婆夷、天・龍・夜叉・乾闥婆・阿修羅・迦楼羅・緊那羅・摩睺羅伽・人・非人、及び諸もろの小王、転輪聖王等、是の諸もろの大衆、未曾有《みぞう》なることを得て、歓喜《かんぎ》し合掌して、一心に仏を観たてまつる。

爾の時に如来、眉間白毫相《みけんびゃくごうそう》より光を放ちて、東方万八千の仏土を照らしたもうに、周遍《しゅうへん》せざること靡《な》し。今の見る所の是の諸もろの仏土の如し。弥勒、当に知るべし。

爾の時に会中に二十億の菩薩有りて法を聴かんと楽欲《ぎょうよく》す。是の諸もろの菩薩、此の光明の普ねく仏土を照らすを見て、未曾有なることを得て、此の光の為す所の因縁を知らんと欲す。

時に菩薩有り、名を妙光《みょうこう》と曰う。八百の弟子有り。

是の時に日月燈明仏、三昧より起ちて、妙光菩薩に因《よ》せて、大乗経の[九]妙法蓮華、教菩薩

九 妙法蓮華、教菩薩法、仏所護念 『法華論』に「大乗修多羅有十七名」として法華の十七の名を挙げる内の三つ。

法、仏所護念と名づくるを説きたもう。

六十小劫《しょうこう》、座を起ちたまわず。時の会の聴者も亦た一処に坐して、六十小劫、身心動ぜず。仏の所説を聴くこと、食頃《じききょう》の如しと謂《おも》えり。是の時に衆中に、一人として若しは身、若しは心に懈惓《けげん》を生ずるもの有ること無かりき。

日月燈明仏、六十小劫に於いて是の経を説き已りて、即ち梵・魔・沙門・婆羅門、及び天・人・阿修羅衆の中に於いて、此の言《みこと》を宣べたまわく、

『如来、今日の中夜《ちゅうや》に於いて、当に[一]無余涅槃《むよねはん》に入るべし。』

時に菩薩有り、名を徳蔵《とくぞう》と曰う。日月燈明仏、即ち其れに記を授け、諸もろの比丘に告げたまわく、

『是の徳蔵菩薩、次に当に作仏すべし、号《な》をば浄身《じょうしん》 [二]多陀阿伽度《ただあかど》、阿羅訶《あらか》、三藐三仏陀《さんみゃくさんぶつだ》と曰わん。』

仏、授記し已《おわ》りて、便《すなわ》ち中夜に於いて、無余涅槃に入りたもう。仏の滅度の後ち、妙光菩薩、妙法蓮華経を持《たも》ちて、八十小劫を満《み》てて人の為めに演説す。日月燈明仏の八子、皆な妙光を師とす。妙光は教化《きょうけ》して、其れをして阿耨多羅三藐三菩提に堅固《けんご》ならしむ。是の諸もろの王子、無量百千万億の仏に供養し已りて、皆な仏道を成ず。其の最後に成仏したもう者、名を[三]*然燈《ねんとう》と曰う。

八百の弟子の中に一人有り、号を求名《ぐみょう》と曰う。利養《りよう》に貪著《とんじゃく》せり。復た衆経《しゅきょう》を読誦すと雖《いえど》

(大)四中

一 無余涅槃　煩悩を断じ尽くしても、生命の続く限り肉体の束縛を逃れない有余涅槃に対し、肉体も滅して完全に心身の束縛を離れた状態。

二 多陀阿伽度、阿羅訶、三藐三仏陀　多陀阿伽度（tathāgata）は、如来。阿羅訶（arhat）は、阿羅漢。三藐三仏陀（samyak-sambuddha）は、等正覚。如来十号のうちの三。

三 然　(大)は「燃」とある。補註参照。

も而も通利《つうり》せず、忘失《もうしつ》する所多し。故に求名と号づく。是の人、亦た諸もろの善根を種《う》えたる因縁を以っての故に、無量百千万億の諸仏に値《あ》いたてまつることを得て、供養《くよう》、恭敬《くぎょう》、尊重《そんじゅう》、讃歎《さんだん》せり。

弥勒、当に知るべし、爾の時の妙光菩薩は、豈《あ》に異人ならんや、我が身是《こ》れなり。求名菩薩は、汝が身是れなり。今、此の瑞《ずい》を見るに、本《もと》と異なること無し。是の故に惟忖《ゆいじゅん》するに、今日の如来も当に大乗経の妙法蓮華、教菩薩法、仏所護念と名づくるを説きたもうべし。」

爾の時に文殊師利、大衆の中に於いて、重ねて此の義を宣べんと欲して、偈を説きて言わく、

35「我れ過去世の　無量無数劫《むりょうむしゅこう》を念《おも》うに
仏　人中の尊有しき　日月燈明と号《な》づけたてまつる
世尊は法を演説して　無量の衆生
無数億の菩薩を度して　仏の智慧に入らしめたもう
36仏の未だ出家したまわざりし時　所生《しょしょう》の八王子
大聖《だいしょう》の出家を見て　亦た随いて梵行《ぼんぎょう》を修す
時に仏は大乗経の　無量義と名づくるを説きて
諸もろの大衆の中に於いて　為めに広く分別したもう

仏は此の経を説き已りて　即ち法座の上に於いて
一跏趺《かふ》して三昧の　無量義処《むりょうぎしょ》と名づくるに坐したもう
天より曼陀華を雨らし　天鼓《てんく》は自然《じねん》に鳴り
諸もろの天龍鬼神　人中の尊に供養したてまつる
一切の諸もろの仏土　即時に大いに震動す
仏は眉間より光を放ちて　諸もろの希有《けう》の事を現じたもう
此の光は東方　万八千の仏土を照らして
一切衆生の　生死《しょうじ》の二業報処《ごうほうしょ》を示したもう
諸もろの仏土の・　衆宝を以って荘厳して
琉璃頗梨《るりはり》の色なるを見ること有り　斯《こ》れ仏の光の照らしたもうに由《よ》る
及び諸もろの天人　龍神　夜叉衆
乾闥緊那羅《けんだつきんなら》　各おの其の仏に供養するを見る
又た諸もろの如来の　自然《じねん》に仏道を成じて
身の色は金山《こんせん》の如く　端厳《たんごん》にして甚だ微妙なること
浄琉璃《じょうるり》の中　内に真金《しんこん》の像を現ずるが如くなるを見る
世尊は大衆に在《ましま》して　深法の義を敷演したもう
一一の諸もろの仏土　声聞衆は無数《むしゅ》なり

一 加趺　結跏趺坐の略。　㊅四下
二 業報　善悪の業因に応じた苦楽の果報。

仏の光の所照《しょしょう》に因《よ》りて　悉く彼の大衆を見る
或るいは諸もろの比丘の　山林の中に在りて
精進し浄戒を持《たも》つこと　猶お明珠《みょうじゅ》を護《まも》るが如くなる有り
又た諸もろの菩薩の　[三]施《せ》忍辱《にんにく》等を行ずること
其の数　恒沙《ごうしゃ》の如くなるを見る　斯れ仏の光の照らしたもうに由る
又た諸もろの菩薩　深く諸もろの禅定に入りて
身心寂《しず》かに動ぜずして　以って無上道を求むるを見る
又た諸もろの菩薩　法の寂滅《じゃくめつ》の相《そう》を知りて
各おの其の国土に於いて　法を説きて仏道を求むるを見る
爾の時に四部の衆　日月燈仏の
大神通力を現じたもうを見て　其の心　皆な歓喜《かんぎ》して
各各に自ら相い問う　『是の事　何の因縁ぞ』
天人所奉《しょぶ》の尊　適《はじ》めて三昧より起ちて
妙光菩薩を讃《ほ》めたまわく　『汝は為《こ》れ世間の眼《まなこ》なり
一切に帰信《きしん》せられて　能く法蔵《ほうぞう》を奉持《ぶじ》す
我が所説の法の如きは　唯だ汝のみ能く証知《しょうち》せり』
世尊は既に讃歎《さんだん》し　妙光をして歓喜せしめて

(大)五上

三　施忍辱　六波羅蜜中の布施と忍辱のこと。

是の法華経を説きたもうに　六十小劫《ろくじゅうしょうこう》を満てて
此の座を起ちたまわず　説きたもう所の上妙《じょうみょう》の法
是の妙光法師　悉く皆な能く受持す
仏は是の法華を説きて　衆をして歓喜せしめ已《おわ》りて
尋《つ》いで即ち是の日に於いて　天人衆に告げたまわく
『[一]諸法実相《しょほうじっそう》の義　已《すで》に汝等が為めに説く
我れ今　中夜《ちゅうや》に於いて　当に涅槃に入るべし
汝　一心に精進し　当に放逸を離るべし
諸仏には甚だ値《あ》い難《がた》し　億劫に時に一たび遇《あ》いたてまつる』
世尊の諸子等　仏の涅槃に入りたまわんと聞きて
各各に悲悩《ひのう》を懐く　『仏　滅したもうこと一《いっ》に何《なん》ぞ速やかなる』と
聖主《しょうしゅ》法の王　無量の衆を安慰《あんに》したまわく
『我れ若し滅度しなん時　汝等　憂怖《うふ》すること勿れ
是の徳蔵菩薩は　無漏《むろ》実相に於いて
心　已に通達《つうだつ》することを得たり　其れ次に当に作仏《さぶつ》すべし
号《な》をば曰《い》いて浄身と為さん　亦た無量の衆を度せん』
仏は此の夜に滅度したもうこと　薪《たきぎ》尽きて火の滅《き》ゆるが如し

一　諸法実相　すべての存在の、ありのままのすがた。方便品で詳説される。

㊅五中

二　天中天　如来の異名。諸天の上にある天。神々のうち最もすぐれた神。

三　族姓　富裕の貴族階級のこと。

諸もろの舎利《しゃり》を分布して　無量の塔を起つ
比丘　比丘尼　其の数　恒沙の如し
倍《ます》す復た精進を加えて　以って無上道を求む
是の妙光法師《みょうこうほっし》　仏の法蔵を奉持して
八十小劫の中に　広く法華経を宣《の》ぶ
是の諸もろの八王子　妙光に開化《かいけ》せられて
無上道に堅固《けんご》にして　当に無数の仏を見たてまつるべし
諸仏に供養し已りて　随順して大道を行じ
相い継ぎて成仏することを得て　転じて次に而も授記す
最後の[二]天中天《てんちゅうてん》をば　号を然燈仏《ねんとうぶつ》と曰う
諸仙《しょせん》の導師として　無量の衆を度脱《どだつ》したもう
是の妙光法師　時に一《ひとり》の弟子有り
心に常に懈怠《けたい》を懐きて　名利《みょうり》に貪著《とんじゃく》せり
名利を求むるに厭《あ》くこと無くして　多く[三]族姓《ぞくしょう》の家に遊び
習誦《しゅうじゅ》する所を棄捨《きしゃ》し　廃忘《はいもう》して通利せず
是の因縁を以っての故に　之れを号づけて求名《ぐみょう》と為す
亦た衆の善業を行じ　無数の仏を見たてまつることを得《え》

諸仏に供養し　随順して大道を行じ
六波羅蜜《ろくはらみつ》を具して　今　一釈師子《しゃくしし》を見たてまつる
其れ後ちに当に作仏すべし　号をば名づけて弥勒と曰わん
広く諸もろの衆生を度すること　其の数　量《はか》り有ること無けん
彼の仏の滅度の後ち　懈怠なりし者は汝是《こ》れなり
妙光法師は　今　則ち我が身是れなり
37 我れ燈明仏を見たてまつりしに　本《もと》の光瑞《こうずい》此《か》くの如し
是れを以って知りぬ　今の仏も　法華経を説かんと欲すならん
今の相　本の瑞の如し　是れ諸仏の方便なり
今の仏の光明を放ちたもうも　実相の義を助発《じょほっ》せんとなり
諸人よ　今当《まさ》に知るべし　合掌して一心に待ちたてまつれ
仏は当に法雨を雨《ふ》らして　道を求むる者に充足《じゅうそく》せしめたもうべし
諸もろの二三乗を求むる人　若し疑悔《ぎけ》有らば
仏は当に為めに除断して　尽くして余り有ること無からしめたもうべし」

一 釈師子　釈尊を獣の王である獅子に喩えた尊称。

二 三乗　声聞乗・縁覚乗・菩薩乗の三つをいう。乗とは乗物で、三者それぞれを目的とする境地に運ぶ教えを指していう。

方《ほう》便《べん》品《ぼん》第二

法説周―略して三乗を開いて一乗を顕す

1 [三]爾の時に世尊、三昧《さんまい》より安詳《あんじょう》として起ちて、舎利弗に告げたまわく、

「諸仏の智慧は、甚深無量《じんじんむりょう》なり。其の智慧の門は、難解《なんげ》難入《なんにゅう》なり。一切の声聞《しょうもん》・[四]辟支仏《びゃくしぶつ》の知ること能わざる所なり。所以《ゆえ》は何《いか》ん、仏、曾つて百千万億無数の諸仏に親近《しんごん》して、尽くして諸仏の無量の道法《どうほう》を行《ぎょう》じ、勇猛精進《ゆうみょうしょうじん》して、名称《みょうしょう》普ねく聞こえ、[五]甚深未曾有の法《ほう》を成就《じょうじゅ》して、宜しきに随いて説きたもう所は、意趣解《さと》り難し。

2 舎利弗、吾れ成仏《じょうぶつ》してより已来、種種《しゅじゅ》の因縁、種種の譬喩《ひゆ》もて、広く言教《ごんぎょう》を演《の》べ、無数の方便《ほうべん》もて、衆生《しゅじょう》を引導《いんどう》して、諸もろの著《じゃく》を離れしむ。所以は何ん、如来は方便、[六][七]知《ち》見波《けんは》羅蜜《らみつ》、皆な已に具足せり。

舎利弗、如来の知見は、広大深遠《じんのん》なり。[八*]無量《むりょう》・無礙《むげ》・力《りき》・無所畏《むしょい》・禅定《ぜんじょう》・解脱《げだつ》・三昧《さんまい》ありて、深く無際に入りて、一切未曾有の法を成就せり。

3 舎利弗、如来は能く種種に分別して巧みに諸法を説き、言辞《ごんじ》柔軟《にゅうなん》にして、衆の心を悦可《えっか》す。舎利弗、要《よう》を取りて之れを言わば、無量無辺未曾有の法を、仏、悉《ことごと》く成就したまえり。

三 爾の時に…… 方便品第二より人記品第九までは、本経迹門の正宗分であり、この一品は、三周説法の第一法説周の正説段である。

四 辟支仏 pratyeka-buddha の音写。縁覚、独覚のこと。

五 甚深未曾有……意趣解り難し 仏は、その内証を、方便力をもって衆生の性欲に従って説法したが、衆生は、いずれに引導されるのか、その仏の本心は理解しがたい、という意。 ㊅五下

六 方便 upāya-kauśalya. 善巧方便の略。仏の説法の種々の方便手段。真実に導くために衆生の機根を誘う一切の教法門のこと。

七 知見波羅蜜 般若波羅蜜のこと。迷いを離れ、存在の背後にある実相をさとった状態。

八 無量……三昧 仏の智慧の徳を表わす。補註参照。

十如是

止《や》みなん、舎利弗、復た説く須《べ》からず。所以は何ん、仏の成就したまえる所は、第一希《だいいちけ》有《う》難解《なんげ》の法なり。唯だ仏と仏とのみ、乃《いま》し能く*諸法実相《しょほうじっそう》を究尽《くじん》したまえり。所謂《いわゆる》諸法の、一*如是相《にょぜそう》・如是性《しょう》・如是体・如是力・如是作《さ》・如是因・如是縁・如是果・如是報・如是本末究竟等《ほんまつくきょうとう》なり。」

爾の時に世尊、重ねて此の義を宣《の》べんと欲して、偈《げ》を説きて言《のたま》わく、

4
「二世雄《せおう》は量る可からず　諸天及び世人
一切衆生の類　能く仏を知る者無し
仏の力《りき》　無所畏《むしょい》　解脱　諸もろの三昧
及び仏の諸余の法は　能く測量《はか》る者無し
本《も》と無数の仏に従いて　具足して諸道を行じたまえり
甚深微妙《じんじんみみょう》の法は　見難く了《さと》る可きこと難し
無量億劫に於いて　此の諸道を行じ已りて
道場にして三果《か》を成《じょう》ずることを得て　我れ已に悉く知見せり
5
是くの如き四大果報　種種の性相《しょうそう》の義
我れ及び十方の仏　乃《いま》し能く是の事を知ろしめせり
是の法は示す可からず　言辞《ごんじ》の相寂滅せり

一　如是相……如是本末究竟等　十如是と呼ばれる。補註参照。

二　世雄　仏のこと。仏は世間で最も雄猛で、全ての煩悩にうち勝つことからいう。

三　果　仏果。さとりを成ずること。

四　大果報　十如是の「果」と「報」のこと。次の「性相」と合わせて、十如是全体を指す。

諸余の衆生の類は　能く得解《とくげ》すること有ること無し
諸もろの菩薩衆の　信力堅固なる者をば除く
諸仏の弟子衆の　曾《むか》し諸仏に供養し
一切の[五]漏を已に尽くして　是の[六]最後《さいご》身《しん》に住せる
是くの如き諸人等は　其の力　堪えざる所なり
仮使《たと》い世間に　皆な舎利弗の如きもの満ち
思いを尽くして共に度量《たくりょう》すとも　仏智を測ること能わじ
正使《たと》い十方に　皆な舎利弗の如きもの満ち
及び余の諸もろの弟子　亦た十方の[七]刹《くに》に満ち
思いを尽くして共に度量すとも　亦た復た知ること能わじ
辟支仏《びゃくしぶつ》の利智にして　無漏の最後身なる
亦た十方界に満ちて　其の数　竹林の如くならん
斯《こ》れ等　共に一心に　億無量劫に於いて
仏の実智を思わんと欲すとも　能く少分をも知ること莫《な》けん
[八]新発意《しんぼっち》の菩薩の　無数の仏に供養し
諸もろの義趣《ぎしゅ》を了達《りょうだつ》して　又た能善《よ》く法を説かん
稲麻《とうま》竹葦《ちくい》の如くして　十方の刹に充満せん

五 漏　煩悩。五根や心から流れ出て、心を散乱させることからいう。　(大)六上

六 最後身　煩悩が尽きて、復た三界に生まれることがない最後の身。声聞の阿羅漢をいう。

七 刹　kṣetra の音写。国土のこと。

八 新発意　新たに仏道を求める意を発こした初心の菩薩。

一　不退　仏道修行において退くことがない意で、不退転の位に住すること。
二　苦縛　衆生が生死の苦に束縛されること。
三　方便力　衆生を導くための智慧の力。
四　三乗の教　声聞・縁覚・菩薩のそれぞれに応じて説かれた教え。

一心に妙智《みょうち》を以って　恒河沙劫に於いて
咸《ことごと》く皆な共に思量すとも　仏智を知ること能わじ
[一]不退《ふたい》の諸もろの菩薩　其の数　恒沙の如くにして
一心に共に思求《しぐ》すとも　亦た復た知ること能わじ
又た舎利弗に告げたまわく　『無漏不思議の
甚深微妙の法を　我れ今　已に具え得たり
唯だ我れのみ是の相を知れり　十方の仏も亦た然《しか》なり
6 舎利弗　当に知るべし　諸仏の語《みこと》は異なること無し
仏の所説の法に於いて　当に大信力を生ずべし
世尊は法《ほう》として久しくして後ち　要《かなら》ず当に真実を説きたもうべし』
7 諸もろの声聞衆　及び縁覚乗を求むるものに告ぐ
『我れ[二]苦縛《くばく》を脱し　涅槃を逮得《たいとく》せしめたることは
仏　[三]方便力《ほうべんりき》を以って　示すに[四]三乗の教を以ってす
衆生の処処の著　之れを引きて出づることを得しめんとなり』

疑いを挙げて真実を説かんことを請う

8 爾の時に大衆の中に、諸もろの声聞《しょうもん》、漏尽《ろじん》の阿羅漢《あらかん》、阿若憍陳如《あにゃきょうちんにょ》等の千二百人、及び声

(大)六中

聞・辟支仏の心を発《お》こせる比丘・比丘尼・優婆塞・優婆夷有り。

各おの是の念を作《な》す。

9「今者《いま》、世尊は何が故《ゆえ》ぞ慇懃《おんごん》に方便《ほうべん》を称歎《しょうたん》して、而も是の言を作したもうや。仏の得たまえる所の法は、甚深《じんじん》にして解《さと》り難く、言説《ごんせつ》したもう所有るは、意趣知り難し。一切の声聞・辟支仏の及ぶこと能わざる所なり。

10仏、五*一解脱《いちげだつ》の義を説きたまいしかば、我れ等も亦た此の法《ほう》を得て、涅槃に到れり。而るに今、是の義の所趣を知らず。」

三止三請の第一請

11爾の時に舎利弗、四衆の心の疑いを知り、自らも亦た未だ了《さと》らずして、仏に白《もう》して言《もう》さく、

「世尊、何の因、何の縁ありてか、慇懃に諸仏第一の方便《ほうべん》たる甚深微妙難解《じんじんみみょうなんげ》の法《ほう》を称歎したもうや。我れ昔より来《このかた》、未だ曾つて仏に従いて是くの如きの説を聞きたてまつらず。今者、四衆には咸《ことごと》く皆な疑い有り。六唯だ願わくは世尊、斯《こ》の事を敷演したまえ。世尊、何が故ぞ慇懃に甚深微妙難解の法を称歎したもうや。」

爾の時に舎利弗、重ねて此の義を宣べんと欲して、偈を説きて言《もう》さく、

七「慧日大聖尊《えにちだいしょうそん》　久しくして乃《いま》し是の法を説きたもう

五　一解脱　ここでは三乗の人が得る同一の果をいう。補註参照。

六　唯　㊂は「惟」とある。

七　慧日大聖尊　仏の尊称。広大無辺な智慧を持つ聖者を日光に喩えていう。

自ら是くの如き　力《りき》　無畏《むい》　三昧《さんまい》
禅定《ぜんじょう》　解脱《げだつ》等の　不可思議の法を得たりと説きたもう
道場にて得る所の法は　能く問いを発こす者無し
我が意　測る可きこと難し　亦た能く問う者無し
問うこと無けれども而も自ら説きて　所行《しょぎょう》の道を称歎《しょうたん》したもう
智慧は甚だ微妙にして　諸仏の得たまえる所なり
無漏の諸もろの羅漢　及び涅槃を求むる者
今　皆な疑網《ぎもう》に堕《だ》しぬ　仏は何が故ぞ是れを説きたもうや
其の縁覚を求むる者　比丘　比丘尼
諸もろの天龍鬼神　及び乾闥婆《けんだつば》等
相い視て猶予《ゆうよ》を懐き　[一]両足尊《りょうぞくそん》を瞻仰《せんごう》す
是の事は云何《いか》なる為《べ》き　願わくは仏よ　為めに解説《げせつ》したまえ
諸もろの声聞衆に於いて　仏は我れを第一なりと説きたもう
我れ今　自ら智に於いて　疑惑して了《さと》ること能わず
為《さだ》めて是れ究竟《くきょう》の法なりや　為めて是れ所行の道なりや
[二]仏口《ぶっく》所生の子　合掌瞻仰して待ちたてまつる
願わくは微妙の音《みこえ》を出だして　時に為めに実の如く説きたまえ

一　両足尊　仏の尊称。仏は両足を有する衆生の中で最も尊いことをいう。

二　仏口所生の子　仏弟子。仏の教えは口から出ることからいう。

(大)六下

諸もろの天龍神等　其の数　恒沙の如し
仏を求むる諸もろの菩薩　大数八万有り
又た諸もろの万億の国の　転輪聖王《てんりんじょうおう》に至るまで
合掌し敬心を以って　具足の道を聞きたてまつらんと欲す」

12 爾の時に仏、舎利弗に告げたまわく、
「[三]止みなん、止みなん、復た説く須《べ》からず。若し是の事を説かば、一切世間の諸天及び人、皆な当に驚疑《きょうぎ》すべし。」

13 舎利弗、重ねて仏に白《もう》して言《もう》さく、
「世尊、唯だ願わくは之れを説きたまえ。唯だ願わくは之れを説きたまえ。所以《ゆえ》は何ん、是の会《え》の無数百千万億阿《むしゅひゃくせんまんのくあ》僧祇《そうぎ》の衆生《しゅじょう》は、曾《むか》し諸仏を見たてまつり、[四]諸根猛利《みょうり》にして、智慧《ちえ》明了《みょうりょう》なり。仏の所説を聞きたてまつらば、則《すなわ》ち能く敬信《きょうしん》せん。」
爾の時に舎利弗、重ねて此の義を宣べんと欲して、偈を説きて言《もう》さく、
「[五]法王無上尊《ほうおうむじょうそん》　唯だ説きたまえ　願わくは慮《うらおも》いしたもうこと勿れ
是の会《え》の無量《むりょう》の衆は　能く敬信《きょうしん》すべき者有り」

14 仏、復た舎利弗を止どめたもう、
「若《も》し是の事を説かば、一切世間の天・人・阿修羅《あしゅら》は、皆な当に驚疑すべし。[六]増上慢《ぞうじょうまん》の比丘は、将に[七]大坑《だいきょう》に墜つべし。」

[三] 止みなん　以下、舎利弗が三度説法を請うに対して、釈尊が三度止める問答となる。これを「三止三請」という。法華経の軽々しく説くべきでない所以を明かす。

[四] 諸根猛利　諸根は信、進、念、定、慧の五根。それぞれの働きが非常に勝れていること。

[五] 法王無上尊　仏の尊称。仏は法中の王であるからいう。

[六] 増上慢　さとりを得ていないのに、既に得たと思い奢ること。

[七] 大坑　無間地獄のこと。

爾の時に世尊、重ねて偈を説きて言わく、

「止みなん　止みなん　説く須《べ》からず　我が法《ほう》は妙《みょう》にして思い難し
諸もろの増上慢の者は　聞きて必ず敬信《きょうしん》せじ」

爾の時に舎利弗、重ねて仏に白して言さく、

「世尊、唯だ願わくは之れを説きたまえ。唯だ願わくは之れを説きたまえ。今、此の会中《えちゅう》の我れ等が如き比《たぐい》百千万億なるは、世世に已に曽《むか》し仏に従いて化《け》を受けたり。此《か》くの如き人等は、必ず能く敬信し、長夜安隠《じょうやあんのん》にして、饒益《にょうやく》する所多からん。」

爾の時に舎利弗、重ねて此の義を宣べんと欲して、偈を説きて言さく、

「無上両足尊　願わくは第一の法《ほう》を説きたまえ
我れは為《こ》れ仏の長子[一]なり　唯だ分別して説くことを垂れたまえ
是の会《え》の無量《むりょう》の衆は　能く此の法を敬信せん
仏は已に曽し世世に　是くの如き等を教化《きょうけ》したまえり
皆な一心に合掌《がっしょう》して　仏語を聴受《ちょうじゅ》せんと欲す
我れ等千二百　及び余の仏を求むる者あり
願わくは此の衆の為めの故《ゆえ》に　唯だ分別し説くことを垂れたまえ
是れ等此の法を聞きたてまつらば　則《すなわ》ち大歓喜《だいかんぎ》を生《しょう》ぜん」

一　長子　舎利弗は、智慧第一の長老であることからいう。　(大)七上

説くことを許す

16 爾の時に世尊、舎利弗に告げたまわく、
「汝《なんじ》、已に慇懃《おんごん》に三たび請えり。豈《あ》に説かざることを得んや。汝、今諦《あき》らかに聴き、善く之れを思念せよ、吾れ当に汝が為めに、分別し解説すべし。」

五千人退座

17 此の語を説きたもう時、会中《えちゅう》に比丘・比丘尼・優婆塞・優婆夷、[二]五千人等有り、即《すなわ》ち座より起ちて、仏を礼《らい》して退けり。所以《ゆえ》は何《いか》ん、此の輩《ともがら》は罪根深重《じんじゅう》に、及び増上慢にして、未だ得ざるを得たると謂《おも》い、未だ証せざるを証せりと謂えり。此くの如き失《とが》有り、是こを以って住《じゅう》せず。世尊、黙然《もくねん》として制止したまわず。

爾の時に仏、舎利弗に告げたまわく、
「我が今、此の衆は、復た[三]枝葉《しよう》無く、純《もっぱ》ら貞実《じょうじつ》のみ有らん。舎利弗、是くの如き増上慢の人は、退くも亦た佳《よ》し。汝《なんじ》、今善く聴け、当に汝が為めに説くべし。」

18 舎利弗の言さく、
「唯《た》だ然《しか》なり。世尊、願楽《ねが》わくは聞きたてまつらんと欲す。」

二 五千人　ここで五千人の増上慢が会座より退くが、これを「五千人退座」という。

三 枝葉……貞実　枝葉は柱にはなり得ないことから、仏道における増上慢に喩える。貞実は、まごころをもって事を成し遂げること。

五仏章、諸仏章

19仏、舎利弗に告げたまわく、
「是くの如き妙法《みょうほう》は、諸仏如来、時に乃《いま》し之れを説きたもう。一優曇鉢華《うどんばっけ》の時に一たび現ず
るが如きのみ。
20舎利弗、汝等《なんじら》、当に信ずべし、仏の所説は言、虚妄《こもう》ならず。
21舎利弗、諸仏随宜《ずいぎ》の説法《せっぽう》は、意趣解《さと》り難し。所以は何ん、我れは無数の方便、種種の因
縁・譬喩の言辞を以って、諸法《しょほう》を演説す。22是の法は思量分別《しりょうふんべつ》の能く解する所に非ず。唯
だ諸仏のみ有りて、乃し能く之れを知ろしめせり。23所以は何ん、諸仏世尊は、唯だ二一大
事の因縁を以っての故に世に出現したもう。
舎利弗、云何なるをか諸仏世尊は、唯だ一大事の因縁を以っての故に世に出現したもう
と名づくる。24諸仏世尊は、衆生をして仏知見《ぶっちけん》を開かしめ、清浄《しょうじょう》なることを得しめんと欲
するが故に、世に出現したもう。衆生に仏知見を示さんと欲するが故に、世に出現したも
う。衆生をして仏知見を悟らしめんと欲するが故に、世に出現したもう。衆生をして仏知
見の道《どう》に入らしめんと欲するが故に、世に出現したもう。舎利弗、是れを諸仏は一大事の
因縁を以っての故に、世に出現したもうと為《な》づく。」

仏、舎利弗に告げたまわく、
「諸仏如来は、但だ菩薩を教化《きょうけ》したもう。諸もろの所作有るは、常に一事の為めなり。唯

(大)七中

一 優曇鉢華　三千年に一度咲くという珍しい花。希有なことの喩え。

二 一大事の因縁　以下に述べられるように、仏が世に出現するのは、仏知見（仏のさとりの智慧）を、衆生に開かしめ、示し、悟らしめ、その道に入らしめるためであることをいう。開示悟入は、四仏知見と呼ばれる。

だ仏の知見を以って、衆生《しゅじょう》に示し悟らしめんがためなり。舎利弗、如来は但だ一[三]仏乗を以っての故《ゆえ》に、衆生の為めに法《ほう》を説きたもう。余乗の、[四]*若《も》しは二、若しは三有ること無し。

25 舎利弗、一切十方《じっぽう》の諸仏の法も亦た是くの如し。

過去仏章

26 舎利弗、過去の諸仏も、無量無数《むりょうむしゅ》の方便、種種の因縁・譬喩の言辞を以って、衆生の為めに、諸法《しょほう》を演説したまいき。是の法も皆な一仏乗の為めの故なり。是の諸もろの衆生の、諸仏に従いたてまつりて、法を聞きしも、究竟《くきょう》して皆な[五]一切種智《いっさいしゅち》を得たり。

未来仏章

27 舎利弗、未来の諸仏の、当に世に出でたもうべきも、亦た無量無数の方便、種種の因縁・譬喩の言辞を以って、衆生の為めに、諸法を演説したまわん。是の法も皆な一仏乗の為めの故なり。是の諸もろの衆生の、仏に従いたてまつりて、法を聞かんも、究竟して皆な一切種智を得べし。

現在仏章

28 舎利弗、現在十方の無量百千万億の仏土の中の諸仏世尊の、衆生を饒益《にょうやく》し安楽ならしめ

三 一仏乗 一切の衆生が平等に仏のさとりを得られること。

四 若しは二、若しは三 二は声聞・縁覚の二乗、三は上乗に菩薩を加えた三乗のこと。補註参照。

五 一切種智 一切諸仏の境界を知り、諸もろの無明を破する仏の正しい智慧。

たもう所多き、是の諸仏も亦た無量無数の方便、種種の因縁・譬喩の言辞を以って、衆生の為めに諸法を演説したもう。是の法も皆な一仏乗の為めの故なり。是の諸もろの衆生の、仏に従いたてまつりて、法を聞けるも、究竟して皆な一切種智を得《う》。

舎利弗、是の諸仏は、但だ菩薩を教化したもう。仏の知見を以って衆生に示さんと欲するが故に、仏の知見を以って衆生を悟らしめんと欲するが故に、衆生をして仏の知見に入らしめんと欲するが故なり。

釈迦仏章

29 舎利弗、我れも今、亦た復た是くの如し。諸もろの衆生に、種種の欲、深心の所著《しょじゃく》有ることを知りて、其の本性《ほんしょう》に随いて、種種の因縁・譬喩の言辞、方便力《ほうべんりき》を以っての故[一]に、而《しか》も為めに法を説く。

30 舎利弗、此くの如きは、皆な一仏乗の一切種智を得しめんが為めの故なり。

31 舎利弗、十方世界の中には、尚お二乗無し、何《いか》に況《いわ》んや三有らんや。

舎利弗、諸仏は[二]＊五濁《ごじょく》の悪世に出でたもう。所謂劫濁《いわゆるこうじょく》・煩悩濁《ぼんのうじょく》・衆生濁《しゅじょうじょく》・見濁《けんじょく》・命濁《みょうじょく》なり。是くの如し。

舎利弗、劫《こう》の濁乱《じょくらん》の時は、衆生垢《けがれ》重く、慳貪《けんどん》、嫉妬《しっと》にして、諸もろの[三]不善根を成就《じょうじゅ》するが故に、諸仏は方便力を以って、[四]一仏乗に於いて分別して三と説きたもう。

一 故　(敦)により補う。

二 五濁　以下に述べられる五種の厄災をいう。補註参照。

三 不善根を成就する　不善根とは三毒（貪・瞋・癡）などの不善の根本となる煩悩。それを持つこと。

四 一仏乗に於いて分別して三と説きたもう　悪世の衆生は資質が劣るので、一乗をそのまま説かず、方便力をもって三乗を説いたことを明かす。一乗即三乗開会の要文。

32舎利弗、若《も》し我が弟子、自《みずか》ら阿《あ》羅《ら》漢《かん》・辟支仏《びゃくしぶつ》なりと謂《おも》わん者、諸仏如来の但だ菩薩を教《きょう》化《け》したもう事を聞かず知らずんば、此れ仏弟子に非ず、阿羅漢に非ず、辟支仏に非ず。

㊅七下
又た舎利弗、是の諸もろの比丘・比丘尼、自ら已に阿羅漢を得たり、是れ最後身なり、究竟《くきょう》の涅槃なりと謂いて、便《すなわ》ち復た阿《あ》耨《のく》多《た》羅《ら》三藐三菩提《さんみゃくさんぼだい》を志求《しぐ》せざらん。当に知るべし、此の輩は皆な是れ増上慢の人なり。所以《ゆえ》は何《いか》ん、若し比丘の実に阿羅漢を得たる有りて、若し此の法を信ぜずといわば、是の処《ことわ》り有ること無けん。仏の滅度の後ち、現前に仏無からんをば除く。所以は何ん、仏の滅度の後ちに、是くの如き等の経《きょう》を受持《じゅじ》し、読誦《どくじゅ》し、其[五]の義を解《さと》る者、是の人は得難ければなり。若し余仏に遇わば、此の法の中に於いて便ち決了することを得ん。

舎利弗、汝等《なんじら》当に一心に信解《しんげ》して仏語を受持すべし。諸仏如来は言、虚妄《こもう》無し。余乗有ること無く、唯だ一仏乗のみなり。」

爾の時に世尊、重ねて此の義を宣べんと欲して、偈《げ》を説きて言《のたま》わく、

五千人退座

33「比丘　比丘尼の　増上慢を懐くこと有る
優婆塞の我慢なる　優婆夷の不信なる
是くの如き四衆等　其の数　五千有り

五　其　㊅はなし。㊈により補う。

自ら其の過を見ず　戒に於いて[一]欠漏《けつろ》有り
其の[二]瑕疵《かし》を護《まも》り惜《おし》む　是の小智のものは已に出でぬ
衆中の[三]糟糠《そうこう》なり　仏の威徳の故に去りぬ
斯の人は福徳尠《すくな》くして　是の法を受くるに堪えず
34 此の衆は枝葉無し　唯だ諸もろの貞実《じょうじつ》のみ有り
35 舎利弗　善く聴け

五仏章、諸仏章

36 諸仏は得たる所の法を
無量の方便力もて　而も衆生の為めに説きたもう
衆生の心の所念　種種の所行の道
若干《そこばく》の諸もろの欲性《よくしょう》　先世の善悪の業《ごう》
仏　悉く是れを知ろしめし已りて　諸もろの縁《えん》　譬喩《ひゆ》
言辞《ごんじ》　方便力《ほうべんりき》を以って　一切をして歓喜せしめたもう
或るいは[四]*修多羅《しゅたら》　伽陀《かだ》及び本事
本生《ほんじょう》　未曾有を説き　亦た因縁
譬喩　并びに祇夜《ぎや》　優波提舎経《うばだいしゃ》を説きたもう

一　欠漏　戒を守らず、自らの悪を止める力を失うこと。
二　瑕疵　きず。
三　糟糠　かすぬか。
四　修多羅……優波提舎経　九分教または九部経という。経典をその内容・形式によって九種類に分類したもの。補註参照。

㊅八上

鈍根にして小法《しょうぼう》を楽《ねが》い　生死に貪著し
諸もろの無量の仏に於いて　深妙《じんみょう》の道を行ぜずして
衆苦に悩乱《のうらん》せらるるには　是れが為めに涅槃を説きたもう
37 我れ是の方便を設けて　仏慧《ぶって》に入ることを得しむ
未だ曾つて汝等　当に仏道を成ずることを得べしと説かず
未だ曾つて説かざる所以は　説時　未だ至らざるが故なり
今　正しく是れ其の時なり　決定《けつじょう》して大乗を説く
我れ此の九部の法は　衆生に随順して説く
大乗に入るに為《こ》れ本なり　故を以って是の経を説く
仏子の心浄く　柔軟《にゅうなん》に亦た利根にして
無量の諸仏の所にして　深妙の道を行ずる有り
此の諸もろの仏子の為めに　是の大乗経を説く
我れ是くの如き人は　来世に仏道を成ぜんと記す
深心《じんしん》に仏を念じ　浄戒《じょうかい》を修持《しゅじ》するを以っての故に
此れ等は仏を得べしと聞きて　大喜が身に充遍す
仏は彼の心行《しんぎょう》を知れり　故に為めに大乗を説く
声聞　若しは菩薩　我が所説の法を聞くこと

一　十方仏土……引導したもう　三四頁頭注四に同じく、一乗即三乗開会に関する要文。

㊅八中

二　実相の印　本経で説かれる諸法実相の理法は、仏説である証の意。

乃至《ないし》一偈に於いてもせば　皆な成仏せんこと疑い無し
一十方仏土の中には　唯だ一乗の法のみ有り
二も無く亦た三も無し　仏の方便の説を除く
但《た》だ仮りの名字を以って　衆生を引導したもう
仏の智慧を説かんが故になり　諸仏が世に出でたもうは
唯だ此の一事のみ実なり　余の二は則ち真に非ず
終《つい》に小乗を以って　衆生を済度したまわず
仏は自ら大乗に住したまえり　其の所得の法の如きは
定慧《じょうえ》の力にて荘厳せり　此れを以って衆生を度《ど》したもう
自ら無上道　大乗平等の法を証して
若し小乗を以って化《け》すること　乃至一人に於いてもせば
我れ則ち慳貪《けんどん》に堕しなん　此の事は為《さだ》めて不可なり
38 若し人　仏に信帰すれば　如来　欺誑《ごおう》したまわず
亦た貪嫉《とんしつ》の意無し　諸法の中の悪を断じたまえり
故に仏は十方に於いて　而も独り畏《おそ》るる所無し
我れ相を以って身を厳《かざ》り　光明もて世間を照らす
無量の衆に尊《とうと》まれて　為めに二実相の印を説く

舎利弗　当に知るべし　我れ本と《も》誓願《せいがん》を立てて
一切の衆をして　我が如く等しくして異なること無からしめんと欲す
我が昔の所願の如きは　今者《いま》　已に満足しぬ
一切衆生を化して　皆な仏道に入らしむ
39 若し我れ衆生に遇えば　尽《ことごと》く教ゆるに仏道を以ってす
無智の者は錯乱三し　迷惑して教を受けず
我れ知んぬ　此の衆生は　未だ曽つて善本を修せず
堅く四五欲に著して　癡愛《ちあい》の故に悩みを生ず
諸欲の因縁を以って　三悪道《さんまくどう》に墜堕《ついだ》し
五六趣の中に輪廻《りんね》して　備《つぶ》さに諸もろの苦毒を受く
受胎の微形《みぎょう》は　世世に常に増長し
薄徳少福の人として　衆苦に逼迫《ひっぱく》せらる
邪見の六稠林《ちょうりん》　若しは有　若しは無等に入り
此の諸見に依止《えし》して　七六十二を具足す
深く虚妄《こもう》の法に著して　堅く受けて捨つ可からず
我慢にして自ら八矜高《こうこう》し　九諂曲《てんごく》にして心不実なり
千万億劫に於いて　仏の名字を聞かず

三　錯乱　かきみだれる。

四　五欲　眼・耳・鼻・舌・身の五官の感覚対象である色・声・香・味・触に執著すること。

五　六趣　衆生が業によって輪廻する六種の住処。地獄、餓鬼、畜生、修羅、人、天の六道。

六　稠林　茂った林の意。煩悩の喩え。

七　六十二　釈尊在世当時、インドに行なわれていた仏教以外の思想の総称。六十二見という。

八　矜　ほこり。

九　諂曲　よこしま。

一 諸法は……作仏することを得ん　この一文は、即身成仏の義に関する要文として重視される。補註参照。

㊅八下

亦た正法《しょうぼう》を聞かず　是くの如き人は度し難し
是の故に舎利弗　我れ為めに方便を設けて
諸もろの尽苦《じんく》の道を説き　之れに示すに涅槃を以ってす
我れ涅槃を説くと雖も　是れ亦た真の滅に非ず
一* 諸法は本より来《このかた》　常に自《おの》ずから寂滅の相なり
仏子は道を行じ已りて　来世に作仏《さぶつ》することを得ん
40 我れ方便力《ほうべんりき》有りて　三乗の法を開示す
一切の諸もろの世尊も　皆な一乗の道を説きたもう
今　此の諸もろの大衆　皆な応に疑惑を除くべし
諸仏は語《みこと》　異なること無し　唯一にして二乗無し

過去仏章

41 過去無数劫の　無量の滅度の仏
百千万億種にして　其の数は量る可からず
42 是くの如き諸もろの世尊も　種種の縁と譬喩と
無数の方便力とをもて　諸法の相を演説したまいき
是の諸もろの世尊等も　皆な一乗の法を説きて

無量の衆生を化して　仏道に入らしめたまいき
43 又た諸もろの大聖主《だいしょうしゅ》は　一切世間の
天人群生《ぐんじょう》の類《たぐい》の　深心の所欲を知ろしめして
更に異《い》の方便を以って　第一義を助顕《じょけん》したまいき
44 若し衆生の類有りて　諸もろの過去の仏に値《あ》いたてまつりて
若しは法を聞きて布施《ふせ》し　或るいは持戒《じかい》　忍辱《にんにく》
精進《しょうじん》　禅《ぜん》　智《ち》等　種種に[二]福慧《ふくえ》を修《しゅ》せし
是くの如き諸人等　皆な已に仏道を成じき
45 諸仏　滅度し[三]已りて　若し人に善軟の心ありし
是くの如き諸もろの衆生　皆な已に仏道を成じき
46 諸仏　滅度し已りて　舎利に供養する者
万億種の塔を起て　金銀《こんごん》及び頗梨《はり》
[四]硨磲《しゃこ》・[五]碼碯《めのう》　[六]玫瑰《まいえ》　琉璃珠《るりしゅ》もて
清浄に広く厳飾《ごんじき》し　諸もろの塔を荘校《しょうきょう》し
或るいは石廟《しゃくみょう》を起て　栴檀及び[七]沈水《じんすい》
[八]木櫁《もくみつ》并《なら》びに余の材　[九]塼瓦《せんが》泥土《ないど》等もてせる有り
若しは曠野《こうや》の中に於いて　土を積みて仏廟《ぶつみょう》を成し

二　福慧　㊌は「福徳」とある。
三　已　㊍㊊㊖は「後」とある。
四　硨磲　㊅は「車渠」とある。今は㊂㊖による。
五　碼碯　㊅は「馬脳」、㊌は「馬瑙」とある。今は㊂㊖による。
六　玫瑰　赤色の美しい玉。
七　沈水　沈香のこと。
八　木櫁　蜜香のこと。
九　塼　㊋は「甎」とある。

乃至　童子の戯れに　沙《すな》を聚《あつ》めて仏塔と為せる
是くの如き諸人等　皆な已に仏道を成じき
若し人　仏の為めの故に　諸もろの形像《ぎょうぞう》を建立《こんりゅう》し
刻彫《こくちょう》して衆相《しゅそう》を成せる　皆な已に仏道を成じき
或るいは七宝を以って成し　[一]鍮鉐《ちゅうしゃく》赤白銅《しゃくびゃくどう》
[二]白鑞《びゃくろう》及び鉛錫《えんじゃく》　鉄木《てつもく》及《お》与《よ》び泥《ない》
或るいは[三]膠漆布《きょうしつぷ》を以って　厳飾《ごんじき》して仏像を作《な》せる
彩画《さいえ》して仏像の　[四]百福荘厳の相を作すこと
是くの如き諸人等　皆な已に仏道を成じき
自らも作し　若しは人をしてもせしめたる　皆な已に仏道を成じき
乃至　童子の戯れに　若しは草木《そうもく》及び筆
或るいは指の爪甲《つめ》を以って　画《えが》きて仏像を作せる
是くの如き諸人等　漸漸《ぜんぜん》に功徳を積み
大悲心を具足して　皆な已に仏道を成じき
但だ諸もろの菩薩を化《け》し　無量の衆を度脱しき
若し人　塔廟《とうみょう》　宝像及び画像に於いて
華香幡蓋《けこうばんがい》を以って　敬心《きょうしん》にして供養し

一 鍮鉐　㊅は「鍮石」とある。㊂㊈によ
る。しんちゅうのこと。

二 白鑞　錫のこと。

三 膠漆　にかわとうるし。『優婆塞戒経』では、造像ににかわを用いることを禁じているので、膠は、樹のやに、大豆の汁などとする説もある。　㊅九上

四 百福荘厳の相　如来の三十二相。一つ一つが百福で荘厳されているという。

若しは人をして楽《らく》を作さしめ　鼓を撃ち五角貝《かくばい》を吹き
六簫《しょう》笛《ちゃく》琴《きん》　七箜篌《くうこう》　琵琶《びわ》　鐃《にょう》　銅鈸《どうばつ》
是くの如き衆の妙音《みょうおん》を　尽く持って　以って供養し
或るいは歓喜の心を以って　歌唄《かばい》して仏徳を頌《じゅ》し
乃至　一小音《いちしょうおん》もてせし　皆な已に仏道を成じき
若し人　散乱の心にて　乃至　一華《いちげ》を以って
画像に供養せし　漸《ようや》く無数の仏を見たてまつりき
或るいは人有りて礼拝し　或るいは復た但だ合掌し
乃至　一手を挙げ　或るいは復た小しく頭《こうべ》を低《た》れて
此れを以って像に供養せし　漸く無量の仏を見たてまつりて
自ら無上道を成じて　広く無数の衆を度し
無余涅槃《むよねはん》に入ること　薪《たきぎ》尽きて火の滅《き》ゆるが如くなりき
若し人　散乱の心にて　塔廟の中に入りて
一たび南無仏と称せし　皆な已に仏道を成じき
諸もろの過去の仏の　在世　或るいは滅八後に於いて
若し是の法を聞くこと有りしは　皆な已に仏道を成じき

五 角貝　法螺貝のこと。
六 簫　竹管を横にならべて作った笛。
七 箜篌　くだら琴。ハープに似た楽器。
八 後　(大)は「度」とある。今は(三)(宮)(博)(敦)による。

㊅九中

未来仏章

47 未来の諸もろの世尊は　其の数　量り有ること無けん
是の諸もろの如来等も　亦た方便して法を説きたまわん
一切の諸もろの如来　無量の方便を以って
48 諸もろの衆生を度脱して　仏の無漏智《むろち》に入れたまわん
若し法を聞くこと有らん者は　一《ひとり》として成仏せずということ無けん
諸仏の本誓願《ほんせいがん》は　我が所行の仏道を
普ねく衆生をして　亦た同じく此の道を得しめんと欲す
未来世の諸仏は　百千億の
無数の諸もろの法門を説きたもうと雖も　其れ実には一乗の為めなり
諸仏両足尊　法は常に無性《むしょう》なり
一*仏種《ぶっしゅ》は縁に従《よ》りて起こると知ろしめす　是の故に一乗を説きたまわん
是*の法は二法位《ほうい》に住して　世間の相　常住なり
道場に於いて知ろしめし已りて　導師は方便して説きたまわん

現在仏章

49 天人の供養したてまつる所の　現在十方の仏は

一 仏種　仏となる種子。成仏の因。補註参照。
二 法位　諸法の安住すべき位。実相の理。補註参照。

其の数　恒沙の如く　　世間に出現したもうも
衆生を安隠《あんのん》ならしめんが故に　　亦た是くの如き法を説きたもう
50 第一の寂滅を知ろしめして　　方便力を以っての故に
種種の道を示すと雖も　　其れ実には仏乗の為めなり
51 衆生の諸行と　　深心《じんしん》の所念と
過去所習《しょしゅう》の業《ごう》と　　欲性精進力と
及び諸根の利鈍《りどん》を知ろしめして　　種種の因縁と
譬喩と亦た言辞《ごんじ》とを以って　　応《よろしき》に随いて方便して説きたもう

釈迦仏章

52 今　我れも亦た是くの如し　　衆生を安隠ならしめんが故に
種種の法門を以って　　仏道を宣示《せんじ》す
我れ智慧力を以って　　衆生の性欲を知りて
方便して諸法を説きて　　皆な歓喜することを得しむ
53 舎利弗よ　当に知るべし　　我れ仏眼《ぶつげん》を以って観じて
六道の衆生を見るに　　貧窮《びんぐう》にして福慧《ふくえ》無し
生死《しょうじ》の[三]嶮道《けんどう》に入りて　　相続して苦断《くた》えず

三 嶮　(敦)は「険」とある。

一　犛牛　からうし。やくのこと。

大九下

深く五欲に著すること　一犛牛《みょうご》の尾を愛するが如し
貪愛《とんない》を以って自ら蔽《おお》い　盲瞑《もうみょう》にして見る所無し
大勢の仏と　及与《およ》び苦を断ずるの法を求めず
深く諸もろの邪見に入りて　苦を以って苦を捨てんと欲す
是の衆生の為めの故に　而も大悲心を起こしき
54 我れ始め道場に坐して　樹を観じ亦た経行《きょうぎょう》して
三七日《さんしちにち》の中に於いて　是くの如きの事を思惟《しゆい》しき
『我が所得の智慧は　微妙にして最も第一なり
衆生の諸根《しょこん》は鈍にして　楽《らく》に著し癡《ち》に盲られたり
斯《か》くの如きの等類《たぐい》を　云何《いか》にしてか度す可きや』と
爾の時に諸もろの梵王《ぼんのう》と　及び諸もろの天帝釈《てんたいしゃく》と
世を護る四天王と　及び大自在天と
并びに余の諸もろの天衆と　眷属百千万とは
恭敬《くぎょう》し合掌し礼して　我れに転法輪を請ず
我れ即ち自ら思惟せり　『若し但だ仏乗を讃《ほ》めば
衆生は苦に没在《もつざい》し　是の法を信ずること能わず
法を破して信ぜざるが故に　三悪道に墜《お》ちなん

我れ寧《むし》ろ法を説かずとも　疾《と》く涅槃にや入りなん
尋《つ》いで過去の仏の　所行の方便力を念《おも》うに
我れ今　得る所の道も　亦た応に三乗と説くべし』
是の思惟を作《な》す時　十方の仏は皆な現じて
梵音もて我れを慰喩《いゆ》したもう　『善《よ》い哉《かな》　[二]釈迦文《しゃかもん》
第一の導師よ　是の無上の法を得たまえども
諸もろの一切の仏に随いて　方便力を用いたもう
我れ等も亦た皆な　最妙第一の法を得れども
諸もろの衆生の類の為めに　分別して三乗と説く
少智は小法を楽《ねが》いて　自ら作仏《さぶつ》せんことを信ぜず
是の故に方便を以って　分別して諸もろの果を説く
復た三乗を説くと雖も　但だ菩薩を教えんが為めなり』と
55 舎利弗　当に知るべし　我れ聖師子《しょうしし》の
深浄微妙《じんみょうみみょう》の音《みこえ》を聞きて　[三]喜びて南無仏と称えたり
復た是くの如き念を作す　『我れ濁悪世《じょくあくせ》に出でたり
諸仏の所説の如く　我れも亦た随順して行ぜん』と
是の事を思惟し已りて　即ち[四]波羅奈《はらな》に趣く

二　釈迦文　釈迦牟尼と同語。

三　喜びて南無仏と称えたり　㊂宮博敦は「南無諸仏と称えたり」とある。　大一〇上

四　波羅奈　Vārāṇasi. 現在のベナレス。釈尊最初の説法の地。

諸法寂滅の相は　言《ことば》を以って宣《の》ぶ可からず
方便力を以っての故に　五比丘《ごびく》の為めに説く
是れを転法輪《てんぼうりん》と名づく　便《すなわ》ち涅槃の音と
及以《およ》び阿羅漢と　法と僧との差別《しゃべつ》の名有り
久遠劫《くおんごう》より来《このかた》　涅槃の法を讃示《さんじ》して
生死《しょうじ》の苦を永く尽くすと　我れ常に是くの如く説きき
舎利弗　当に知るべし　我れ仏子等を見るに
仏道を志求《しぐ》する者は　無量千万億にして
咸《ことごと》く恭敬《くぎょう》の心を以って　皆な仏所に来至《らいし》せり
曽つて諸仏に従いて　方便所説の法を聞けり
我れ即ち是の念を作す　『如来出でたる所以《ゆえん》は
仏慧《ぶって》を説かんが為めの故なり　今は正しく是れ其の時なり』
舎利弗　当に知るべし　鈍根にして小智の人と
相に著して憍慢《きょうまん》なる者とは　是の法を信ずること能わず
今　我れ喜びて畏れ無し　諸もろの菩薩の中に於いて
正直に方便を捨てて　但だ無上道を説く
菩薩は是の法を聞きて　疑網《ぎもう》を皆な已に除く

千二百の羅漢も　悉く亦た当に作仏すべし
56 三世の諸仏の　説法の儀式の如く
我れ今　亦た是くの如く　無分別の法を説く
諸仏の世に興出《こうしゅつ》したもうことは　懸《はるか》に遠くして値遇《ちぐう》したてまつること難し
正使《たと》い世に出でたまえども　是の法を説きたもうこと復た難し
無量無数劫《むりょうむしゅこう》にも　是の法を聞くこと亦た難し
能く是の法を聴く者　斯の人も亦た復た難し
譬《たと》えば優曇花《うどんげ》の　一切皆な愛楽《あいぎょう》し
天人の希有《けう》とする所にして　時時《とき》に乃《いま》し一たび出づるが如し
法を聞きて歓喜し讃めて　乃至　一言《いちごん》を発《お》こすは
則ち為《こ》れ已に　一切の三世の仏に供養するなり
是の人　甚だ希有なること　優曇花に過ぎたり
57 汝等よ　疑い有ること勿《なか》れ　我れは為《こ》れ諸法の王なり
普ねく諸もろの大衆に告ぐ　『但だ一乗の道を以って
諸もろの菩薩を教化《きょうけ》して　声聞の弟子無し』
汝等　舎利弗　声聞及び菩薩
当に知るべし　是の妙法は　諸仏の秘要《ひよう》なり

㊅一〇中

58 五濁《ごじょく》の悪世には　但だ諸欲に楽著《ぎょうじゃく》するを以って
是くの如き等の衆生は　終《つい》に仏道を求めず
当来世《とうらいせ》の悪人は　仏説の一乗を聞きて
迷惑して信受《しんじゅ》せず　法を破して悪道に堕せん
慚愧《ざんぎ》清浄にして　仏道を志求する者有らば
当に是くの如き等の為めに　広く一乗の道を讃むべし
舎利弗　当に知るべし　諸仏の法　是くの如く
万億の方便を以って　宜《よろ》しきに随いて法を説きたもう
其の習学せざる者は　此れを暁了《ぎょうりょう》すること能わず
汝等は既に已に　諸もろの仏　世の師の
随宜《ずいぎ》方便の事を知れり　復た諸もろの疑惑無し
心に大歓喜を生じて　自ら当に作仏すべしと知れ」

妙法蓮華経巻第一

巻第二

譬喩《ひゆ》品《ほん》 第三

法説周―舎利弗の領解

1 一爾《そ》の時に舎利弗、踊躍歓喜《ゆやくかんぎ》して、即《すなわ》ち起《た》ちて合掌《がっしょう》し、尊顔《そんげん》を瞻仰《せんごう》して、仏に白《もう》して言《もう》さく、

2「今、世尊に従いたてまつりて、此の法音《ほうおん》を聞きて、心に二勇躍を懐き、未曾有《みぞう》なることを得たり。3所以《ゆえ》は何《いか》ん、我れ昔仏に従いて、是くの如き法《ほう》を聞き、諸もろの菩薩の三授記《じゅき》作仏《さぶつ》を見しかども、而も我れ等は斯の事に四豫《あずか》らず。甚だ自《みずか》ら如来の無量《むりょう》の知見《ちけん》を失えることを感傷《かんじょう》せり。

4世尊、我れ常に独《ひと》り山林樹下《せんりんじゅげ》に処して、若《も》しは坐《ざ》し、若しは行《ぎょう》じて、毎《つね》に是の念を作《な》せり、

『我れ等も同じく五法性《ほっしょう》に入れり、云何《いか》んぞ如来、小乗の法を以って済度《さいど》せらるる』と。

一 爾の時に…… 以下は、法説周の第二領解段である。

二 勇 ㊂宮博は「踊」とある。

㊅一〇下

三 授記作仏 成仏するという印可（記莂）を釈尊から受けて、仏子としての用（はたらき）に出ること。ここでは法華以前に菩薩に記莂が与えられたことを指す。「授」は㊂宮博敦は「受」とする。

四 豫 ㊂宮博は「預」とある。

五 法性 一般には実相、真如の意。ここでは、二乗のさとりである真空の偏理を指す。

是れ我れ等が咎《とが》なり。世尊には非ず。5 所以は何ん、若し我れ等、所因《しょいん》の阿耨多羅三藐《あのくたらさんみゃく》三菩提《さんぼだい》を成就《じょうじゅ》することを説きたもうを待ちしなば、必ず大乗を以って度脱することを得たらん。然るに我れ等は一方便随宜《ほうべんずいぎ》の所説を解《さと》らずして、初め仏法を聞きて、遇《たまた》ま便《すなわ》ち信受《しんじゅ》し、思惟《しゆい》して証を取れり。

世尊、我れ昔より来《このかた》、終日竟夜《ひねもすよもすがら》、毎に自ら剋責《こくしゃく》しき。6 而るに今、仏に従いたてまつりて、未だ聞かざる所の未曾有の法を聞きて、諸もろの疑悔《ぎげ》を断じ、身意《しんに》泰然《たいねん》として、快《こころよ》く安隠《あんのん》なることを得たり。今日乃《すなわ》ち知んぬ、*真に是れ二仏子なり。三仏口《ぶっく》より生《しょう》じ、法化《ほうけ》より生じて、仏法の分《ぶん》を得たり。」

爾の時に舎利弗、重ねて此の義を宣べんと欲して、偈《げ》を説きて言《もう》さく、

7「我れ是の法音《ほうおん》を聞きて　未曾有なる所を得て
心に大歓喜を懐き　疑網《ぎもう》皆な已《すで》に除こりぬ
昔より来　仏の教を蒙《こうむ》りて　大乗を失わず
仏の音《みこえ》は甚だ希有にして　能く衆生の悩みを除きたもう
我れ已に四漏尽《ろじん》を得れども　聞きて亦た憂悩《うのう》を除けり
我れ山谷《せんごく》に処し　或るいは五樹林の下に在りて
若《も》しは坐し　若しは経行《きょうぎょう》して　常に是の事を思惟し
嗚呼《うこ》して深く自ら責めぬ　『云何《いか》んぞ而も自ら欺《あざむ》ける

一 方便随宜の所説　衆生の欲する所に随い、釈尊が方便力により仮に説かれた三乗の教えのこと。

二 仏子　仏の智慧を継承するに堪える者。

三 仏口より生じ……分を得たり　釈尊の真の継承者であることをいう定型句。仏の説法、理法、禅定により、生まれた、の意。補註参照。

四 漏尽　煩悩が断じ尽くされた状態。

五 樹林　(元)(宮)(博)は「林樹」とある。

我れ等も亦た仏子にして　同じく無漏《むろ》の法に入れども
未来に於いて　無上道を演説すること能《あた》わず
[六]金色《こんじき》三十二　[七]十力《じゅうりき》　諸もろの解脱《げだつ》
同じく共に一法の中にして　而も此の事を得ず
[八]八十種の妙好《みょうこう》　[九]十八不共の法
是くの如き等の功徳　而も我れ皆な已に失えり
我れ独り経行せし時　仏　大衆《だいしゅ》に在して
名聞《みょうもん》　十方に満ち　広く衆生を饒益《にょうやく》したもうを見て
自ら惟《おも》わく　此の利を失えり　我れ為《こ》れ自ら欺誑《ごおう》せり』と
我れ常に日夜に於いて　毎《つね》に是の事を思惟して
以って世尊に問いたてまつらんと欲す　『為《さだ》めて失えりや　為めて失わずや』
我れ常に世尊を見たてまつるに　諸もろの菩薩を称讃したもう
是れを以って日夜に　[一〇]是くの如き事を籌量《ちょうりょう》しき
今　仏の音声《おんじょう》を聞きたてまつるに　宜しきに随いて法を説きたまえり
無漏は思議し難し　衆をして道場に至らしむ
我れ本と邪見に著して　諸もろの[一一]梵志《ぼんじ》の師と為りき
世尊は我が心を知ろしめして　邪を抜き涅槃を説きたまいしかば

六　金色三十二　如来の三十二相。『無量義経』徳行品（五―六頁）参照。
七　十力　如来が具えている十種の勝れた能力。『無量義経』徳行品（五頁註一五）参照。
八　八十種の妙好　八十種好。如来の具えている八十種の身体的特徴。『無量義経』徳行品（六頁註三）参照。
九　十八不共の法　如来のみが具えている十八種の徳性。

(大)一一上

一〇　是　(大)は「此」とある。今は(三)(宮)による。
一一　梵志の師　brāhmaṇa. 梵志とはバラモンのことで梵天を志求する者。舎利弗は、もとバラモンの懐疑論者サンジャヤの弟子で、後継者として任ぜられていたことによる。

一 空法　二乗が悟る偏真の空理。小乗の涅槃。

二 魔　魔羅（māra）の略。殺、障などと訳す。心身を悩乱し、善法を妨げる誘惑者。

我れ悉く邪見を除きて　[一]空法《くうほう》に於いて証を得たり
爾の時に心に自ら謂《おも》いき　『滅度に至ることを得たり』と
8 而るに今　乃ち自ら覚りぬ　是れ実の滅度に非ず
若し作仏《さぶつ》することを得ん時は　三十二相を具し
天　人　夜叉衆　龍神等に恭敬《くぎょう》せられん
是の時　乃ち謂う可し　『永く尽《ことごと》く滅して余すこと無し』と
仏　大衆の中に於いて　『我れ当に作仏すべし』と説きたもう
是くの如き法音を聞きて　疑悔《ぎけ》　悉く已に除こりぬ
初め仏の所説を聞きて　心中　大いに驚疑《きょうぎ》しき
『将に[二]魔の仏と作りて　我が心を悩乱《のうらん》するに非ずや』と
仏は種種の縁　譬喩を以って巧みに言説《ごんせつ》したもう
其の心　安きこと海の如し　我れ聞きて疑網断じぬ
仏　説きたまわく　『過去世《かこせ》の　無量の滅度の仏
方便の中に安住して　亦た皆な是の法を説きたまえり
現在未来の仏の　其の数　量り有ること無きも
亦た諸もろの方便を以って　是くの如き法を演説したもう』と
今者《いま》の世尊の如きも　生じたまいしより　及び出家し

得道し法輪を転じたもうまで　亦た方便を以って説きたもう
世尊は実道《じつどう》を説きたもう　三波旬《はじゆん》には此の事無し
是れを以って我れ定めて知りぬ　是れ魔の仏と作るには非ず
我れ疑網に堕するが故に　是れ魔の為せる所なりと謂《おも》えり
9 仏の柔軟《にゅうなん》の音《みこえ》　深遠《じんのん》に甚だ微妙にして
清浄の法を演暢《えんちょう》したもうを聞きて　我が心は大いに歓喜し
疑悔は永く已に尽きて　実智の中に安住す
我れ定めて当に作仏して　天人に敬わるることを為《え》
無上の法輪を転じて　諸もろの菩薩を教化《きょうけ》すべし」

如来の述成

10 爾の時に仏、舎利弗に告げたもう、
「吾れ今、天・人・沙門《しゃもん》・婆羅門《ばらもん》等の大衆の中に於いて説く。我れ昔曾《か》つて四二万億の仏の所《みもと》に於いて、無上道《むじょうどう》の為めの故に、常に汝《なんじ》を教化す。汝、亦た長夜《じょうや》に我れに随いて受学せり。我れ方便を以って汝を引導《いんどう》せしが故に我が法の中に生まれたり。
11 舎利弗、我れ昔汝《なんじ》をして仏道を志願《しがん》せしめき。汝、今悉《ことごと》く忘れて、而も便《すなわ》ち自ら已に滅

三 波旬　pāpīyas の音写。悪、悪者と訳す。釈尊や仏弟子に悪意を抱き、悩乱させようと企てる魔王。　(大)二一中

四 二万億　『正法華経』は「三十二千億」とある。

度を得たりと謂《おも》えり。12我れ今還《かえ》りて汝をして本願所行《ほんがんしょぎょう》の道《どう》を憶念《おくねん》せしめんと欲するが故
に、諸もろの声聞の為めに、是の大乗経《だいじょうきょう》の妙法蓮華《みょうほうれんげ》、教菩薩法《きょうぼさつぼう》、仏所護念《ぶっしょごねん》と名づくるを説
く。

舎利弗、記を授かる

13舎利弗、汝、未来世《みらいせ》に於いて、無量無辺不可思議劫《むりょうむへんふかしぎこう》を過ぎて、14若干の千万億の仏に供《く》
養《よう》し、正法《しょうぼう》を奉持《ぶじ》し、菩薩所行《しょぎょう》の道《どう》を具足して、15当に作仏することを得べし。号《な》をば[一]華《け》
光《こう》如来、応供《おうぐ》、正遍知《しょうへんじ》、明行足《みょうぎょうそく》、善逝《ぜんぜい》、世間解《せけんげ》、無上士《むじょうじ》、調御丈夫《じょうごじょうぶ》、天人師《てんにんし》、仏《ぶつ》、世尊《せそん》と
曰い、16国をば[二]離垢《りく》と名づけん。其の土は平正《びょうじょう》にして、清浄厳飾《しょうじょうごんじき》に、安隠豊楽《あんのんぶらく》にして、天
人は熾盛《しじょう》ならん。琉璃《るり》を地《じ》と為して、[三]八つの交道《きょうどう》有り。黄金《おうごん》を縄と為して、以って其の側《ほとり》
を界《さか》い、其の傍らに各おの七宝の行樹《ぎょうじゅ》有りて、常に華菓《けか》有らん。華光如来、亦た三乗を以
って、衆生を教化《きょうけ》せん。
17舎利弗、彼の仏、出でたまわん時は、悪世に非ずと雖《いえど》も、[四]本願《ほんがん》を以っての故に三乗の法
を説きたまわん。18其の劫をば[五]大宝荘厳《だいほうしょうごん》と名づけん。何が故ぞ名づけて大宝荘厳と曰うや。
其の国の中《うち》には、菩薩を以って大宝《だいほう》と為《な》づくるが故なり。19彼の諸もろの菩薩、無量無辺
不可思議にして、算数《さんじゅ》、譬喩《ひゆ》も及ぶこと能わざる所ならん。仏の智力《ちりき》に非ずんば能く知る
者無けん。若し行《ゆ》かんと欲する時は宝華《ほうけ》足《あし》を承《う》く。此の諸もろの菩薩は初めて意を発《お》こせ

一　華光　Padmaprabha.『正法華経』は「蓮華光」と訳す。舎利弗受記の仏名。

二　離垢　Viraja.　煩悩を離れ、清浄である意。

三　八つの交道　東、西、南、北、四維の八方に通じて、往来する道。

四　本願　まだ仏果を得ていない菩薩が、菩薩行を修する時に立てる誓願。

五　大宝荘厳　Mahā-ratnapratimaṇḍita の訳。『正法華経』は「大宝厳」と訳す。

(大)一一下

るに非ず、皆な久しく徳本を殖えて、無量百千万億の仏の所《みもと》に於いて浄く[六]梵行《ぼんぎょう》を修し、恒に諸仏に称歎せらるることを為《え》、常に仏慧《ぶって》を修し、大神通を具し、善く一切の[七]諸法の門を知り、質直無偽《しつじきむぎ》にして、志念《しねん》堅固ならん。是くの如きの菩薩、其の国に充満《じゅうまん》せん。

20舎利弗、華光仏は寿《いのち》十二[八]小劫《しょうこう》ならん。王子と為《な》りて未だ作仏せざる時をば除く。其の国の人民《にんみん》は寿八小劫ならん。

21華光如来、十二小劫を過ぎて、[九]堅満《けんまん》菩薩に阿耨多羅三藐三菩提の記《き》を授けて、諸もろの比丘に告《つ》げん。

『是の堅満菩薩、次に当に作仏すべし。号《な》をば[一〇]華足安行《けそくあんぎょう》、多陀阿伽度《ただあかど》、阿羅訶《あらか》、三藐三仏陀《さんみゃくさんぶっだ》と曰わん。其の仏の国土も、亦た復た是くの如くならん』と。

22舎利弗、是の華光仏の滅度の後ち、[一一]正法《しょうぼう》の世に住《じゅう》すること[一二]三十二小劫《さんじゅうにしょうこう》、[一三]像法《ぞうぼう》の世に住すること亦た三十二小劫ならん。」

爾の時に世尊、重ねて此の義を宣べんと欲して、偈を説きて言わく、

23「舎利弗　来世に　[一四]仏《ぶっ》普智尊《ふちそん》と成りて
号《な》をば名づけて華光《けこう》と曰わん　当に無量の衆を度すべし
24無数《むしゅ》の仏に供養し　菩薩の行《ぎょう》
十力《じゅうりき》等の功徳を具足して　無上道《むじょうどう》を証せん
25無量劫《むりょうこう》を過ぎ已《おわ》りて　劫をば大宝厳《だいほうごん》と名づけ

六 梵行　brahma-carya. 梵は清浄の意。菩薩が清浄な慈悲心によって衆生を済度すること。
七 諸法の門　dharma-paryāya. 仏の教え。聖智に達する門。
八 小劫　antarakalpa. 劫（時間）を区分する単位。『婆沙論』によれば、人寿十歳より百年毎に一歳ずつ増し、人寿八万歳に至ると、逆に百年毎に一歳ずつ減り、人寿十歳に戻る、この間の一周期をいう。
九 堅満　Dhṛti pari pūrṇa の訳。
一〇 華足安行　Pad-mavṛṣa bhavikrāmin の訳。紅蓮の上を牛王のように雄々しく歩む者の意。『正法華経』は「度蓮華界」と訳す。
一一 正法　正・像・末の三時の一。仏滅後五百年、または千年間をいう。正しい教法（教・行・証の三法具足）が行なわれ、成仏可能な期間。
一二 三十二小劫　『正法華経』は「二十中劫」とする。
一三 像法　正法の後、教・行は具わるが、真実の修行が行なわれないため証（さとり）を開く者がいない期間。
一四 仏普智尊　普智は正遍知。尊は世尊。いずれも仏の十号の一。

26 世界をば離垢《りく》と名づけん　清浄《しょうじょう》にして瑕穢《けえ》無く
琉璃《るり》を以って地《じ》と為し　金縄《こんじょう》其の道《どう》を界い
七宝雑色《しっぽうぞうしき》の樹には　常に華《け》菓実《かじつ》有らん
27 彼の国の諸もろの菩薩は　志念《しねん》常に堅固《けんご》にして
一神通《じんずう》と波羅蜜《はらみつ》　皆な已に悉く具足し
無数《むしゅ》の仏の所《みもと》に於いて　善く菩薩の道《どう》を学せん
是くの如き等の二大士《だいじ》　華光仏の所化《しょけ》ならん
28 仏　王子《おうじ》為《た》らん時　国を棄て世の栄《はえ》を捨てて
三最末後《さいまつご》の身に於いて　出家して仏道を成《じょう》ぜん
29 華光仏は世に住《じゅう》すること　寿《いのち》十二小劫《じゅうにしょうこう》
其の国の人民衆は　寿命八小劫ならん
30 仏の滅度の後ち　正法《しょうぼう》世に住すること
三十二小劫　広く諸もろの衆生を度せん
正法《しょうぼう》滅尽し已《おわ》りて　像法《ぞうぼう》三十二ならん
31 舎利は広く流布して　天人は普ねく供養せん
32 華光仏の為す所　其の事皆な是くの如し
其の両足聖尊　最勝にして四倫匹《りんぴつ》無けん

一 神通と波羅蜜　六神通と六波羅蜜。
二 大士　Bodhi satva mahāsattva. 菩薩摩訶薩の訳で、菩薩の通称。
三 最末後の身　凡夫身としての最後の身体。仏となれば、輪廻から脱し再び生をうけて肉身を持たないことからいう。

(大)一二上

四 倫匹　肩を並べ、比較できるものの意。

彼れ即ち是れ汝が身なり　宜《よろ》しく応に自ら欣慶《ごんきょう》すべし」

四衆の領解

33 爾の時に四部の衆の比丘《びく》・比丘尼《びくに》・優婆塞《うばそく》・優婆夷《うばい》、五天《てん》・龍《りゅう》・夜叉《やしゃ》・乾闥婆《けんだつば》・阿修羅《あしゅら》・迦楼羅《かるら》・緊那羅《きんなら》・摩睺羅伽《まごらが》等の大衆、舎利弗の仏前に於いて阿耨多羅三藐三菩提《あのくたらさんみゃくさんぼだい》の記《き》を受くるを見て、心大いに歓喜《かんぎ》して、踊躍《ゆやく》すること無量なり。34 各各《おのおの》に身に著《き》たる所の六上衣《じょうえ》を脱《ぬ》ぎて、以って仏に供養したてまつる。七釈提桓因《しゃくだいかんいん》、梵天王《ぼんてんのう》等、無数の天子と与《とも》に、亦た天の妙衣《みょうえ》、天の曼陀羅華《まんだらけ》、摩訶曼陀羅華《まかまんだらけ》等を以って、仏に供養したてまつる。所散《しょさん》の天衣《てんね》、虚空の中に住《じゅう》して、而も自ら迴転《えてん》す。諸天の伎《ぎ》楽《がく》百千万種、虚空の中に於いて一時に倶《とも》に作《な》し、衆の天華を雨《ふ》らす。35 而も是の言《ことば》を作さく、

36「仏昔八波羅㮈《はらない》に於いて初めて法輪《ほうりん》を転じ、37 今《いま》乃し復た無上最大の法輪を転じたもう」

と。

38 爾の時に諸もろの天子、重ねて此の義を宣べんと欲して、偈を説きて言わく、

39「昔　波羅㮈に於いて　四諦《したい》の法輪を転じ
分別《ふんべつ》して諸法の　九五衆の生滅を説きたまいき
今　復た最妙《さいみょう》　無上《むじょう》の大法輪を転じたもう
是の法は甚だ深奥《じんのう》にして　能く信ずる者有ること少《まれ》なり

五 天……摩睺羅伽　八部衆。仏法を守護する八種の神。

六 上衣　大衣ともいう。出家の上着衣で、二十五条の僧伽梨。

七 釈提桓因　Śakro devānāṃ Indraḥ の音写。帝釈天。

八 波羅㮈　Vārāṇasī. 波羅奈に同じ。

九 五衆　pañca skandha の訳。五蘊に同じ。色・受・想・行・識の五法。

40
我れ等　昔より来《このかた》　数《しば》しば世尊の説を聞きたてまつるに
未だ曾つて是くの如き　深妙《じんみょう》の上法《じょうほう》を聞かず
世尊　是の法を説きたもうに　我れ等　皆な随喜《ずいぎ》す
大智《だいち》舎利弗　今　尊記《そんき》を受くることを得たり
我れ等も亦た是くの如く　必ず当に作仏して
一切世間に於いて　最尊にして上《かみ》有ること無きことを得べし
仏道は思議《しぎ》し叵《がた》し　方便して宜《よろ》しきに随いて説きたもう
我が有する所の福業《ふくごう》　今世　若しは過世《かせ》
及び見仏の功徳　尽《ことごと》く仏道に迴向《えこう》す」

譬説周――舎利弗、他のために問う

1
爾の時に舎利弗、仏に白《もう》して言《もう》さく、
2
「世尊、我れ今、復た疑悔《ぎけ》無し。親《まのあた》り仏前に於いて阿耨多羅三藐三菩提の記を受くることを得たり。
3
是の諸もろの千二百の[一]心自在なる者、昔[二]学地《がくじ》に住《じゅう》せしに、仏、常に教化《きょうけ》して言わく、『我が法は能く生老病死《しょうろうびょうし》を離れて涅槃を究竟《くきょう》す』と。是の学・無学の人、亦た各おの自ら[三]我見《がけん》及び[四]有無《うむ》の見等を離れたるを以って、涅槃を得

(大)一二中

一　心自在なる者　無学の阿羅漢。倶解脱阿羅漢のこと。
二　学地　śaikṣabhūmi の訳。有学の聖者の境地。声聞四果中の須陀洹・斯陀含・阿那含の境地。
三　我見　人間に、常住不変の主体が存在するとして、それに執著する見解。
四　有無の見　有見と無見。有見は、常見ともいい、万物を常住不変と見る。無見は、断見ともいい、一切を虚無と見る。ともに中道を離れた邪見。

たりと謂えり。而るに今、世尊の前《みまえ》に於いて未だ聞かざる所を聞きて、皆な疑惑に堕しぬ。
4 善《よ》い哉《かな》世尊、願わくは四衆の為めに其の因縁[五]を説き、疑悔を離れしめたまえ。」

如来、答う

5 爾の時に仏、舎利弗に告げたもう、
「我れ先きに、諸仏世尊の種種《しゅじゅ》の因縁・譬喩の言辞《ごんじ》を以って方便して法を説きたもうは、皆な阿耨多羅三藐三菩提の為めなりと言わずや。是の諸もろの所説は、皆な菩薩を化せんが為めの故《ゆえ》なり。然《しか》も舎利弗、今、当に復た譬喩を以って更に此の義を明かすべし。諸もろの智有らん者は、譬喩を以って解《さと》ることを得ん。

三界火宅の譬

6 舎利弗、7 若し国《こく》・邑《おう》・聚落《じゅらく》に大長者《だいちょうじゃ》[六]有らん。其の年衰邁《すいまい》して、財富無量なり。多く田《でん》宅《たく》及び諸もろの僮僕《どうぼく》有り。8 其の家広大《いえこうだい》にして 9 唯だ一門のみ有り。10 諸もろの人衆多《おお》くして、一百、二百、乃至《ないし》五百人、其の中に止住《しじゅう》せり。11 堂閣《どうかく》朽ち故《ふ》り、墻《しょう》・壁《へき》、隤《くず》れ落ち、柱の根は腐ち敗れ、梁・棟、傾《かたむ》き危し。周匝《しゅうそう》[七]して倶時に欻然《にわか》に火起《お》こりて舎宅を焚焼《ぼんじょう》す。
12 長者の諸子、若しは十、二十、或《あ》るいは三十に至るまで、此の宅の中に在り。13 長者是《こ》の大火《だいか》の四面より起こるを見て、即《すなわ》ち大いに驚怖《きょうふ》して是の念を作《な》さく、

五　其の因縁　前権後実の説法次第の因縁。三乗の仮の教えを立てた後、究極の法華一乗が説かれ、真実が明かされる理由。

六　大長者　『法華文句』に世、出世、観心の三長者を挙げる中、世の長者とは、性貴、智深、行浄などの十徳を具えた者をいい、その中で最も優れている者のこと。

七　周匝して倶時に　四方から同時にの意。

六二

『我れ能く此の所焼《しょしょう》の門より安隠に出づることを得たりと雖《いえど》も、而も諸子等は、火宅《かたく》の内に於いて、嬉戯《きけ》に楽著《ぎょうじゃく》して、覚えず知らず驚かず怖《お》じず。火来たりて身を逼《せ》め、苦痛、己れを切《せ》むれども、心厭患《えんげん》せず。出でんと求むる意《こころ》無し。』

14舎利弗、是の長者、是の思惟《しゆい》を作す、

『我が身手に力有り。当に一衣裓《えこく》を以ってや、若しは二机案《きあん》を以ってや、舎《いえ》より之れを出だすべき。』

復た更に思惟すらく、

『是の舎《いえ》唯だ一門のみ有り、而も復た狭小《きょうしょう》なり。諸子幼稚《ようち》にして、未だ識《し》る所有らず、戯《け》処《しょ》に恋著《れんじゃく》せり。或《あ》るいは当に堕落して火の為めに焼かるべし。我れ当に為めに怖畏《ふい》の事を説くべし。此の舎已に焼く。宜しく時に疾《と》く出でて、火に焼害《しょうがい》せられしむること無かれ。』

是の念を作し已《お》わりて、思惟する所の如く具《つぶ》さに諸子に告ぐ、

『汝等《なんじら》速やかに出でよ』と。

父、憐愍《れんみん》して善言《ぜんごん》もて三誘喩《ゆうゆ》すと雖《いえど》も、而も諸子等は嬉戯に楽著し、肯《あ》えて信受せず。驚かず畏れず、了《つい》に出づる心無し。亦た復た何者か是れ火、何者か為《こ》れ舎、云何《いか》なるを失うと為《な》づくるやを知らず。但だ東西に走り戯《たわむ》れて、父を視て已《や》みぬ。

15爾の時に長者即《すなわ》ち是の念を作す、

『此の舎已に大火《だいか》に焼かる。我れ及び諸子、若し時に出でずんば、必ず焚《や》かれなん。我れ

一 衣裓　裓とは、衣の裾。衣裓は肩に掛けて手を拭いたり、物を盛ったりするのに用いる長方形の布。転じて華を盛る器。

二 机案　つくえのこと。

三 喩　㊕には「諭」とある。㊅一二下

四　羊車・鹿車・牛車　それぞれ声聞乗、縁覚乗、菩薩乗の三乗に喩える。

五　等一の大車　等一は平等一味の意。一仏乗を喩える大白牛車のこと。

六　幰蓋　車のかけがさのこと。

七　華纓　はなぶさ、花かざり。

八　婉綖　絹のしとね。

今当に方便を設けて、諸子等をして斯の害を免ることを得しむべし。』

父、諸子の先心《せんしん》に各おの好む所有る、種種の珍玩奇異《ちんがんきい》の物には、情必ず楽著《ぎょうじゃく》せんと知りて、之れに告げて言わく、

『汝等が玩《もてあそ》び好む可き所は、希有にして得難し。汝若《も》し取らざれば、後ちに必ず憂悔《うけ》せん。此くの如き種種の[四]羊車《ようしゃ》・鹿車《ろくしゃ》・牛車《ごしゃ》、今門外に在り。以って遊戯《ゆげ》す可し。汝等、此の火宅より宜しく速やかに出で来たるべし。汝が所欲に随いて皆な当に汝に与うべし。』

爾の時に諸子、父の所説の珍玩の物を聞くに、其の願《ねがい》に適《かな》えるが故《ゆえ》に、心各おの勇鋭《ゆうえい》して、互いに相い推排《すいはい》し、競いて共に馳走《ちそう》し、争いて火宅を出づ。

16
是の時に長者、諸子等の安隠に出づることを得て、皆な四衢道《しくどう》の中の露地《ろじ》に於いて坐して、復た障礙《しょうげ》無きを見て、其の心泰然として歓喜踊躍《かんぎゆやく》す。

17
時に諸子等、各おの父に白《もう》して言《もう》さく、

『父先きに許したもう所の玩好《がんこう》の具の羊車・鹿車・牛車、願わくは時に賜与《しよ》したまえ。』

18
舎利弗、爾の時に長者、各おの諸子に[五]等一《とういつ》の大車を賜う。其の車高広《こうこう》にして、衆宝荘《しゅほうしょう》校《きょう》せり。周匝《しゅうそう》して欄楯《らんじゅん》ありて、四面に鈴を懸けたり。又た其の上に於いて[六]幰蓋《けんがい》を張り設けたり。亦た珍奇の雑宝《ぞうほう》を以って之れを厳飾せり。宝縄絞絡《きょうらく》して、諸もろの[七]華纓《けよう》を垂れ、[八]婉《おん》綖《ねん》を重ね敷き、丹枕《たんちん》を安置す。駕《が》するに白牛《びゃくご》を以ってす。膚《ふ》色充潔《しきじゅうけつ》に、形体姝好《ぎょうたいしゅこう》にして、大筋力《だいきんりき》有り。行歩平正《ぎょうぶびょうじょう》にして、其の疾《と》きこと風の如し。又た僕従多くして之れを侍衛《じえい》せ

り。所以《ゆえ》は何《いか》ん、是の大長者は財富無量にして、種種の[一]諸蔵《しょぞう》に悉く皆な充溢《じゅういつ》せり。而も是の念を作す、

『我が財物に極《きわま》り無し。応に下劣の小車を以って諸子等に与うべからず。今此の幼童は、皆な是れ吾が子なり。愛するに偏党《へんとう》無し。我れ是くの如き七宝の大車有りて其の数無量なり。応当《まさ》に等心に各各に之れを与うべし。宜しく差別《しゃべつ》すべからず。所以は何ん、我が此の物を以って周《あま》ねく一国に給《きゅう》すとも、猶尚《な》お匱《とぼ》しからず、何《いか》に況《いわ》んや諸子をや。』

19是の時に諸子、各おの大車に乗りて未曾有なることを得るも、本の所望《しょもう》には非ざるなり。

20舎利弗、汝が意に於いて云何《いか》ん、是の長者、等しく諸子に珍宝の大車を与うること、寧《むし》ろ虚妄《こもう》有りや不《いな》や。」

21舎利弗の言《もう》さく、

「不《いな》なり。世尊、是の長者《ちょうじゃ》、但だ諸子をして火難《かなん》を免れ、其の軀命《くみょう》を全うすることを得しむとも、為《こ》れ虚妄に非ず。何を以っての故に、若し身命《しんみょう》を全うすれば、便《すなわ》ち為《こ》れ已に玩好《がんこう》の具を得たるなり。況んや復た方便して彼の火宅に於いて而も之れを抜済《ばっさい》せんをや。
22世尊、若し是の長者、乃至《ないし》最小の一車を与えずとも、猶お虚妄ならず。何を以っての故に、是の長者、先きに是の意を作す、『我れ方便を以って子をして出づることを得しめん』と。是の因縁を以って虚妄無し。何に況んや長者自ら財富無量なりと知りて、諸子を饒益《にょうやく》せんと欲して等しく大車を与うるをや。」

一 諸蔵 (春)は「庫蔵」とある。

(大)一三上

合譬――譬えの意味

23仏、舎利弗に告げたもう、

「善い哉善い哉、汝《なんじ》が言う所の如し。舎利弗、如来も亦た復た是くの如し。則《すなわ》ち為《こ》れ一切世間の父なり。諸もろの怖畏《ふい》・衰悩《すいのう》・憂患《うげん》・無明《むみょう》・闇蔽《あんぺい》に於いて永く尽くして余無し。而も悉く無量の[二]知見《ちけん》・[三]力《りき》・無所畏《むしょい》を成就し、大神力及び智慧力有りて、方便《ほうべん》、智慧波羅蜜《ちえはらみつ》を具足せり。24大慈大悲、常に懈倦《けけん》無く、恒に善事を求めて一切を利益《りやく》す。25而も三界の朽ち故《ふ》りたる火宅に生ずるは、26衆生の生老病死《しょうろうびょうし》、憂悲苦悩《うひくのう》、愚癡《ぐち》闇蔽《あんぺい》、[四]三毒《さんどく》の火を度し、教化《きょうけ》して27阿耨多羅三藐三菩提を得しめんが為めなり。28諸もろの衆生を見るに、生老病死、憂悲苦悩の為めに焼煮《しょうしゃ》せられ、亦た五欲財利を以っての故に、種種の苦を受く。又た貪著し追求するを以っての故に、現には衆苦を受け、後ちには地獄・畜生・餓鬼の苦を受く。若し天上《てんじょう》に生まれ、及び人間に在りては、貧窮困苦《びんぐこんく》、愛別離苦《あいべつりく》、怨憎会苦《おんぞうえく》、是くの如き等の種種の諸苦あり。衆生、其の中に没在《もつざい》して、歓喜し遊戯《ゆげ》して、覚えず、知らず、驚かず、怖じず、亦た厭《いと》うことを生《な》さず。解脱を求めず。此の三界の火宅に於いて、東西に馳走して、大苦に遭うと雖《いえど》も、以って患《うれい》と為さず。

舎利弗、仏、此れを見已《おわ》りて、便《すなわ》ち是の念を作さく、

『我れは為れ衆生の父なり。応に其の苦難を抜き、無量無辺の仏の智慧の楽を与えて、其

二 知見　仏知見。万法を洞察する智慧。
三 力・無所畏　十力と四無所畏。方便品（一二三頁註八、および補註）参照。
四 三毒　貪欲・瞋恚・愚痴の三つの煩悩。

れをして遊戯せしむべし。』
29 舎利弗、如来、復た是の念を作さく、
『若し我れ但だ神力及び智慧力を以って、方便を捨てて、諸もろの衆生の為めに、如来の知見・力・無所畏を讃《ほ》めば、衆生、是れを以って得度すること能わず。所以《ゆえ》は何《いか》ん、是の諸もろの衆生、未だ生老病死《しょうろうびょうし》、憂悲苦悩《うひくのう》を免れず。而も三界の火宅《かたく》の為めに焼かる。何に由りてか能く仏の智慧を解《さと》らん。』

舎利弗、彼の長者《ちょうじゃ》の復た身手に力有りと雖《いえど》も而も之れを用いず、但だ慇懃《おんごん》の方便を以って、諸子の火宅の難を一勉済《めんさい》して、然る後ち各おの珍宝の大車を与うるが如く、如来も亦た復た是くの如し。力・無所畏有りと雖も、而も之れを用いず。
30 但だ智慧方便を以って、三界の火宅に於いて衆生を抜済《ばっさい》せんとして、為めに三乗の声聞・辟支仏・仏乗を説く。而も是の言を作さく、
『汝等、楽《ねが》いて三界の火宅に住《じゅう》することを得ること莫《なか》れ。二麁弊《そへい》の色《しき》・声《しょう》・香《こう》・味《み》 触《そく》を貪《むさぼ》ること勿《なか》れ。若し貪著《とんじゃく》して愛を生《しょう》ぜば、則《すなわ》ち焼《や》かれなん。汝ら速やかに三界を出でて、当に三乗の声聞・辟支仏・仏乗を得べし。我れ今汝《なんじ》が為めに此の事を三保任《ほにん》す。終《つい》に虚《むな》しからず。汝等但だ当に勤修精進《ごんしゅしょうじん》すべし。』

如来、是の方便を以って、衆生を誘進《ゆうしん》す。復た是の言を作さく、
『汝等当に知るべし、此の三乗の法は、皆な是れ聖《しょう》の称歎《しょうたん》したもう所なり。四自在無繋《じざいむけい》にし

一 勉 (博)には「免」とある。 (大)一三中

二 麁弊の色……触 欲界の五欲。浄潔五欲（色・無色界の五欲）の対。

三 保任 責任を持って保証すること。

四 自在無繋 繋は束縛の意で、煩悩のこと。自由で煩悩がない意。

て、依求《えぐ》する所無し。是の三乗に乗じて、五無漏《むろ》の根《こん》・力《りき》・覚《かく》・道《どう》・禅定《ぜんじょう》・解脱《げだつ》・三昧《さんまい》等を以って、而も自ら娯楽《ごらく》して、便《すなわ》ち無量の安隠快楽《あんのんけらく》を得べし。』

舎利弗、若し衆生有りて、内に智性《ちしょう》有りて、仏世尊に従いて、法《ほう》を聞きて信受《しんじゅ》し、慇懃に精進し、速やかに三界を出でんと欲して、自ら涅槃を求む。是れを声聞乗《しょうもんじょう》と名づく。彼の諸子の羊車《ようしゃ》を求むるが為めに火宅を出づるが如し。

若し衆生有りて、仏世尊に従いて、法を聞きて信受し、慇懃に精進し、六自然慧《じねんえ》を求め、七独《どく》善寂《ぜんじゃく》を楽《ねが》い、深く諸法の因縁を知る。是れを辟支仏乗《びゃくしぶつじょう》と名づく。彼の諸子の鹿車《ろくしゃ》を求むるが為めに火宅を出づるが如し。

若し衆生有りて、仏世尊に従いて、法を聞きて信受し、勤修精進して、八一切智《いっさいち》・九仏智《ぶっち》・一〇自《じ》然智《ねんち》・一一無師智《むしち》・如来の知見・力・無所畏を求め、無量の衆生を愍念安楽《みんねんあんらく》し、天人を利益し、一切を度脱す。是れを大乗と名づく。菩薩、此の乗を求むるが故に名づけて摩訶薩《まかさつ》と為す。彼の諸子の牛車《ごしゃ》を求むるが為めに火宅を出づるが如し。

31 舎利弗、彼の長者の、諸子等の安隠に火宅を出づることを得て無畏《むい》の処に到るを見て、自ら財富無量なることを惟《おも》いて、等しく大車を以って諸子に賜うが如く、如来も亦た復た是くの如し。為《こ》れ一切衆生の父なり。若し無量億千の衆生の、一二仏教の門を以って、三界の苦、怖畏《ふい》の険道《けんどう》を出で、涅槃の楽を得たるを見ては、如来、爾の時に便《すなわ》ち是の念を作さく、『我れに無量無辺の智慧・力・無畏等の諸仏の法蔵《ほうぞう》有り。是の諸もろの衆生は、皆な是れ

五 無漏の根・力・覚・道　三十七道品のうち、五根・五力・七覚支・八正道をさす。

六 自然慧　他に依らず知ることができること。

七 独善寂　独覚の境地。

八 一切智　真理を照らす空智で、三乗の智。

九 仏智　一切種の法に通達する一切種智。

一〇 自然智　自然に生ずる仏のさとりの智。

一一 無師智　師なくして自覚する智。

一二 仏教の門を以って……　㊅一三下　原文「以仏教門出三界苦」。この一文は、仏の教えによって煩悩の世界から出離し、真実の世界に入るという。『法華経』における出離三界の要文。

我が子なり。等しく大乗を与うべし。人として独り滅度を得ること有らしめじ。皆な如来の滅度を以って之れを滅度せん』と。是の諸もろの衆生の三界を脱《のが》れたる者には、悉《ことごと》く諸仏の禅定《ぜんじょう》、解脱等の娯楽の具を与う。皆な是れ[一]一相一種《いっそういっしゅ》にして、聖《しょう》の称歎《しょうたん》したもう所なり。能く浄妙《じょうみょう》第一の楽《らく》を生《しょう》ず。

32舎利弗、彼の長者の、初め三車を以って諸子を誘引《ゆういん》し、然る後ち但だ大車の宝物荘厳《ほうもつしょうごん》し安隠第一なるを与うるに、然も彼の長者、虚妄《こもう》の咎《とが》無きが如く、如来も亦た復た是くの如し。虚妄有ること無し。初め三乗を説きて衆生を引導し、然る後ち但だ大乗を以って之れを度脱す。何を以っての故に、如来は無量の智慧・力・無所畏、諸法の蔵《ぞう》有りて、能く一切衆生に大乗の法を与う。但だ尽くして能く受けず。

舎利弗、是の因縁を以って当に知るべし。諸仏は方便力《ほうべんりき》の故に、[二]一仏乗に於いて、分別して三と説きたもう。」

偈頌

仏、重ねて此の義を宣《の》べんと欲して、偈《げ》を説きて言わく、

三界火宅の譬

33「譬《たと》えば長者に　34一の大宅有らん

一　一相一種　一相は、三乗の絶対平等であること。一種は、三乗に本質的差別のないこと。

二　一仏乗に於いて……　この一文は、一仏乗即三乗、方便即真実、法華開会の要文。

其の宅 久しく故《ふ》りて 而も復た頓弊《とんぺい》し
堂舎 高く危く 柱根《ちゅうこん》 摧《くだ》け朽ち
梁棟 傾き斜《ゆ》がみ 基陛《きへい》 三隤《くず》れ毀《やぶ》れ
墻壁《しょうへき》 圮《やぶ》れ坼《さ》け 泥塗《ないず》 褫《あば》け落ち
覆苫《ふせん》 乱れ墜ち 四椽梠《でんりょ》 差《たが》い脱け
周障《しゅうしょう》 屈曲《くつごく》して 雑穢《ぞうえ》充遍《じゅうへん》せり
35 五百人有りて 其の中に止住《しじゅう》す
36 五鵄梟《しきょう》 六雕鷲《ちょうじゅ》 七烏鵲《うじゃく》 八鳩鴿《くごう》
37 九蚖蛇《がんじゃ》 一〇蝮蠍《ふくかつ》 一一蜈蚣《ごく》 一二蚰蜒《ゆえん》
38 一三守宮百足《しゅぐうひゃくそく》 一四狖貍《ゆり》 一五鼷鼠《けいそ》
諸もろの悪虫の輩《ともがら》 交横馳走《きょうおうちそう》す
屎尿《しにょう》の臭《くさ》き処 不浄流れ溢《み》ち
一六蜣蜋諸虫《こうろうしょちゅう》 而も其の上に集まれり
39 狐狼《ころう》 一七野干《やかん》 咀嚼《そしゃく》 一八践蹋《せんとう》し
死屍《しし》を一九齰齧《さいげつ》して 骨肉二〇狼藉《ろうじゃく》し
是れに由りて群狗《ぐんく》 競い来たりて二一搏撮《はくさつ》し
二二飢羸憧惶《きるいしょうおう》して 処処に食《じき》を求め

三 隤 ㊫は「頽」とある。
四 椽梠 椽はたるき。梠はこまい。
五 鵄梟 トビとフクロウ。
六 雕 クマタカ。
七 鵲 カササギ。
八 鳩鴿 ヤマバトとイエバト。
九 蚖 イモリ。
一〇 蝮蠍 マムシとサソリ。
一一 蜈蚣 ムカデ。
一二 蚰蜒 ゲジゲジ。
一三 守宮百足 ヤモリとオサムシ。
一四 狖 イタチ。
一五 鼷 ハツカネズミ。
一六 蜣蜋 ウジムシ。
一七 野干 ノギツネ。
一八 践蹋 ふみつける。
一九 齰齧 かみくらう。
二〇 狼藉 散らばるさま。
二一 搏撮 うちつかむ。 ㊅一四上
二二 飢羸憧惶 飢羸は、うえ疲れる。憧惶は、おそれること。

40 闘諍《とうじょう》 一𪘂掣《しゃせい》し　二嘊喍嘷吠《がいざいごうばい》す
41 其の舎《いえ》の恐怖《くふ》　変状《へんじょう》是くの如し
処処に皆な　三魑魅魍魎《ちみもうりょう》有り
42 夜叉悪鬼《あくき》　人の肉を食噉《じきだん》す
毒虫の属《たぐい》　諸もろの悪禽獣《あくきんじゅう》
孚乳産生《ふにゅうさんじょう》して　各おの自ら蔵《か》くし護る
夜叉　競い来たりて　争い取りて之れを食す
之れを食すること既に飽きぬれば　悪心転《うた》た熾《さか》んにして
闘諍の声　甚だ怖畏《ふい》す可し
43 四鳩槃茶鬼《くはんだき》　土埵《どだ》に蹲踞《そんこ》せり
或る時は地を離るること　一尺二尺
往返遊行《おうへんゆぎょう》し　縦逸《ほしいまま》に嬉戯《きげ》す
狗《いぬ》の両足《りょうそく》を捉《と》りて　撲《う》ちて声を失わしめ
脚を以って頸《くび》に加えて　狗を怖《お》どして自ら楽しむ
44 復た諸もろの鬼有り　其の身　長大《ちょうだい》に
裸形《らぎょう》　黒瘦《こくしゅ》にして　常に其の中に住せり
大悪声を発《ほっ》して　叫び呼んで食を求む

一 𪘂　㊂(宮)(博)は「摣」とある。
二 嘊喍嘷吠　嘊喍は、犬が争いかみあう。嘷吠は、さけびほえる。「喍」は(宮)に「齜」とあり、「嘷」は(大)に「噑」とするが、今は㊂(宮)による。
三 魑魅魍魎　ものの精。魑は虎の形をした山の神。魅は猪の頭を持ち人の形をした沢の神。魍魎は木石の妖怪。
四 鳩槃茶鬼　kumbhāṇḍa の音写。人の精を食う鬼。

45 復た諸もろの鬼有り　其の咽　五針の如し
46 復た諸もろの鬼有り　首《こうべ》　牛頭《ごず》の如し
或るいは人の肉を食し　或るいは復た狗を噉《くら》う
頭髪蓬乱《ずほっぷらん》して　残害《ざんがい》六兇険《くけん》なり
飢渇《けかつ》に逼《せ》められて　叫喚《きょうかん》馳走す
47 夜叉餓鬼　諸もろの悪鳥獣
飢急《きゅう》にして四《よ》に向かい　窓牖を窺《うかが》い看《み》る
48 是くの如き諸難　恐畏《くい》無量なり
是の朽《く》ち故《ふ》りたる宅《いえ》は　七一人に属せり
其の人　近く出で　未だ久しからざるの間に
49 後ちに八舎宅に　忽然《こつねん》火起こり
四面一時に　其の炎　倶に熾んなり
棟梁《とうりょう》　椽柱《でんちゅう》　爆《はた》めく声　震い裂け
摧《くだ》け折れ堕落して　墻壁　崩れ倒る
50 諸もろの鬼神等　声を揚げて大いに叫び
雕鷲《じょうじゅ》　諸鳥《しょちょう》　鳩槃荼《くはんだ》等
九周章惶怖《おうふ》して　自ら出づること能わず

五　針　(明)は「鍼」とある。

六　兇　(大)は「凶」とあるが、今は(三)(宮)による。

七　一人に属せり　仏の所有であることをいう。

八　舎宅　(三)(宮)は「宅舎」とあり、(博)は「火宅」とある。

九　周章　(三)(宮)は「周慞」とあり、あわてること。

一 毘舎闍鬼　piśāca の音写。人と五穀を食う鬼。

二 烟　(春)は「煙」とある。

(大)一四中

51 悪獣毒虫　孔穴《くけつ》に蔵《かく》れ竄《のが》れ
一毘《び》舎闍鬼《しゃじゃき》　亦た其の中に住せり
福徳　薄きが故に　火に逼められ
共に相い残害して　血を飲み肉を噉う
野干《やかん》の属《たぐい》　並びに已に前《さ》きに死す
諸もろの大悪獣　競い来たりて食噉《じきだん》す
臭烟二　烽《ぶ》㶿《ぼつ》して　四面に充塞《じゅうそく》す
52 蜈《ご》蚣《く》蚰《ゆ》蜒《えん》　毒蛇の類《たぐい》
火の為めに焼かれて　争い走りて穴を出づ
鳩槃茶鬼　随い取りて而も食う
又た諸もろの餓鬼　頭上に火燃え
飢渇《けかつ》熱悩して　周章悶走《もんそう》す
53 其の宅是くの如く　甚だ怖畏す可し
毒害火災　衆難《しゅなん》　一に非ず
54 是の時に宅主　門外に在りて立ちて
有る人の言を聞く　55『汝が諸子等
先きに遊戯《ゆげ》せしに因りて　此の宅に来入し

稚小無知にして　歓娯楽著《かんごぎょうじゃく》せり』と
56 長者　聞き已りて　驚きて火宅に入る
57 方《まさ》に宜しく救済《くさい》して　焼害無からしむべし
諸子に告喩《ごうゆ》して　衆もろの患難《げんなん》を説く
『悪鬼毒虫ありて　災火　[三]蔓延《まんえん》せり
衆苦　次第に　相続して絶えず
毒蛇蚖蝮《どくじゃがんぷく》　及び諸もろの夜叉
鳩槃茶鬼　野干狐狗
雕鷲鵄梟《しきょう》　百足の属
飢渇の悩み急《きゅう》にして　甚だ怖畏す可し
此の苦すら処し難し　況《いわ》んや復た大火をや』と
諸子　知ること無ければ　父の誨《おしえ》を聞くと雖も
猶《な》お楽著《ぎょうじゃく》して　嬉戯《きげ》すること已《や》まず
58 是の時に長者　而も是の念を作さく
『諸子此《か》くの如く　我が愁悩《しゅうのう》を益《ま》す
今　此の舎宅は　一として楽しむ可き無し
而るに諸子等　嬉戯に[四]耽湎《たんめん》して

三 延　(春)は「莚」とある。

四 耽湎　おぼれひたる。「耽」は(元)には「妉」とある。

我が教を受けず　将に火に害せられんとす』
即便《すなわ》ち思惟して　諸もろの方便を設けて
諸子等に告ぐ　『我れに種種の
珍玩《ちんがん》の具の　妙宝の好車《ごうしゃ》有り
羊車《ようしゃ》　鹿車《ろくしゃ》　大牛《だいご》の車なり
今　門外に在り　汝等　出で来たれ
吾れ汝等が為めに　此の車を造作《ぞうさ》せり
意の所楽《しょぎょう》に随いて　以って遊戯す可し』
諸子　此くの如き諸もろの車を説くを聞きて
即時に奔競《ほんきょう》して　馳走して出で
空地に到りて　諸もろの苦難を離る
59 長者は子の　火宅を出づることを得て
四衢《しく》に住するを見て　一師子の座に坐せり
而も自ら慶《よろこ》びて言わく　『我れ今　快楽《けらく》なり
此の諸子等　生育《しょういく》すること甚だ難し
愚小無知にして　而も険宅に入れり
諸もろの毒虫多く　魑魅《ちみ》畏る可し

一　師子の座　人中の師子とされる仏の座。

(大)一四下

大火猛炎《みょうえん》　四面に倶に起これり
而るに此の諸子　嬉戯に貪楽せり
我れ已に之れを救いて　難を脱《のが》るることを得しめたり
是の故に諸人　我れ今　快楽なり』と
60 爾の時に諸子　父の安坐せるを知りて
皆な父の所に詣《もう》でて　而も父に白《もう》して言《もう》さく
『願わくは我れ等に　三種の宝車を賜え
前《さ》きに許したもう所の如き　諸子　出で来たれ
当に三車を以って　汝が所欲に随うべしと
今　正《まさ》に是れ時なり　唯だ給与を垂れたまえ』
61 長者　大いに富んで　庫蔵衆多《こぞうしゅた》なり
金《こん》　銀《ごん》　琉璃《るり》　車渠《しゃこ》　馬碯《めのう》
衆の宝物を以って　諸もろの大車を造れり
荘校厳飾《しょうきょうごんじき》して　周匝《しゅうそう》して欄楯《らんじゅん》あり
四面に鈴を懸け　金縄《こんじょう》　絞絡《きょうらく》せり
真珠の羅網《らもう》　其の上に張り施し
金華《こんげ》の諸瓔《しょうよう》[二]　処処に垂れ下だせり

二 瓔 (明)(博)は「纓」とある。

衆綵雑飾《ぞうしき》し　周匝囲繞《いにょう》せり
柔軟《にゅうなん》の繒纊《ぞうこう》　以って茵褥《しとね》と為し
上妙の細氎《さいじょう》　価直《けじき》　千億にして
鮮白浄潔《せんびゃくじょうけつ》なる　以って其の上に覆《おお》えり
大白牛有り　肥壮《ひしょう》多力にして
形体姝好《ぎょうたいしゅこう》なり　以って宝車を駕《が》せり
諸もろの儐従《ひんじゅう》多くして　而も之れを侍衛《じえい》せり
是の妙車を以って　等しく諸子に賜う
62 諸子　是の時　歓喜踊躍して
是の宝車に乗りて　四方に遊び
嬉戯快楽して　自在無礙《じざいむげ》ならんが如し

合譬—譬えの意味

63 舎利弗に告ぐ　我れも亦た是くの如し
衆聖《しゅしょう》の中の尊　世間の父なり
64 一切衆生は　皆な是れ吾が子なり
深く世楽に著して　慧心有ること無し

65 三界は安きこと無し　猶お火宅の如し
66 衆苦　充満して　甚だ怖畏す可し
常に生老　病死の憂患《うげん》有り
是くの如き等の火　熾《し》燃《ねん》として息《や》まず
67 如来は已に　三界の火宅を離れて
寂然として閑居《げんこ》し　林野に安処せり
68 今　此の三界は　皆な是れ我が有なり
其の中の衆生は　悉《ことごと》く是れ吾が子なり
而も今　此の処は　諸もろの患難《げんなん》多し
69 唯だ我れ一人のみ　能く救護《くご》を為す
70 復た教詔《きょうしょう》すと雖も　而も信受せず
諸もろの欲染に於いて　貪著深きが故に
71 是れを以って方便して　為めに三乗を説きて
諸もろの衆生をして　三界の苦を知らしめ
出世間の道を　開示し演説す
是の諸子等　若し心　決定《けつじょう》すれば
一三明《さんみょう》　及び二六神通《ろくじんずう》を具足し

(大)一五上

一　三明　六神通の中、過去を見通す宿命通、未来の生死の相を見通す天眼通、現在の苦の相を見通す漏尽通をいう。
二　六神通　天眼・天耳・他心・宿命・神足・漏尽の六種の神通力。

縁覚　不退の菩薩を得ること有り
72 汝　舎利弗　我れ衆生の為めに
此の譬喩を以って　一仏乗を説く
汝等　若し能く　是の語を信受せば
一切皆な当に　仏道を得ることを成ずべし
是の乗は微妙にして　清浄第一なり
諸もろの世間に於いて　為《さだ》めて上《かみ》有ること無し
仏の悦可したもう所　一切衆生の
応に称讃し　供養し礼拝すべき所なり
無量億千の　諸力　解脱
禅定　智慧　及び仏の余の法あり
是くの如きの乗を得しめて　諸子等をして
日夜劫数《こうしゅ》に　常に遊戯《ゆげ》することを得
諸もろの菩薩　及び声聞衆と
此の宝乗[一]に乗じて　直ちに道場に至らしむ
是の因縁を以って　十方に諦《あき》らかに求むるに
更に余乗無し　仏の方便をば除く

一　宝乗　(博)は「宝車」とある。

73
舎利弗に告ぐ　汝　諸人等は
皆な是れ吾が子なり　我れは則ち是れ父なり
汝等　累劫《るいこう》に　衆苦に焼かる
我れ皆な済抜《さいばつ》して　三界を出でしむ
我れ先きに　汝等　滅度すと説くと雖も
但だ生死を尽くして　而も実には滅せず
今の応に作すべき所は　唯だ仏の智慧なり
若し菩薩有らば　是の衆の中に於いて
能く一心に　諸仏の実法を聴け
諸仏世尊は　方便を以ってしたもうと雖も
所化の衆生は　皆な是れ菩薩なり
若し人　小智にして　深く愛欲に著せる
此れ等の為めの故に　苦諦《くたい》を説きたもう
衆生　心喜びて　未曾有なることを得
仏の説きたもう苦諦は　真実にして異なること無し
若し衆生有りて　苦の本《もと》を知らず
深く苦の因に著して　暫《しば》らくも捨つること能わず

(大)一五中

是れ等の為めの故に　方便して道を説きたもう
諸苦の所因は　貪欲為《こ》れ本なり
若し貪欲を滅すれば　依止《えし》する所無し
諸苦を滅尽するを　第三の諦と名づく
滅諦の為めの故に　道を修行す
諸もろの苦縛を離るるを　解脱を得《う》と名づく
是の人　何に於いてか　而も解脱を得る
但だ虚妄《こもう》を離るるを　名づけて解脱と為す
其れ実には未だ　一切の解脱を得ず
仏　是の人は　未だ実に滅度せずと説きたもう
斯《こ》の人　未だ　無上道を得ざるが故に
我が意《こころ》にも　滅度に至らしめたりと欲《おも》わず
我れは為《こ》れ法王　法に於いて自在なり
衆生を安隠《あんのん》ならしめんが故に　世に現ず

信受することを勧む

74 汝　舎利弗　我が此の法印は

世間を利益《りやく》せんと　欲するが為めの故に説く
75 所遊の方《ほう》に在りて　妄《みだ》りに宣伝すること勿れ
76 若し聞くこと有らん者　随喜《ずいき》し頂受せば
当に知るべし　是の人は　[一]阿鞞跋致《あびばっち》なり
若し　此の経法を信受すること有らん者は
是の人は已に曾って　過去の仏を見たてまつりて
恭敬《くぎょう》供養し　亦た是の法を聞けるなり
若し人　能く　汝が所説を信ずること有らば
則ち為《こ》れ我れを見　亦た汝
及び比丘僧　并びに諸もろの菩薩を見るなり
斯の法華経は　深智の為めに説く
浅識は之れを聞きて　迷惑して解《さと》らず
一切の声聞　及び辟支仏《びゃくしぶつ》は
此の経の中に於いて　力　及ばざる所なり
汝　舎利弗すら　尚お此の経に於いては
信を以って入ることを得たり　況《いわ》んや余の声聞をや
其の余の声聞も　仏語を信ずるが故に

一　阿鞞跋致　Avinivartaniya. 阿惟越致とも音写する。不退転と訳し、将来成仏することが約束された菩薩の境地。

此の経に随順す　己《おの》が智分《ちぶん》に非ず
77又た舎利弗　憍慢懈怠《きようまんけだい》
我見《がけん》を計する者には　此の経を説くこと莫《なか》れ
凡夫《ぼんぶ》の浅識にして　深く五欲に著せるは
聞くとも解《さと》ること能わじ　亦た為めに説くこと勿れ
若し人　信ぜずして　此の経を毀謗《きほう》せば
則ち一切　世間の仏種を断ぜん
或るいは復た顰蹙《ひんしゆく》して　而も疑惑を懐かん
汝　当に　此の人の罪報を説かんを聴くべし
『若しは仏の在世にもあれ　若しは滅度の後ちにもあれ
其れ斯《か》くの如き　経典を誹謗すること有らん
経を読誦《どくじゆ》し　書持《しよじ》すること有らん者を見て
軽賤憎嫉《きようせんぞうしつ》して　而も結恨《けつこん》を懐かん
此の人の罪報を　汝　今復た聴け
其の人　命終《みようじゆう》して　[一]阿鼻獄《あびごく》に入らん
一劫を具足して　劫　尽きなば更《ま》た生まれん
是くの如く展転《てんでん》して　無数劫に至らん

一　阿鼻獄　Avīci. 無間地獄のこと。

㊅一五下

78 地獄より出でては　当に畜生に堕つべし
若し狗　野干としては　其の影[二]　[三]顇瘦《こつしゅ》し
[四]黧黮《りたん》　[五]疥癩《けらい》にして　人に[六]触嬈《そくにょう》せられ
又た復た人に　悪賤《おせん》せられん
常に飢渇《けかつ》に困《くるし》みて　骨肉枯竭《こかつ》せん
生きては[七]楚毒《そどく》を受け　死しては瓦石《がしゃく》を被《こうむ》らん
仏種を断ずるが故に　斯の罪報を受けん
若しは馲駝《らくだ》と作り　或るいは[八]驢《ろ》の中に生まれん
身に常に重きを負い　諸もろの杖捶《じょうすい》を加えられん
但だ水草のみを念いて　余は知る所無けん
斯の経を謗《そし》るが故に　罪を獲ること是くの如し
有《あ》るいは野干と作りて　聚落《じゅらく》に来入《らいにゅう》せば
身体　疥癩にして　又た一目無からん
諸もろの童子に　打擲《ちょうちゃく》せられ
諸もろの苦痛を受けて　或る時は死を致さん
此こに於いて死し已りて　更に[九]蟒身《もうじん》を受けん
其の形　長大にして　五百由旬《ゆじゅん》ならん

二　影　(春)は「形」とある。
三　顇瘦　やせこけること。
四　黧黮　色が黒い意。
五　疥癩　皮膚病の一種。
六　触嬈　さわりなぶること。
七　楚毒　苦痛のこと。
八　驢の中　(大)は「中驢」とあるが、今は(博)による。
九　蟒身　大蛇のこと。

聾《る》騃《がい》無足《むそく》にして　一宛転腹行《えんてんふくぎょう》し
諸もろの小虫に　唼食《そうじき》せられん
昼夜　苦を受くるに　休息《くそく》有ること無けん
斯の経を謗るが故に　罪を獲《う》ること是くの如し
79 若し人と為ることを得ては　諸根　闇鈍《あんどん》にして
二矬陋《ざる》攣躄《れんびゃく》　盲聾《もうる》　三背傴《はいう》ならん
言説《ごんせつ》する所有らんに　人　信受せじ
口の気《いき》　常に臭く　鬼魅《きみ》に著せられん
貧窮下賤《びんぐうげせん》にして　人に使われ
多病痟瘦《しょうしゅ》にして　依怙《えこ》する所無く
人に親附すと雖も　人　意《こころ》に在《お》かじ
若し所得有らば　尋《つ》いで復た忘失《もうしつ》せん
若し医道を修め　方《ほう》に順じて病を治せば
更に他の疾《やまい》を増し　或るいは復た死を致さん
若し自ら病有らば　人の救療《くりょう》するもの無く
設《たと》い良薬を服《ぶく》すとも　而も復た増劇《ぞうぎゃく》せん
若しは他の反逆し　四抄劫《しょうこう》し竊盗《せっとう》せん

一　宛　㊟は「踠」とある。
二　矬陋攣躄　矬陋は背が低い。攣は手足がひきつる。躄は両足がともに立たないこと。
三　背傴　背を曲げる。
四　抄劫　かすめとる。

㊅一六上

是くの如き等の罪　横さまに其の殃《わざわい》に羅《かか》らん
80 斯くの如き罪人　永く仏
衆聖の王の　説法教化したもうを見たてまつらじ
81 斯くの如きの罪人は　常に難処に生ぜん
狂《ごう》聾《る》心乱《しんらん》にして　永く法を聞かじ
無数劫の　恒河沙の如きに於いて
生まれては輒《すなわ》ち聾《る》瘂《あ》にして　諸根　不具ならん
常に地獄に処すこと　園観《おんかん》に遊ぶが如く
余の悪道に在ること　己が舎宅の如く
駝《だ》驢《ろ》猪《ちょ》狗《く》　是れ其の行処《ぎょうしょ》ならん
斯の経を謗るが故に　罪を獲ること是くの如し
82 若し人と為ることを得ては　聾《る》盲《もう》瘖《おん》瘂《あ》にして
貧窮諸衰　以って自ら荘厳し
水腫《すいしゅ》乾痟《かんしょう》　疥《け》癩《らい》癰《おう》疽《そ》
是くの如き等の病　以って衣服《えぶく》と為さん
身　常に臭きに処して　垢穢《くえ》不浄に
深く我見に著して　瞋恚《しんに》を増益《ぞうやく》し

婬欲熾盛《いんよくしじょう》にして　禽獣を択《えら》ばじ
斯の経を謗るが故に　罪を獲ること是くの如し』
舎利弗に告ぐ　斯の経を謗る者
若し其の罪を説かんに　劫を窮《きわ》むとも尽くせじ
是の因縁を以って　我れ故《ことさ》らに汝に語る
『無智の人の中にして　此の経を説くこと莫れ
83 若し利根にして　智慧　明了《みょうりょう》に
一 多聞強識《ごうしき》にして　仏道を求むる者有らん
是くの如きの人に　乃ち為めに説く可し
若し人　曾つて　億百千の仏を見たてまつりて
諸もろの善本《ぜんぽん》を殖え　深心堅固《じんしんけんご》ならん
是くの如きの人に　乃ち為めに説く可し
若し人　精進して　常に慈心を修し
身命《しんみょう》を惜《おし》まざらんに　乃ち為めに説く可し
若し人　恭敬《くぎょう》して　異心有ること無く
諸もろの凡愚《ぼんぐ》を離れて　独り山沢《せんたく》に処せん
是くの如きの人に　乃ち為めに説く可し

一 多聞強識　博覧強記の意。

二　悪知識　邪悪の法を説く者。
三　善友　善知識のことで、正法を説き、正縁を結ばせる賢者。悪知識の対。

又た舎利弗　若し人有りて
[二]悪知識を捨てて　[三]善友《ぜんぬ》に親近《しんごん》するを見ん
是くの如きの人に　乃ち為めに説く可し
若し仏子の　持戒清潔《じかいしょうけつ》にして
浄明珠《じょうみょうしゅ》の如くにして　大乗経を求むるを見ん
是くの如きの人に　乃ち為めに説く可し
若し人　瞋《いか》り無く　質直柔軟《しつじきにゅうなん》にして
常に一切を愍《あわれ》み　諸仏を恭敬せん
是くの如きの人に　乃ち為めに説く可し
復た仏子の　大衆の中に於いて
清浄の心を以って　種種の因縁
譬喩の言辞《ごんじ》もて　説法すること無礙《むげ》なる有らん
是くの如きの人に　乃ち為めに説く可し
若し比丘の　一切智の為めに
四方に法を求めて　合掌し頂受し
但だ楽《ねが》いて　大乗経典を受持して
乃至　余経の一偈をも受けざる有らん

(大)一六中

是くの如きの人に　乃ち為めに説く可し
人の至心に　仏舎利を求むるが如く
是くの如く経を求め　得已りて頂受せん
其の人　復た　余経を志求《しぐ》せず
亦た未だ曾つて　外道《げどう》の典籍《てんじゃく》を念ぜざらん
是くの如きの人に　乃ち為めに説く可し』
舎利弗に告ぐ　我れ是の相にして
84 仏道を求むる者を説かんに　劫を窮むとも尽くせじ
是くの如き等の人は　則ち能く信解せん
汝　当に為めに　妙法華経を説くべし」

信《しん》解《げ》品《ほん》第四

譬説周—四大声聞の領解

1 [一]爾《そ》の時に[二]慧命須菩提《えみようしゆぼだい》、摩訶迦旃延《まかかせんねん》、摩訶迦葉《まかかしよう》、摩訶目犍連《まかもつけんれん》、仏に従いたてまつりて聞ける所の未曾有《みぞう》の法《ほう》と、世尊の舎利弗に阿耨多羅三藐三菩提《あのくたらさんみやくさんぼだい》の記を授けたもうとに、希有《けう》の心を発《お》こし、歓喜踊躍《かんぎゆやく》す。即《すなわ》ち座より起《た》ちて衣服《えぶく》を整え、偏《ひと》えに右の肩を袒《あらわ》にし、右の膝を地《じ》に著け、一心に合掌《がつしよう》し、躬《み》を曲《ま》げ恭敬《くぎよう》し、尊顔《そんげん》を瞻仰《せんごう》して、仏に白《もう》して言《もう》さく、

2 「我れ等僧の首《はじ》めに居《ご》し、年並びに朽《く》ち邁《お》いたり。自ら已に涅槃を得て堪任《かんにん》する所無しと謂《おも》いて、復た阿耨多羅三藐三菩提を進み求めず。世尊、往昔《おうしやく》に法を説きたもうこと既に久し。我れ時に座に在りて、身体疲懈《ひげ》し、但だ[三]空《くう》・無《む》相《そう》・無作《むさ》を念じて、菩薩の法の神通《じんずう》に遊戯《ゆげ》し、仏国土を浄め、衆生《しゆじよう》を成就《じようじゆ》するに於いて、心に喜楽《ききよう》せざりき。所以《ゆえ》は何《いか》ん、世尊、我れ等をして、三界《さんがい》を出でて、涅槃の証を得しめたまえり。

又た今、我れ等、年已に朽ち邁いて、仏の菩薩を教化《きようけ》したもう阿耨多羅三藐三菩提に於いて、一念の好楽《こうぎよう》の心を生《しよう》ぜざりき。我れ等今、仏前に於いて、声聞に阿耨多羅三藐三菩

一 爾の時に……　この一品は、迹門正宗分であり、四大声聞が譬説周の説法を聞き、領解したところを一譬喩をもって述べる領解段である。

二 慧命　āyuṣmat の訳。空慧の存続を寿命とする者の意で「慧寿、具寿」とも訳す。長老比丘の尊称。以下の四大声聞の名については、補註四—五頁参照。

三 空・無相・無作　それぞれ空解脱門（諸法は無我であり、空であることを観ずる）・無相解脱門（空であるから差別の相もないということを観ずる）・無願解脱門（差別の相がないから願い求めるべきものがないことを観ずる）のこと。解脱に至るための三種類の禅定で、三三昧、三解脱門という。

提の記を授けたもうを聞きて、心甚だ歓喜し、未曾有なることを得たり。謂わざりき、今[一]無量の珍宝、忽然《こつねん》に希有《けう》の法《ほう》を聞くことを得んとは。深く自ら慶幸《きょうこう》す、大善利を獲たりと。求めざるに自《おの》ずから得たり。

長者窮子の譬—父と子と相い失う

3 世尊、我れ等今者《いま》、楽《ねが》わくは譬喩《ひゆ》を説きて以って斯の義を明かさん。
[二]譬えば、人有りて、年既に幼稚《ようち》にして、父を捨てて逃逝《どうせい》し、久しく他国に住《じゅう》して、或《あ》るいは十、二十より、五十歳に至る。年既に長大《ちょうだい》にして加《ます》す復た窮困《ぐこん》し、四方に[三]馳騁《ちちょう》して以って衣食を求む。漸漸《ぜんぜん》に遊行《ゆぎょう》して遇《たま》ま本国に向かいぬ。
4 其の父、先きより来《このかた》、子《こ》を求むるに得ずして、一の城に中止す。其の家《いえ》大いに富みて、財宝無量なり。金《こん》・銀《ごん》・琉璃《るり》・珊瑚《さんご》・虎珀《こはく》・頗梨《はり》珠《しゅ》等、其の諸もろの倉庫に、悉《ことごと》く皆な盈《よう》溢《いっ》せり。多く僮僕《どうぼく》・臣佐《じんさ》・吏民《りみん》有りて、象馬《ぞうめ》・車乗《しゃじょう》・牛羊《ごようむ》無数《しゅ》なり。[四]出入息利《すいにゅうそくり》すること乃《すなわ》ち他国に遍《あま》ねし。商估《しょうこ》・賈客《こかく》亦た甚だ衆多なり。
5 時に貧窮《びんぐう》の子、諸もろの聚落《じゅらく》に遊び、国邑《こくおう》を経歴《きょうりゃく》して、遂《つい》に其の父の止まる所の城に到りぬ。
6 父毎《つね》に子を念《おも》う。子と離別して[五]五十余年、而も未だ曾つて人に向かいて此《か》くの如き事を説かず。但だ自ら思惟して心に悔恨《けこん》を懐く。自ら念う、

一 無量の珍宝……得たり　昔は求めずして、今おのずから希有の妙法を得ることを譬えたもの。

二 譬えば……　以下は有名な長者窮子の譬え。仏を長者に譬え、二乗を窮子に譬える。

三 馳騁　はせはしる。ほしいままにはしること。

(大)一六下

四 出入息利　金銭を貸し、利息を得ること。

五 五十余年　『正法華経』は「二、三十年」とする。

『老朽《ろうく》して多く財物《ざいもつ》有り。金・銀・珍宝、倉庫に盈溢すれども、子息有ること無し。一旦に終没《じゅうもつ》しなば、財物散失して委付《いふ》する所無けん。』

是《こ》こを以って慇懃《おんごん》に毎に其の子を憶う。復た是の念を作《な》す、

『我れ若し子を得て財物を委付せば、六坦然快楽《たんねんけらく》にして、復た憂慮《うりょ》無けん』と。

父と子と相い見る

7世尊、爾の時に窮子《ぐうじ》、傭賃展転《ゆうにんてんでん》して、遇《たま》た父の舎《いえ》に到りぬ。門の側《ほとり》に住立《じゅうりゅう》して、遙に其の父を見れば、師子の床《こしかけ》に踞《こ》して宝机《ほうき》にて足《あし》を承け、諸もろの七婆羅門《ばらもん》・八刹利《せつり》・九居士《こじ》、皆な恭敬《くぎょう》し囲繞《いにょう》せり。真珠の瓔珞《ようらく》の価直《けじき》千万なるを以って、其の身を荘厳し、吏民・僮僕、手に一〇白払《ひゃくほつ》を執《と》りて、左右に侍立《じりゅう》せり。覆《おお》うに宝帳《ほうちょう》を以ってし、諸もろの華幡《けばん》を垂れ、香水を地《じ》に灑《そそ》ぎ、衆の名華《みょうけ》を散じ、宝物を羅列して、出内《すいぬい》取与す。是くの如き等の種種《しゅじゅ》の厳飾《ごんじき》有りて、威徳特尊なり。

窮子、父の大力勢有るを見て、即《すなわ》ち恐怖《くふ》を懐きて、此こに来至せることを悔ゆ。竊《ひそか》に是の念を作《な》せり、

『此れ或るいは是れ王か、或るいは是れ王と等しきか、我が傭力《ゆうりき》して物を得べきの処に非ず。如《し》かじ貧里《びんり》に往至《おうし》して一一肆力《しりき》に地有《ところあ》りて、衣食得易《えじきえやす》からんには。若し久しく此こに住せば、或るいは逼迫《ひっぱく》せられ、強《し》いて我れをして作《な》さしめん』と。

六　坦然快楽　安らかで楽しい。

七　婆羅門　brāhmaṇa の音写。インド四姓中の最上位、僧侶の階級。

八　刹利　kṣatriya の訳。四姓中、婆羅門の次位にあたる王族、貴族、士族階級。

九　居士　gṛhapati の訳。長者、家主、在家ともいう。ここでは、出家せずに宗教的修行をする男子。

一〇　白払　蚊虻などを払うために獣毛を束ねて柄をつけた払子のこと。特に白毛が珍重された。

一一　肆力に地有りて　働くのに都合のよい場があるの意。

是の念を作し已《おわ》りて、疾《と》く走りて去りぬ。
8 時に富める長者、師子の座に於いて、子を見て便《すなわ》ち識《し》りぬ。心大《おお》いに歓喜して、即ち是の念を作す、
『我が財物・庫蔵、今付する所有り。我れ常に此の子を思念すれども、之れを見るに由《よし》無し。而《しか》るを忽《たちま》ちにして自ら来たれり。甚だ我が願《ねがい》に適《かな》えり。我れ年朽ちたりと雖《いえど》も猶《な》故お貪惜《とんじゃく》す。』

父が命じて子を追うて誘う

9 即《すなわ》ち傍人《ぼうにん》を遣わして、急に追いて将《ひき》いて還《かえ》らしむ。爾の時に使者、疾く走り往きて捉らう。窮子驚愕《きょうがく》して、怨《あだ》なりと称して大いに喚《さけ》べり、
『我れ相《あ》い犯《おか》さず、何ぞ捉らえらるることを為《う》るや。』
10 使者、之れを執らうること愈《いよい》よ急《きゅう》にして、強いて牽《ひき》将いて還《かえ》る。時に窮子自ら念わく、
『罪無くして囚執《とら》えらる。此れ必定《ひつじょう》して死せん』と。
転《うた》た更に惶怖《おうふ》し、悶絶して地に躄《たお》る。

㊅一七上

11 父、遙に之れを見て、使《つかい》に語りて言わく、
『此の人を須《もち》いじ。強いて将いて来たること勿《なか》れ。冷水《りょうすい》を以って面に灑《そそ》ぎて醒悟《しょうご》することを得しめよ。復た与《とも》に語ること莫《なか》れ』と。

所以《ゆえ》は何《いか》ん、父、其の子の志意下劣なるを知り、自ら豪貴《ごうき》にして、子の為《た》めに難《はばか》る所なることを知りて、審《あき》らかに是れ子なりと知れども、而も方便《ほうべん》を以って、他人に語りて是れ我が子なりと云わざるなり。使者、之れに語らく、

『我れ今、汝《なんじ》を放《ゆる》す。意《こころ》の所趣《しょしゅ》に随《したが》え』と。

窮子、歓喜して未曾有なることを得て、地《じ》より起ちて貧里《びんり》に往至《おうし》して、以って衣食《えじき》を求む。

12 爾の時に長者《ちょうじゃ》、将に其の子を誘引せんと欲して、方便を設けて、密《ひそ》かに二人の形色憔悴《ぎょうしきしょうすい》して、威徳無き者を遣わす。

『汝彼《かし》こに詣《いた》りて、徐《よう》やくに窮子に語る可し。此こに[一]作処《さしょ》有り、倍《ま》して汝に直《あたい》を与えんと。窮子若《も》し許さば、将いて来たりて作《な》さしめよ。若し何の所作をか欲すると言わば、便《すなわ》ち之れに語る可し。汝を雇うことは糞《あくた》を除《はら》わしめんとなり。我れ等二人、亦た汝と共に作さん』と。

時に二《ふたり》の使人《つかいびと》、即ち窮子を求むるに、既已《すで》に之れを得て具《つぶ》さに上《かみ》の事を陳《の》ぶ。爾の時に窮子、先ず其の価を取りて、尋《つ》いで与《とも》に糞を除う。其の父、子を見て愍《あわれ》みて之れを怪しむ。

13 又た他日を以って窓牖《まど》の中より遙に子の身を見れば、[二]羸瘦《るいしゅ》憔悴して、[三]糞土塵坌《じんぼん》にて汚穢《おえ》し不浄なり。即ち瓔珞《ようらく》、細軟《さいなん》の上服《じょうぶく》、厳飾の具を脱《ぬ》ぎて、更に[四]麁弊垢膩《そへいくに》の衣を著、塵土に身を坌《けが》し、右の手に除糞の器《うつわ》を執持《しゅうじ》して、畏るる所有るに状《かた》どれり。諸もろの[五]作人《さにん》に語ら

一 作処 働く場所、勤め口。

二 羸瘦 やせ細ること。

三 糞土塵坌にて汚穢し不浄なり 糞・土・塵などにまみれてきたないこと。

四 麁弊垢膩 かぶれ、垢じみる。

五 作人 雇用労働者。

く、

『汝等、勤作《ごんさ》して懈息《けそく》することを得ること勿れ』と。

方便を以っての故に、其の子に近づくことを得たり。後ちに復た告げて言《いわ》く、

『咄《つたな》や男子《なんし》、汝《なんじ》常に此こにして作《な》せ、復た余《ほか》に去ること勿れ。当に汝に価を加うべし。諸《しょ》有《う》の須《もち》うる所の瓫器《ぼんき》・米麺《まいめん》・塩醋《えんそ》の属《たぐい》、自ら疑い難《はば》かること莫れ。亦た老弊の使人《つかいびと》有り、須うれば相《あ》い給《きゅう》せん。好く自ら意《こころ》を安《やす》んぜよ。我れは汝が父の如し、復た憂慮すること勿れ。所以《ゆえ》は何《いか》ん、我れ年老大《ろうだい》にして汝は少壮《しょうそう》なり。汝、常に作さん時、欺怠《ごだい》・瞋恨《しんこん》・怨言《おんごん》有ること無かれ。都べて汝には、余の作人の如き此の諸悪有るを見ず。今より已後《のち》、所生《しょしょう》の子の如くせん』と。

即時に長者、更に与《た》めに字《な》を作《つく》りて、之れを名づけて児《こ》と為す。爾の時に窮子、此の遇を欣《よろこ》ぶと雖《いえど》も、猶《な》故お自らは[一]客作《かくさ》の賤人《せんにん》なりと謂《おも》えり。是れに由るが故に、二十年の中に於いて常に糞を除わしむ。

家業を領知す

14 是れを過ぎて已後《のち》、[二]心相体信して入出《にっしゅつ》に難《はば》かり無し。然《しか》れども其の[三]止まる所は、猶お本処に在り。

15 世尊、爾の時に長者に疾《やまい》有りて、自ら将に死せんこと久しからじと知りて、窮子に語り

一　客作の賤人　外来の卑しい労働者。

二　心相体信　互いに相手を理解し、信頼すること。

三　止まる所　宿舎。

(大)一七中

て言《いわ》く、

『我れに今多《おお》く金・銀・珍宝有りて倉庫に盈溢《よういつ》せり。其の中《うち》の多少、応に取与すべき所は汝悉《ことごと》く之れを知れ、我が心是くの如し、当に此の意《こころ》を体《さと》るべし。所以は何ん、今、我れと汝と便《すなわ》ち為《こ》れ異ならざればなり。宜《よろ》しく用心《ゆうじん》を加えて漏失《ろしつ》せしむること無かるべし』と。

正しく家業を付す

16 爾の時に窮子、即《すなわ》ち教勅《きょうちょく》を受けて、衆物《しゅもつ》の金・銀・珍宝及び諸もろの庫蔵《こぞう》を領知《りょうち》すれども、而も一飡《いちざん》を悕取《けしゅ》するの意《こころ》無し。然も其の止まる所は故《な》お本処に在りて、下劣の心、亦た未だ捨つること能わず。復た少時を経て、父、子の意漸《ようや》く已に通泰して、大志を成就《じょうじゅ》し、自ら先きの心を鄙《いやし》と知りて、
17 終わらんと欲する時に臨んで、其の子に命じ、并びに親族・国王・大臣・刹利・居士を会《あつ》むるに、皆な悉く已に集まりぬ。即《すなわ》ち自ら宣べて言わく、
『諸君、当に知るべし、此れは是れ我が子なり。我が所生なり。某《それが》しの城中《じょうちゅう》に於いて、吾れを捨てて逃走して、(四)伶俜辛苦《りょうびょうしんく》すること五十余年、其の本の字は某し、我が名は某甲《それがし》、昔、本城《ほんじょう》に在りて憂いを懐きて推《たず》ね覓《もと》めき。忽《たちま》ちに此の間に於いて遇《あ》い会《あ》いて之れを得たり。此れ実に我が子なり。我れは実に其の父なり。今、我が所有の一切の財物は、皆な是れ子の有なり。先きに出内《すいねい》する所は、是れ子の所知なり』と。
18 世尊、是の時に窮子、父の此の言《ことば》を聞きて、即ち大《おお》いに歓喜して、未曽有なることを得

(四) 伶俜　孤独なさま。㊂には「竛竮」とある。

て、是の念を作す、

『我れ本と心に希求《けぐ》する所有ること無かりき。今此の宝蔵《ほうぞう》、自然《じねん》にして至りぬ。』

といわんが若し。

合譬―譬えの意味

19世尊、大富長者は則《すなわ》ち是れ如来なり。我れ等は皆な仏子に似たり。20如来、常に我れ等は為《こ》れ子なりと説きたまえり。


21世尊、我れ等、[一]三苦を以っての故に、生死《しょうじ》の中に於いて、諸もろの熱悩《ねつのう》を受け、迷惑無知にして小法《しょうぼう》に楽著《ぎょうじゃく》せり。今日世尊、我れ等をして思惟して諸法の戯論《けろん》の糞《あくた》を蠲除《のぞ》かしめたもう。我れ等、中に於いて勤加精進《ごんかしょうじん》して、涅槃に至る一日の価を得たり。既に此れを得已《お》りて、心大《おお》いに歓喜して、自ら以って足れりと為せり。[二]便《すなわ》ち自ら謂わく、

『仏法《ぶっぽう》の中に於いて、勤め精進するが故に、所得弘多《ぐた》なり』と。

然も世尊、先きに我れ等が心、弊欲《へいよく》に著《じゃく》し、小法を楽《ねが》うを知ろしめして、便ち縦《ゆる》し捨てられて、為めに汝等、当に[三]如来の知見《ちけん》、宝蔵《ほうぞう》の分有るべしと分別したまわず。


22世尊、方便力《ほうべんりき》を以って如来の智慧《ちえ》を説きたもう。我れ等、仏に従いたてまつりて、涅槃一日の価を得て、以って大いに得たりと為して、此の大乗《だいじょう》に於いて志求《しぐ》有ること無かりき。我れ等、又た如来の智慧に因《よ》りて、諸もろの菩薩の為めに開示《かいじ》し演説せしかども、而も自

一　三苦　苦苦（苦縁より生ずる苦）・壊苦（楽境の壊れることより受ける苦）・行苦（無常を見て感じる苦）の三。

二　便ち自ら謂わく　㊂宮には「便自謂言」とある。

三　如来の知見、宝蔵の分　諸法の実相のあり方を知る仏の見解と教法のこと。

(大)一七下

らは此こに於いて志願《しがん》有ること無かりき。所以《ゆえ》は何《いか》ん、仏、我れ等が心に小法を楽うを知ろしめして、方便力を以って我れ等に随いて説きたもう。而も我れ等は真に是れ仏子なりと知らず。

23 今、我れ等方《まさ》に知《し》んぬ、世尊は仏の智慧に於いて悋惜《りんじゃく》したもう所無し。所以は何ん、我れ等、昔より来《このかた》、真に是れ仏子なれども、而も但だ小法を楽う。若し我れ等、大を楽《ねが》うの心有らましかば、仏則《すなわ》ち我が為めに大乗の法を説きたまわまし。此の経の中においては唯だ一乗を説きたもう。而も昔、菩薩の前に於いて、声聞の小法を楽う者を毀呰《きし》したまえども、然も仏、実には大乗を以って教化《きょうけ》したまえり。是の故に我れ等説く、『本《もと》と心《こころ》に悕求《けぐ》する所有ること無かりしかども、今、法王《ほうおう》の大宝、自然《じねん》にして至れり。仏子の応に得べき所の如き者は、皆な已に之れを得たり』。」

爾の時に摩訶迦葉《まかかしょう》、重ねて此の義を宣べんと欲して、偈《げ》を説きて言《もう》さく、

偈頌—法説を頌す

24「我れ等　今日　仏の音教《おんきょう》を聞きて
歓喜踊躍して　未曾有なることを得たり
仏　声聞は　当に作仏《さぶつ》することを得べしと説きたもう
[四]無上の宝聚《ほうじゅ》　求めざるに自《おの》ずから得たり

[四] 無上の宝聚……得たり　九〇頁頭註一参照。

長者窮子の譬—父と子と相い失う

25譬えば童子の　幼稚《ようち》無識《むしき》にして
父を捨てて逃逝《どうせい》して　遠く他土に到り
諸国に周流《しゅうる》すること　五十余年
其の父　憂念《うねん》して　四方に推《たず》ね求む
之れを求むるに既に疲れて　一城に頓止《とんし》す
舎宅を造立《ぞうりゅう》して　五欲に自ら娯《たの》しむ
其の家　巨《おお》いに富みて　諸もろの金銀
一車渠　馬脳　真珠　琉璃多く
象馬《ぞうめ》　牛羊《ごよう》　輦輿《れんよ》　車乗
田業《でんごう》　僮僕《どうぼく》　人民衆多《にんみんしゅた》なり
出入《すいにゅう》息利《そくり》すること　乃ち他国に遍《あま》ねく
商估賈《しょうここ》人《にん》　処として有らざること無し
千万億の衆　囲繞《いにょう》し恭敬し
常に王者に　愛念せらるることを為《え》
群臣豪族　皆な共に宗重《しゅうじゅう》し

一 車渠馬脳　(三)(宮)には「硨磲碼碯」とある。

諸もろの縁を以っての故に　往来する者衆《おお》し
豪富なること是くの如くにして　大力勢有り
而も年　朽《く》ち邁《お》いて　益《ます》す子を憂念す
二夙夜《しゅくや》に惟念《ゆいねん》すらく　『死の時　将に至らんとす
癡子《ちし》　我れを捨てて　五十余年
庫蔵《こぞう》の諸物　当に之れを如何《いか》にすべきや』と
爾の時に窮子　衣食《えじき》を求索《ぐしゃく》して
邑《さと》より邑に至り　国より国に至る
或るいは得る所有り　或るいは得る所無し
飢餓《けが》羸痩《るいしゅ》して　体には三瘡癬《そうぜん》を生ぜり

父と子相い見る

26 漸次に経歴《きょうりゃく》して　父の住せる城に到り
傭賃展転《ゆうにんてんでん》して　遂《つい》に父の舎《いえ》に至る
爾の時に長者　其の門の内に於いて
大宝帳《だいほうちょう》を施して　師子の座に処し
眷属　囲遶し　諸人　侍衛《じえい》せり

二　夙夜　朝早くから夜遅くまで。

三　瘡癬　皮膚病の総称。

㊅一八上

或るいは　金　銀　宝物を計算《けさん》し
財産を出内《すいぬい》し　[一]注記券疏《けんじょ》する有り
窮子　父の　豪貴尊厳《そんごん》なるを見て
謂《おも》わく『是れ国王か　若しは是れ王と等しきか』と
驚怖《きょうふ》して自ら怪しむ　何が故ぞ此こに至れる
覆《ひそ》かに自ら念言《ねんごん》すらく　『我れ若し久しく住せば
或るいは逼迫《ひっぱく》せられ　強いて駆《か》りて作さしめられん』
是れを思惟し已りて　馳走して去りぬ
貧里《びんり》を借問《しゃくもん》して　往《ゆ》いて傭作《ゆうさ》せんと欲す
27 長者　是の時に　師子の座に在りて
遙に其の子を見て　黙して之れを識《し》る

父、命じて追うて誘う

28 即ち使者に勅して　追い捉らえて将《ひき》いて来たらしむ
窮子　驚き喚び　迷悶《めいもん》して地に躄《たお》る
『是の人　我れを執《と》らう　必ず当に殺さるべし
何ぞ衣食を用《も》って　我れをして此こに至らしむるや』

一　注記券疏　証文などの書類に書き入れること。

二　眇目矬陋　片目が見えず、背が低くみにくい。

三　薦席を厚煖ならしめん　しきものを厚くして暖かくする。

長者　子の　愚癡《ぐち》狭劣《きょうれつ》にして
我が言《ことば》を信ぜず　是れ父なりと信ぜざらんを知りて
29 即ち方便を以って　更に余人の
二眇目矬陋《みょうもくざる》にして　威徳無き者を遣わす
『汝　之れに語りて　云う可し　当に相い雇いて
諸もろの糞穢《ふんね》を除《はら》わしむべし　倍《ま》して汝に価を与えん』と
窮子　之れを聞きて　歓喜し随い来たりて
為めに糞穢を除い　諸もろの房舎を浄む
長者　牖《まど》より　常に其の子を見て
子の愚劣にして　楽《ねが》いて鄙事《ひじ》を為すを念う
是こに長者　弊垢《へいく》の衣を著《き》
除糞の器を執りて　子の所に往き到り
方便して附近《ふごん》し　語らいて勤作《ごんさ》せしむ
『既に汝が価を益し　并びに足に油を塗り
飲食　充足し　三薦席《せんじゃく》を厚煖《こうなん》ならしめん』
是くの如く苦言《くごん》すらく　『汝　当に勤作《ごんさ》すべし』と
又た以って軟語すらく　『若《なんじ》を我が子の如くせん』と

家業を領知す

30長者　智有りて　漸《ようや》く入出せしめ
二十年を経て　家事《けじ》を執作《しゅうさ》せしむ
其れに金　銀　真珠　頗梨
諸物の出入を示して　皆な知らしむれども
猶お門外に処し　草庵に止宿して
自ら貧事《びんじ》を念う　『我れに此の物無し』と

(大)一八中

父　子の心　漸く已に広大なるを知りて

正しく家業を付す

31財物を与えんと欲して　即ち親族
国王　大臣　刹利　居士を聚《あつ》めて
此の大衆に於いて　説く『是れ我が子なり
我れを捨てて他行《たぎょう》して　五十歳を経たり
子を見てより来《このかた》　已に二十年
昔　某《それがし》の城に於いて　是の子を失いき

周行《しゅうぎょう》し求索《ぐしゃく》して　遂《つい》に此こに来至《らいし》せり
凡《およ》そ我が所有の　舎宅　人民
悉く以って之れに付す　其の用うる所を恣《ほしいまま》にすべし』と
子念《おも》わく『昔は貧しくして　志意《しい》下劣なりき
今は父の所《もと》に於いて　大いに珍宝
并《なら》及びに舎宅　一切の財物を獲たり』と
甚だ大いに歓喜して　未曾有なることを得たり

合譬―譬えの意味

32 仏も亦た是くの如し　33 我が小を楽《ねが》うを知ろしめして
34 未だ曽つて説きて　『汝等　作仏すべし』と言《のたま》わず
而も我れ等は　『諸もろの無漏《むろ》を得て
小乗を成就する　声聞の弟子なり』と説きたもう
35 仏　我れ等に勅して　最上の道を説かしめたもう
『此れを修習《しゅじゅう》する者は　当に成仏することを得べし』と
我れ仏の教を承けて　大菩薩の為めに
諸もろの因縁　種種の譬喩

若干《そこばく》の言辞を以って　無上道を説く
諸もろの仏子等　我れに従いて法を聞きて
日夜に思惟し　精勤修習す
是の時　諸仏　即ち其れに記を授けたもう
『汝　来世に於いて　当に作仏することを得べし』と
一切諸仏の　秘蔵の法をば
但だ菩薩の為めに　其の実事を演《の》べて
我が為めには　斯の真要を説かざりき
彼の窮子の　其の父に近づくことを得て
諸物を知ると雖も　心に希取《けしゅ》せざるが如く
我れ等　仏法の宝蔵を説くと雖も
自ら志願無きこと　亦た復た是くの如し
我れ等　内の滅を　自ら足ることを為《え》たりと謂いて
唯だ此の事を了《さと》りて　更に余事無し
我れ等　若し　仏の国土を浄め
衆生を教化するを聞きては　都《す》べて欣楽《ごんぎょう》無かりき
所以《ゆえ》は何《いか》ん　『一切の諸法は

一 無漏無為　無漏は、清浄で煩悩の汚れのないこと。無為は、生滅変化を離れて不生不滅になること。　(大)一八下

二 長夜　凡夫が無明に迷うさまを、めざめることのない長い夜に喩える。

三 有余涅槃　一切の煩悩を断じて、未来生死の因を絶って、なお今生の果報である身体を余す涅槃。

皆な悉く空寂にして　無生無滅
無大無小　[一]無漏無為なり』
是くの如く思惟して　喜楽を生ぜず
我れ等　[二]長夜《じょうや》に　仏の智慧に於いて
貪無く著無く　復た志願無し
而も自ら法に於いて　是れ究竟《くきょう》なりと謂いき
我れ等　長夜に　空法《くうほう》を修習して
三界の　苦悩の患を脱《まぬが》るることを得《え》
最後身　[三]有余涅槃《うよねはん》に住せり
仏の教化したもう所は　得道　虚しからず
則ち已に　仏の恩を報ずることを得たりと為す
我れ等　諸もろの仏子等の為めに
菩薩の法を説きて　以って仏道を求めしむと雖も
而も是の法に於いて　永く願楽《がんぎょう》無かりき
導師《どうし》　捨てられたることは　我が心を観じたもうが故に
初め勧進《かんじん》して　実の利有りと説きたまわず
36 富める長者の　子の志の劣なるを知りて

方便力を以って　其の心を柔伏《にゅうぶく》して
然る後ち乃《いま》し　一切の財物を付するが如く
仏も亦た是くの如し　希有の事を現じたもう
小を楽《ねが》う者なりと知ろしめして　方便力を以って
其の心を調伏《ちょうぶく》して　乃し大智を教えたもう
我れ等　今日　未曾有なることを得たり
先きの所望《しょもう》に非ざるを　而も今　自ら得ること
彼の窮子の　無量の宝を得るが如し
世尊　我れ今　道を得《え》　果を得
無漏の法に於いて　清浄《しょうじょう》の眼《まなこ》を得たり
我れ等　長夜に　仏の浄戒を持《たも》ちて
始めて今日に於いて　其の果報を得
法王の法の中に　久しく梵行《ぼんぎょう》を修して
今　無漏　無上の大果を得
我れ等　今者《いま》　真に是れ声聞なり
仏道の声を以って　一切をして聞かしむべし
我れ等　今者　真に阿羅漢なり

諸もろの世間　天人　魔梵に於いて
普ねく其の中に於いて　応に供養を受くべし

仏恩の甚深なるを歎ず

37 世尊は大恩まします　希有の事を以って
憐愍教化《れんみんきょうけ》して　我れ等を利益したもう
無量億劫にも　誰れか能く報ずる者あらん
手足もて供給《くきゅう》し　頭頂《ずちょう》もて礼敬し
一切もて供養すとも　皆な報ずること能わじ
若しは以って頂戴し　両肩に荷負《かふ》して
一恒沙劫に於いて　心を尽くして恭敬し
又た美饍《みぜん》　無量の宝衣《ほうえ》
及び諸もろの臥具　種種の湯薬と
二牛頭栴檀《ごずせんだん》　及び諸もろの珍宝を以って
以って塔廟《とうみょう》を起て　宝衣を地に布《し》く
斯くの如き等の事　以用《も》って供養すること
恒沙劫に於いてすとも　亦た報ずること能わじ

一 恒沙劫　恒河沙劫の略。ガンジス河の砂の数ほどの無限に長い時間。

二 牛頭栴檀　インドに産する香木。

(大)一九上

諸仏は希有にして　無量無辺
不可思議の　大神通力まします
無漏無為にして　諸法の王なり
能く[一]下劣の為めに　斯の事を忍びたまいて
[二]取相《しゅそう》の凡夫に　宜しきに随いて為めに説きたもう
諸仏は法に於いて　最自在を得たまえり
諸もろの衆生の　種種の欲楽《よくぎょう》
及び其の志力《しりき》を知ろしめして　堪任する所に随いて
無量の喩を以って　而も為めに法を説きたもう
諸もろの衆生の　宿世《しゅくせ》の善根に随い
又た成熟と　未成熟との者を知ろしめし
種種に籌量《ちょうりょう》し　分別し知ろしめし已りて
[三]一乗の道に於いて　宜しきに随いて三と説きたもう」

妙法蓮華経巻第二

一　下劣　㊕には「志劣」とある。
二　取相の凡夫　諸もろの存在に執著する凡夫。
三　一乗の道に於いて……三と説きたもう　一乗は一仏乗、三は三乗のこと。聴衆の能力に応じて、一乗を三つに開いて説いたの意。

巻第三

薬《やく》草《そう》喩《ゆ》品《ほん》 第五

譬説周——如来の述成

1 四 爾《そ》の時に世尊、摩訶迦葉《まかかしょう》及び五諸もろの大弟子に告げたもう、
「善い哉善い哉、迦葉、善く如来の真実の功徳を説けり。誠に言う所の如し。如来に復《ま》た無量無辺阿僧祇《むりょうむへんあそうぎ》の功徳有り。汝等若《も》し無量億劫《むりょうおっこう》に於いて説くとも尽くすこと能《あた》わじ。

2 迦葉、当に知るべし。如来は是れ六諸法《しょほう》の王《おう》なり。若《も》し説く所有るは皆な虚《むな》しからず。七一切の法に於いて、智の方便を以って之れを演説《えんぜつ》す。其の説く所の法は、皆な悉く八一切智地《いっさいちじ》に到らしむ。如来は九一切諸法《いっさいしょほう》の帰趣《きしゅ》する所を観知《かんち》し、亦た一切衆生《いっさいしゅじょう》の深心の所行《しょぎょう》を知りて、通達無礙《つうだつむげ》なり。又た諸法《しょほう》に於いて究尽明了《くじんみょうりょう》にして、諸もろの衆生に一切の智慧を示す。

四 爾の時に……　この一品は、迹門正宗分であり、譬説周における仏の説法を聞いた四大声聞の領解を、仏が述成する段である。

五 諸もろの大弟子　四大声聞や、上座の声聞衆をいう。

六 諸法の王　仏は、法を自由自在に説き、真実であることから法の王という。

七 一切の法に於いて……演説す　人間・天上のための五戒十善、声聞のための四諦、縁覚のための十二因縁、菩薩のための六波羅蜜など、すべての教を真実の智慧の方便で説くという意。

八 一切智地　一切智は仏智のこと、仏智の根源となる真理の意、すなわち諸法実相をさす。

九 一切諸法の帰趣する所を観知し　生きとし生けるものの、それぞれの報いとして、それぞれが趣く所を知り尽くして、の意。

三草二木の譬え

[3]迦葉、譬《たと》えば、[一]三千大千世界の山川《せんぜん》・谿谷《けいこく》の土地《どじ》に[4]生いたる所の卉木《きもく》、叢林《そうりん》、及び諸もろの薬草《やくそう》、種類若干《しゅるいそこばく》にして[二]名色《みょうしき》各《おの》おの異なり。[5]密雲《みつうん》[三]弥布《みふ》して遍《あま》ねく三千大千世界に覆《おお》い、[6]一時に等しく澍《そそ》ぐ。[7]其の沢《うるおい》、普ねく卉木、叢林、及び諸もろの薬草の小根《しょうこん》・小《しょう》茎《きょう》・小枝《しょうし》・小葉《しょうよう》、中根・中茎・中枝・中葉、大根・大茎・大枝・大葉に洽《うるお》う。[8]諸樹の大《だい》小《しょう》、上中下《じょうちゅうげ》に随いて各おの受くる所有り。一雲の雨《ふ》らす所、其の[四]種性《しゅしょう》に称《かな》いて生長《しょうちょう》することを得て、華菓《けか》敷《ひら》け実る。[9]一地《いちじ》の生ずる所、[10]一雨の潤す所なりと雖《いえど》も、[11]而も諸もろの草木《そうもく》各おの差別《しゃべつ》有るが如し。

合譬—譬えの意味

[12]迦葉、当に知るべし。如来も亦《ま》た復《ま》た是くの如し。世に出現すること大雲の起こるが如く、大音声《だいおんじょう》を以って普ねく世界の[五]天・人・阿修羅に遍《へん》ぜること、彼の大雲の遍ねく三千大千国土に覆うが如し。[13]大衆の中に於いて而も是の言《ことば》を唱《とな》う、

『我れは是れ如来、応供《おうぐ》、正遍知《しょうへんち》、明行足《みょうぎょうそく》、善逝《ぜんぜい》、世《せ》間解《けんげ》、無上士《むじょうじ》、調御丈夫《じょうごじょうぶ》、天人師《てんにんし》、仏、世尊なり。[六]*未《いま》だ度《ど》せざる者をば度せしめ、未だ解《げ》せざる者をば解《げ》せしめ、未だ安《あん》ぜざる者をば安《あん》ぜしめ、未だ涅槃せざる者をば涅槃を得しむ。[七]今世《こんぜ》後世《ごせ》、実《じっ》の如く之れを知る。我れは是れ[八]一切知者、[九]一切見者、[一〇]知《ち》道者《どうしゃ》、開道者《かいどうしゃ》、説道者《せつどうしゃ》なり。汝等、天人・阿修羅衆《しゅ》、

一　三千大千世界　『無量義経』（一六頁頭註一）参照。
二　名色　名称と形態。　(大)一九中
三　弥布　ゆきわたり広がる意。
四　種性　人の本性を草木の種に喩えていう。
五　天・人・阿修羅　三善道のこと。六道の内、善業の結果趣く善所。
六　未だ度せざる者……涅槃を得しむ　この段は、苦集滅道の四諦について、仏がそれぞれの誓願（四弘誓願）を立てる。補註参照。
七　今世後世、実の如く之れを知る　漏尽通、天眼通、宿命通で、現在・未来・過去のそれぞれを如実に覚知すること。
八　一切知者　諸法の平等を知る一切智と、差別を知る道種智と、平等と差別を合わせて知る一切種智とを有する者。
九　一切見者　肉眼・天眼・慧眼・法眼・仏眼の五眼を具足する者。
一〇　知道者、開道者、説道者　それぞれ道の邪正・善悪を知る者、三乗方便の教を開く者、三乗は一乗であると説く者（『法華義記』巻六）。また、それぞれ意不護、身不護、口不護の如来の三業に配当する（『法華文句』巻七上）。

皆な応《まさ》に此こに到るべし。法を聴《き》かんが為めの故《ゆえ》なり』と。
14 爾《そ》の時に無数千万億種《むしゅせんまんのくしゅ》の衆生、仏所に来至《らいし》して法を聴く。
15 如来、時に是の衆生の諸根の利鈍、精進《しょうじん》、懈怠《けだい》を観《かん》じて、16 其の堪《た》うる所に随いて、為めに法を説くこと種種無量にして、皆な歓喜《かんぎ》し快《こころよ》く善利《ぜんり》を得しむ。17 是の諸もろの衆生、是の法を聞き已《おわ》りて、〔一一〕現世安隠にして、後ちに善処《ぜんしょ》に生《しょう》じ、〔一二〕道《どう》を以って楽を受け、亦た法を聞くことを得《う》。既に法を聞き已りて諸もろの障礙《しょうげ》を離れ、諸法の中に於いて、力の能《た》うる所に任《まか》せて、漸《ようや》く〔一三〕道《どう》に入ることを得。18 彼の大雲の一切の卉木、叢林、及び諸もろの薬草に雨《あめふ》るに、其の種性の如く、具足して潤《うるおい》を蒙《こうむ》り、各おの生長《しょうちょう》することを得るが如し。
19 如来の説法《せっぽう》は〔一四〕一相一味《いっそういちみ》なり。所謂《いわゆる》〔一五〕解脱相《げだつそう》・離相《りそう》・滅相《めっそう》なり。究竟《くきょう》して〔一六〕一切種智に至る。
20 其れ衆生有りて如来の法《ほう》を聞きて、若しは持《たも》ち、読誦《どくじゅ》し、説の如く修行《しゅぎょう》するに、得る所の功徳、自ら覚知《かくち》せず。所以《ゆえ》は何《いか》ん、唯《た》だ如来のみ有りて、此の衆生の〔一七〕種《しゅ》・相《そう》・体《たい》・性《しょう》、〔一八〕何の事を念じ、何の事を思《し》し、何の事を修《しゅ》し、云何《いか》に念じ、云何に思し、云何に修し、何の法を以って念じ、何の法を以って思し、何の法を以って修し、〔一九〕何の法を以って何の法を得《う》ということを知れり。衆生の種種《しゅじゅ》の地《じ》に住《じゅう》せるを、唯だ如来のみ有りて、実の如くに之れを見て明了《みょうりょう》無礙《むげ》なり。彼の卉木、叢林、諸もろの薬草等の、而も自ら上中下《じょうちゅうげ》の性《しょう》を知らざるが如し。如来は是れ一相一味の法なりと知ろしめせり。所謂、解脱相・離相・滅相、〔二〇〕究竟《くきょう》涅槃・〔二一〕常寂滅相《じょうじゃくめっそう》にして、終《つい》に空に帰《き》す。仏、是れを知り已《おわ》れども、衆生の心欲《しんよく》を観《かん》じ

一一 現世安隠にして、後ちに善処に生じ 現世を安穏に生きていく事ができるので、来世に善処に生まれるの意。『法華経』における現世利益の要文。
一二 道を以って楽を受け 人・天の中に生まれて修行することによって楽を受ける意。
一三 道に入る 仏の教えによって真実の道に専念するようになる。
一四 一相一味 多くの衆生の心が同じく一真如実相(一相)であり、一乗の教は方便によって種々に説かれても、その詮わすところは一理(一味)に外ならないことをいう。前の「三草二木の譬え」中の「一地」と「一雨」に対応する。
一五 解脱相・離相・滅相 衆生の心の本性は本来生死にこだわる相がないことを、解脱した相(解脱相)といい、またこれは解脱の相を遠離した相(離相)であり、また離れた相も無い寂滅した相(滅相)であること、すなわち一実相の中の三相に過ぎないことをいう。
一六 一切種智 方便品(三三頁頭註五)参照。
一七 種・相・体・性 (大)一九下 種は種別の意で、三乗の種類が異なることをいう。相は相貌の意で、菩薩は慈悲、縁覚は独りの静寂、声聞は他から教を聞く相とする。体は本質の意で、菩薩の道種智、声聞・縁

て、而も之れを将護《しょうご》す。是の故に即《すなわ》ち為めに一切種智を説かず。

21 汝等迦葉、甚《はなは》だ為《こ》れ希有《けう》なり。能く如来の[一]随宜《ずいぎ》の説法《せっぽう》を知りて、能く信じ能く受く。所《ゆ》以《え》は何《いか》ん、諸仏世尊の随宜の説法は、解《さと》り難く知り難ければなり。」

偈頌—法説を頌す

爾の時に世尊、重ねて此の義を宣《の》べんと欲して、偈《げ》を説きて言《のたま》わく、

22 「[二]有を破する法王　世間に出現して
衆生の欲に随いて　種種に法を説く
如来は尊重《そんじゅう》にして　智慧深遠《じんのん》なり
[三]久しく斯《こ》の要を黙して　務《いそ》ぎて速やかに説かず
智有るは若しは聞きて　則ち能く信解《しんげ》す
智無きは疑悔《ぎけ》して　則ち永く失う為《べ》し
是の故に迦葉　力に随いて為めに説きて
種種の縁を以って　正見《しょうけん》を得しむ

三草二木の譬え

迦葉　当に知るべし　23 譬えば大雲の

覚の一切智をさす。性は、三乗のそれぞれが自己の分に住して移り改まらないことをする（『法華義疏』巻八）。

一八 何の事を念……何の法を以って修し　如来が声聞・縁覚・菩薩の三慧を知り尽くす事を明かす。「何の事を念じ」以下は、三慧の対象、「云何に念じ」以下は、三慧の体、「何の法を以って念じ」以下は、三慧の因について述べる。

一九 何の法を以って……知れり　異なる境遇の五乗が、それぞれどのような手がかりにより、どのような法を体得するか、の意。

二〇 究竟涅槃　さとりの極致の涅槃。二乗の有余涅槃・無余涅槃とは異なることをあらわす。

二一 常寂滅相　存在するものは、本来、寂滅の相である意。小乗の寂滅と異なることをいう。

一 随宜の説法　教を受ける者に、それぞれふさわしく説法すること。

二 有を破する法王　仏のこと。あらゆる生存の形態をうちやぶる法中の王の意。

三 久しく斯の要を黙して　初転法輪より四十余年の間、要である法華経を秘して、の意。

世間に起こりて　遍《あま》ねく一切を覆うに
慧雲《えうん》　潤を含み　電光　晃《て》り曜《かがや》き
雷声　遠く震《ふる》いて　衆をして悦予《えつよ》せしめ
日光　掩《おお》い蔽《かく》して　地の上　清涼《しょうりょう》
[四]靉靆《あいだい》　垂布《すいふ》して　承攬《じょうらん》す可きが如し
24 其の雨　普《あま》ねく等しくして　四方に倶《とも》に下り
流れ澍《そそ》ぐこと無量にして　率土《そつど》に充《み》ち洽《うるお》す
25 山川　険谷の　26 幽邃《ゆうすい》に生《お》いたる所の
卉《き》木《もく》　薬草　27 大小の諸樹
[五]百穀苗稼《みょうけ》　[六]甘蔗蒲萄《かんじゃぶどう》
雨の潤す所　豊にして足らざること無し
乾地《かんじ》　普ねく洽い　薬木　並びに茂り
其の雲より出づる所の　一味の水に
草木叢林《そうもくそうりん》　分に随いて潤いを受く
28 一切の諸樹　上中下等しく
其の大小に称《かな》いて　各おの生長することを得
根茎枝葉《こんきょうしよう》　華果光色《けかこうじき》

四　靉靆垂布　雲が空一面にたれこめ、ひろがること。

五　百穀　種々の穀物のことで、あらゆる善を喩える。

六　甘蔗蒲萄　さとうきびとぶどう。定と慧を喩える。

一雨の及ぼす所　皆な鮮沢することを得
29 其の体　相　性の大小に分かれたるが如く
潤す所　是れ一なれども　而も各おの滋茂《しげ》るが如し

合譬―譬えの意味

30 仏も亦た是くの如し　世に出現すること
譬えば大雲の　普ねく一切を覆うが如し
31 既に世に出でぬれば　諸もろの衆生の為めに
[一]諸法の実を　分別し演説す
大聖世尊　諸もろの天人
一切衆の中に於いて　而も是の言《ことば》を宣ぶ
『我れは為《こ》れ如来　[二]両足の尊なり
世間に出づること　猶お大雲の如し
一切の　[三]枯槁《ここう》の衆生に充潤《じゅうにん》して
皆な苦を離れ　安隠の楽
世間の楽　及び涅槃の楽を得しむ
諸もろの天人衆　一心に善く聴《よ》け

㊅二〇上

一 諸法の実　諸法実相の喩え。

二 両足の尊　如来の尊称。人間の中で最も尊い者の意。

三 枯槁　かれしぼむ。

皆な応に此こに到りて　無上尊を観《み》るべし
我れは為《こ》れ世尊なり　能く及ぶ者無し
衆生を安隠ならしめんが　故に世に現ず
大衆の為めに　四甘露の浄法を説く
其の法は一味にして　解脱　涅槃なり
一の妙音を以って　斯の義を演暢《えんちょう》す
常に大乗の為めに　而も因縁を作す
32 我れ一切を観ずること　普ねく皆な平等なり
彼此《ひし》　愛憎の心有ること無し
我れ貪著無く　亦た限礙《げんげ》無し
恒《つね》に一切の為めに　平等に法を説く
一人の為めにするが如く　衆多《しゅた》も亦た然《しか》なり
常に法を演説して　曾つて他事《たじ》無し
去来《こらい》　坐立《ざりゅう》にも　終《つい》に疲厭《ひえん》せず
世間に充足すること　雨の普ねく潤すが如し
33 貴賤上下　持戒《じかい》　毀戒《きかい》
威儀具足せる　及び具足せざる

四 甘露の浄法　甘露は amṛta の訳。諸天の飲料で、飲めば不死を得るという。ここでは、妙法を聞くと智慧が失われることがないことをいう。

正見　邪見　利根　鈍根に
等しく法雨を雨《ふ》らして　而も懈倦《けけん》無し
一切衆生の　我が法を聞く者は
力の受くる所に随いて　諸もろの地に住す
34 或るいは人天の　転輪聖王《てんりんじょうおう》
釈梵[一]諸王に処する　是れ小の薬草[二]なり
35 無漏の法を知りて　能く涅槃を得
六神通を起こし　及び三明を得
独《ひと》り山林に処し　常に禅定を行じて
縁覚の証を得る　是れ中の薬草[三]なり
36 世尊の処を求めて　我れ当に作仏《さぶつ》すべしと
精進定《しょうじんじょう》を行ずる　是れ上の薬草[四]なり
37 又た諸もろの仏子　心を仏道に専《もっぱ》らにして
常に慈悲を行じ　自ら作仏せんこと
決定《けつじょう》して疑い無しと知る　是れを小樹[五]と名づく
38 神通に安住して　不退《ふたい》の輪《りん》を転じ
無量億　百千の衆生を度《ど》する

一　釈梵　釈提桓因（帝釈）と梵天。
二　小の薬草　人天乗を喩える。
三　中の薬草　声聞・縁覚乗を喩える。
四　上の薬草　初地以前の菩薩、または蔵教の菩薩を喩える。
五　小樹　初地以上の菩薩、または通教の菩薩を喩える。

(大)二〇中

是くの如き菩薩を　名づけて大樹[六]と為す
39 仏の平等の説は　一味の雨の如し
衆生の性に随いて　受くる所　同じからず
彼の草木の　稟《う》くる所　各おの異なるが如し
仏　此の喩を以って　方便して開示《かいじ》し
種種の言辞《ごんじ》もて　一法を演説すれども
仏の智慧に於いては　海の一滴《いっちゃく》[七]の如し
40 我れ法雨を雨らして　世間に充満す
一味の法を　力に随いて修行すること
彼の叢林　薬草諸樹
其の大小に随いて　漸く茂好《むこう》を増すが如し
諸仏の法は　常に一味を以って
諸もろの世間をして　普ねく具足することを得しむるに
漸次に修行して　皆な道果[八]を得
41 声聞　縁覚の　山林に処し
最後身に住して　法を聞きて果を得
是れを薬草の　各おの増長することを得《う》と名づく

六　大樹　八地以上の菩薩、または別教の菩薩を喩える。

七　滴　(大)は「渧」。今は(宮)による。

八　道果　菩提の果としての涅槃のこと。ここでは三乗の涅槃をさす。

42 若し諸もろの菩薩　智慧堅固にして
三界を了達《りょうだつ》し　最上乗を求むる
是れを小樹の　而も増長することを得と名づく
43 復た禅に住して　神通力を得
一 諸法の空を聞きて　心 大いに歓喜し
無数の光を放ちて　諸もろの衆生を度すること有る
是れを大樹の　而も増長することを得と名づく
44 是くの如く迦葉　仏の説く所の法は
譬えば大雲の　一味の雨を以って
二 人華《にんげ》を潤して　各おの実《み》を成《じょう》ずることを得しむるが如し
迦葉　当に知るべし　諸もろの因縁
種種の譬喩を以って　仏道を開示す
是れ我が方便なり　諸仏も亦た然《しか》なり
今　汝等が為めに　最実事《さいじつじ》を説く
諸もろの声聞衆は　皆な滅度せるに非ず
三 汝等が所行は　是れ菩薩の道なり
漸漸《ぜんぜん》に修学《しゅがく》して　四 悉く当に成仏すべし」

一 諸法の空　一切万法の本体は空であると観じ、とらわれの心を離れることをいう。

二 人華　修行をして成仏しようとする人を華に喩える。

三 汝等が所行は是れ菩薩の道なり　行ずべき道は、自利利他の完成をめざす菩薩道である意。声聞・縁覚の自利の行では、真のさとりは得られないことをいう。

四 悉く当に成仏すべし　『正法華経』『添品妙法蓮華経』は、この次に長行および偈頌よりなる日月喩が続く。

授《じゅ》記《き》品《ほん》第六

譬説周――迦葉に記を授く

[1][五]爾《そ》の時に世尊、是の偈《げ》を説き已《おわ》りて、諸もろの大衆に告げて、是くの如き言《みこと》を唱えたまわく、

「我が此の弟子摩訶《まか》迦葉《かしょう》は、未来世に於いて、当に三百万億の諸仏世尊を奉《ぶ》観《ごん》して、供養《くよう》恭敬《くぎょう》し、尊重讃歎《そんじゅうさんだん》して、広く諸仏の無量の大法を宣ぶることを得べし。[2][六]最後《さいご》身《しん》に於いて、仏に成為《な》ることを得ん。名をば光明如来《こうみょうにょらい》、応供《おうぐ》、正遍知《しょうへんち》、明行足《みょうぎょうそく》、善逝《ぜんぜい》、世間解《せけんげ》、無上士《むじょうじ》、調御丈夫《じょうごじょうぶ》、天人師《てんにんし》、仏《ぶつ》、世尊《せそん》と曰わん。[3]国をば光徳《こうとく》と名づけ、劫《こう》をば大荘厳《だいしょうごん》と名づけん。[4]仏の寿《いのち》は十二小劫《じゅうにしょうこう》、[5]正法《しょうぼう》、世に住《じゅう》すること二十小劫、像法《ぞうぼう》も亦た住すること二十小劫ならん。[6]国界厳飾《ごんじき》して、諸もろの穢悪《えあく》、瓦礫《がりゃく》、荊棘《きょうこく》、[七]便利の不浄無く、其の土平正《びょうじょう》にして、高下《こうげ》、[八]坑坎《きょうかん》、堆阜《たいふ》有ること無けん。琉璃《るり》を地《じ》と為して、宝樹行列し、黄金を縄と為して、以って道の側《ほとり》を界《さか》いし、諸もろの宝華《ほうけ》を散じて、周遍《しゅうへん》して清浄ならん。其の国の菩薩、無量千億にして、諸もろの声聞衆、亦《ま》た復《ま》た無数ならん。[九]魔事有ること無く、魔及び魔民有りと雖も、皆な仏法を護《まも》らん。」

爾の時に世尊、重ねて此の義を宣べんと欲して、偈を説きて言《のたま》わく、

五　爾の時に……　この一品は、迹門正宗分譬説周で信解した四大声聞に授記する段である。

六　最後身　生死輪廻の最後の体。煩悩を断じ尽くした境地。　(大)二〇下

七　便利の不浄　大小便のけがれ。

八　坑坎、堆阜　くぼ地と丘。

九　魔事有ること……仏法を護らん　魔はあるが、仏の教えを聴き心が清浄になって、菩薩・声聞の修行を妨げないだけでなく、かえって仏法を守護する意。

7 「諸もろの比丘に告ぐ　我れ仏眼を以って
是の迦葉を見るに　未来世に於いて
無《む》数劫《しゅこう》を過ぎて　当に作《さ》仏《ぶつ》することを得べし
而も来世に於いて　三百万億の
諸仏世尊に　供養し奉覲して
仏の智慧を為《も》って　浄《きよ》く梵行を修し
最上の　二足尊《にそくそん》に供養し已《おわ》りて
一切の　無上の慧を修習《しゅじゅう》し
8 最後身に於いて　仏に成為ることを得ん
9 其の土　清浄《しょうじょう》にして　琉璃《るり》を地《じ》と為し
諸もろの宝樹多くして　道の側《ほとり》に行列し
金縄《こんじょう》　道《どう》を界《さか》いし　見る者　歓喜せん
常に好き香を出だし　衆の名華《みょうけ》を散じて
種種の奇妙なる　以って荘厳と為し
其の地　平正《びょうじょう》にして　丘坑《くきょう》有ること無けん
諸もろの菩薩衆　称計《しょうげ》す可からず
其の心　調柔《じょうにゅう》にして　大神通に逮《いた》り

諸仏の　大乗経典を奉持《ぶじ》せん
諸もろの声聞衆の　[一]無漏《むろ》の後身《ごしん》にして
法王の子なる　亦た計る可からず
乃ち天眼を以っても　数え知ること能わじ
10 其の仏は当に　寿《いのち》十二小劫なるべし
11 正法　世に住すること　二十小劫
像法　亦た住すること　二十小劫ならん
光明《こうみよう》世尊　其の事　是《か》くの如し」

三人に記を授く

12 爾の時に大目犍連《だいもつけんれん》、須菩提《しゅぼだい》、摩訶迦旃延《まかかせんねん》等、皆な悉く[二]悚慄《しゅりつ》し、一心に合掌し、尊顔《そんげん》を瞻《せん》仰《ごう》して、目暫《しば》らくも捨てず、即ち共に声を同じうして、偈を説きて言《もう》さく、

「大雄猛《だいおうみよう》世尊　諸釈《しょしゃく》の法王
我れ等を哀愍《あいみん》したもうが故に　而も仏の音声《おんじょう》を賜《たま》え
13 若《も》し我が深心《じんしん》を知ろしめして　授記《じゅき》せられなば
甘露を以って灑《そそ》ぐに　熱を除《はら》いて清涼を得るが如くならん
[三]飢えたる国より来たりて　忽《たちま》ちに大王の饍《そな》えに遇えらんに

一　無漏の後身　煩悩を断じ尽くした最後身。ここでは阿羅漢をさす。

二　悚慄　ふるえ、おののく。　(大)二一上

三　飢　(大)には「饑」とある。今は(博)(教)による。

心　猶《な》お疑懼《ぎく》を懐きて　未だ敢《あ》えて即便ち食せず
若し復た王の教を得ては　然る後に乃《いま》し敢えて食するが如し
14我れ等も亦た是くの如し　毎《つね》に小乗の過《とが》を惟《おも》いて
当に云何《いか》にして　仏の無上慧を得べきかを知らず
仏の音声の　我れ等　作仏《さぶつ》せんと言《のたま》うことを聞くと雖も
心　尚お憂懼《うく》を懐くこと　未だ敢えて便ち食せざるが如し
若し仏の授記を蒙《こうむ》りなば　爾《しか》も乃し快く安楽ならん
15大雄猛世尊　常に世間を安ぜんと欲す
願わくは我れ等に記を賜え　飢えて教を須《ま》ちて食するが如くならん」

須菩提に記を授く

16爾の時に世尊、諸もろの大弟子の心の所念を知ろしめして、諸もろの比丘に告げたまわく、

「是の須菩提《しゅぼだい》は当来世に於いて、一三百万億那由他《なゆた》の仏に奉覲《ぶごん》して、供養《くよう》、恭敬《くぎょう》、尊重《そんじゅう》、讃歎《さんたん》し、常に梵行を修し、菩薩道を具して、17最後身に於いて、仏に成為《な》ることを得ん。号《な》をば二名相《みょうそう》如来、応供、正遍知、明行足、善逝、世間解、無上士、調御丈夫、天人師、仏、世尊と曰わん。18劫《こう》をば三有宝《うほう》と名づけ、国をば四宝生《ほうしょう》と名づけん。其の土平正《びょうじょう》にして、頗梨《はり》

一　三百万億那由他の仏　『正法華経』は「八千三十億百千姟仏」とする。
二　名相　Śaśiketu の訳。『正法華経』は「称歎」と訳す。
三　有宝　Ratnā vabhāsa の訳。『正法華経』は「宝音」と訳す。
四　宝生　Ratna sambhava の訳。『正法華経』は「宝成」と訳す。

を地と為し、宝樹荘厳して、諸もろの丘坑《くきょう》・沙礫《しゃりゃく》・荊棘《きょうこく》・便利《べんり》の穢《けが》れ無く、宝華、地に覆《おお》い、周遍して清浄ならん。其の土の人民《にんみん》、皆な宝台珍妙の楼閣《ろうかく》に処せん。声聞の弟子、無量無辺にして、算数譬喩《さんじゅひゆ》の知ること能わざる所ならん。諸もろの菩薩衆、無数千万億那由他ならん。
19 仏の寿《いのち》は十二小劫[五]、
20 正法、世に住すること二十小劫、像法も亦た住すること二十小劫ならん。其の仏、常に虚空に処して、衆の為めに法を説きて、無量の菩薩及び声聞衆を度脱《どだつ》せん。」

爾の時に世尊、重ねて比の義を宣べんと欲して、偈を説きて言わく、　(大)二一中

21 「諸もろの比丘衆　今　汝等に告ぐ
皆な当に一心に　我が所説を聴くべし
22 我が大弟子　須菩提は
当に作仏することを得べし　号《な》をば名相と曰わん
当に無数《むしゅ》　万億の諸仏に供して
仏の所行に随いて　漸《ようや》く大道を具すべし
23 最後身に　三十二相を得て
端正《たんじょう》[六]姝妙《しゅみょう》なること　猶お宝山《ほうせん》の如くならん
24 其の仏の国土は　厳浄《ごんじょう》第一にして
衆生の見ん者　愛楽《あいぎょう》せずということ無けん

五　小劫　『正法華経』は、これ以降すべて「中劫」とする。

六　姝　(敦)には「殊」とある。

仏　其の中に於いて　　無量の衆を度せん
其の仏の法の中には　　諸もろの菩薩多く
皆な悉く利根にして　　不退の輪を転ぜん
彼の国は常に　　菩薩を以って荘厳せり
諸もろの声聞衆　　数え称う可からず
皆な三明《さんみょう》を得　　六神通《ろくじんずう》を具し
[一]八解脱《はちげだつ》に住して　　大威徳《だいいとく》有らん
其の仏の説法《せっぽう》には　　無量の
神通変化を現じて　　不可思議ならん
諸天人民《にんみん》　　数　恒沙《ごうじゃ》の如く
皆な共に合掌して　　仏語を聴受《ちょうじゅ》せん
25 其の仏は当に　　寿《いのち》　十二小劫なるべし
26 正法　世に住すること　　二十小劫
像法　亦た住すること　　二十小劫ならん」

迦旃延に記を授く

27 爾の時に世尊、復た諸もろの比丘衆に告げたまわく、

一　八解脱　八背捨ともいう。八種の定の力によって貪著の心を捨てること。

「我れ今、汝に語る。是の大迦旃延《だいかせんねん》は、当来世《とうらいせ》に於いて、諸もろの供具《くぐ》を以って、八千億の仏に供養し奉事《ぶじ》して、恭敬尊重《くぎょうそんじゅう》せん。諸仏の滅後に、各おの塔廟《とうみょう》を起《た》てん。高さ千由旬《ゆじゅん》、縦広正等《じゅうこうしょうとう》にして五百由旬ならん。皆な金《こん》・銀《ごん》・琉璃《るり》・車渠《しゃこ》・馬瑙《めのう》・真珠《しんじゅ》・玫瑰《まいえ》の七宝《しっぽう》を以って合成《ごうじょう》し、衆華《しゅけ》・瓔珞《ようらく》・塗香《ずこう》・末香《まっこう》・焼香《しょうこう》・繒蓋《ぞうがい》・幢幡《どうばん》を塔廟《とうみょう》に供養せん。是れを過ぎて已後《のち》、当に復た二万億[二]の仏に供養すること、亦た復た是くの如くすべし。是の諸仏に供養し已りて、菩薩道を具して、28当に作仏することを得べし。号《な》をば閻浮那提金光《えんぶなだいこんこう》[三]如来、応供、正遍知、明行足、善逝、世間解、無上士、調御丈夫、天人師、仏、世尊と曰わん。
29其の土平正《びょうじょう》にして、頗梨《はり》を地と為し、宝樹荘厳し、黄金を縄と為して、以って道の側《ほとり》を界《さか》いし、妙華、地に覆《おお》い、周遍清浄にして、見る者歓喜せん。四悪道《しあくどう》の、地獄・餓鬼・畜生・阿修羅道無く、多く天人有らん。諸もろの声聞衆、及び諸もろの菩薩、無量万億にして其の国を荘厳せん。30仏の寿は十二小劫[四]、31正法、世に住すること二十小劫[五]、像法も亦た住すること二十小劫ならん。」

爾の時に世尊、重ねて此の義を宣べんと欲して、偈を説きて言わく、

32「諸もろの比丘衆　皆な一心に聴け
我が所説の如きは　真実にして異なること無し
33是の迦旃延は　当に種種の
妙好《みょうこう》の供具を以って　諸仏に供養すべし

二　二万億　『正法華経』は「二十億」とする。
三　閻浮那提金光 Jambūnadaprabhāsa の訳。『正法華経』は「還巳紫磨金色」と訳す。
(大)二二下
四　十二小劫　『正法華経』は「十小劫」とする。
五　二十小劫　(敦)には「十二小劫」とある。

諸仏の滅後に　七宝の塔を起て
亦た華香《けこう》を以って　舎利に供養し
34 其の最後身に　仏の智慧を得て
等正覚《とうしょうがく》を成ぜん
35 国土清浄にして　無量
万億の衆生を度脱し　皆な十方に
供養せらるることを為《え》ん
仏の光明　能く勝《ま》さる者無けん
其の仏の号をば　閻浮金光《えんぶこんこう》と曰わん
菩薩　声聞の　一切の有《う》を断ぜる
無量無数《むりょうむしゅ》にして　其の国を荘厳せん」

目連に記を授く

36 爾の時に世尊、復た大衆に告げたまわく、
「我れ今、汝に語る、是の大目犍連《だいもっけんれん》は、当に種種の供具を以って、八千の諸仏に供養し、恭敬尊重《くぎょうそんじゅう》したてまつるべし。諸仏の滅後、各おの塔廟《とうみょう》を起て、高さ千由旬《ゆじゅん》、縦広正等《じゅうこうしょうとう》にして五百由旬ならん。皆な金・銀・琉璃・車渠・馬碯・真珠・玫瑰の七宝を以って合成《ごうじょう》し、

衆華・瓔珞・塗香・末香・焼香・繒蓋・幢幡を以《も》って供養せん。是れを過ぎて已後《のち》、当
に復た二百万億の諸仏に供養すること、亦た復た是くの如くすべし。37当に成仏すること
を得べし。号をば[一]多摩羅跋栴檀香《たまらばつせんだんこう》如来、応供、正遍知、明行足、善逝、世間解、無上士、
調御丈夫、天人師、仏、世尊と曰わん。38劫をば[二]喜満《きまん》と名づけ、国をば[三]意楽《いらく》と名づけん。
39其の土平正《びょうしょう》にして、頗梨《はり》を地と為し、宝樹荘厳し、真珠華を散じ、周遍清浄にして、見
る者歓喜せん。諸もろの天人多く、菩薩声聞、其の数無量ならん。40仏の寿《いのち》は[四]二十四小劫、
41正法、世に住すること四十小劫、像法も亦た住すること四十小劫ならん。」

爾の時に世尊、重ねて此の義を宣べんと欲して、偈を説きて言わく、

42「我が此の弟子　大目犍連
是の身を捨て已りて　八千
二百万億の　諸仏世尊を見たてまつることを得て
仏道の為めの故に　供養恭敬し
諸仏の所に於いて　常に梵行《ぼんぎょう》を修《しゅ》し
無量劫に於いて　仏法を奉持《ぶじ》せん
諸仏の滅後に　七宝《しっぽう》の塔を起てて
長く[五]金刹《こんせつ》を表わし　華香《けこう》伎楽《ぎがく》もて
而も以って　諸仏の塔廟《とうみょう》に供養し

㊅二二上

一 多摩羅跋栴檀香 Tamālapattra-ca=ndana-gandha の訳。『正法華経』は「還已金華栴檀香」と訳す。
二 喜満 Ratiprapūrṇa の訳。『正法華経』は「楽満」と訳す。
三 意楽 Manobhirāma の訳。
四 二十四小劫 『正法華経』は「二十中劫」とする。
五 金刹 金でできた刹竿、塔上の九輪のこと。

43 漸漸《ぜんぜん》に　菩薩の道を具足し已りて
意楽国《いらくこく》に於いて　作仏することを得て
多摩羅《たまら》　栴檀《せんだん》の香と号《な》づけん
44 其の仏の寿命《じゅみょう》は　二十四劫ならん
常に天人の為めに　仏道を演説せん
45 声聞　無量にして　恒河《ごうが》沙《しゃ》の如く
三明《さんみょう》　六通《ろくつう》ありて　大威《だいい》徳《とく》有らん
菩薩　無《む》数《しゅ》にして　志《こころざし》固く精進し
仏の智慧に於いて　皆な退転せじ
46 仏の滅度の後ち　正法　当に住すること
四十小劫なるべく　像法　亦た爾《しか》なり
47 我が諸もろの弟子の　威徳　具足せる
其の数　五百なるも　皆な当に授記すべし
未来世に於いて　咸《ことごと》く成仏することを得ん
我れ及び汝等の　宿世の因縁
吾れ今　当に説くべし　汝等　善く聴け」

化《け》城《じょう》喩《ゆ》品《ほん》 第七

因縁周―正に説く、大通智勝如来の結縁

[1][一]仏、諸もろの比丘に告げたまわく、

「乃往過去《むかしかこ》無量無辺不可思議阿僧祇劫《むりょうむへんふかしぎあそうぎこう》、爾《そ》の時に仏有《いま》しき、[二]大通智勝如来《だいつうちしょうにょらい》、応供《おうぐ》、正遍知《しょうへんち》、明行足《みょうぎょうそく》、善逝《ぜんぜい》、世《せ》間解《けんげ》、無上士《むじょうじ》、調御丈夫《じょうごじょうぶ》、天人師《てんにんし》、仏、世尊と名づく。其の国をば[三]好《こう》城《じょう》と名づけ、劫《こう》をば[四]大相《だいそう》と名づく。

諸もろの比丘、彼の仏の滅度したまいてより已来《このかた》、甚だ大《おお》いに久遠《くおん》なり。譬えば、[五]三千大千世界の所有《あらゆる》の[六]地種《じしゅ》を、仮使《たと》い人有りて、磨《す》り以って墨と為し、[七]東方《とうぼう》千の国土を過ぎて、乃《すなわ》ち一点を下さん。大《おお》きさ微塵《みじん》の如し。又た千の国土を過ぎて、復た一点を下さん。是く の如く展転《てんでん》して地種の墨を尽くさんが如し。汝等《なんじら》が意《こころ》に於いて云何《いか》ん、是の諸もろの国土をば、若《も》しは算師《さんし》、若しは算師の弟子、能く辺際《へんざい》を得て、其の数を知らんや不《いな》や。」

「不《いな》なり世尊。」

「諸もろの比丘、是の人の経《ふ》る所の国土の、若しは点《てん》せると、点せざるとを、尽《ことごと》く[八]末《まつ》して塵と為して、一塵《いちじん》を一劫《いっこう》とせん。彼の仏の滅度してより已来、復た是の数に過ぎたること、無量無辺百千万億阿僧祇劫なり。我れ如来の知見力《ちけんりき》を以っての故《ゆえ》に、彼の久遠《くおん》を観《み》ること

一 仏、諸もろの…… この一品は、迹門正宗分の因縁周の正説段である。下根の人のために、過去久遠の結縁を説いて三乗に授記する理由を示す。

二 大通智勝 Mahābhijñānābhibhū の訳。『正法華経』は「大通衆慧」と訳す。

三 好城 (大)は「好成」とある。今は㊂による。Saṃbhava の訳。『正法華経』は「大殖稼」と訳す。

四 大相 Mahārūpā の訳。偉大な姿の意。『正法華経』は「所在形式」と訳す。

五 三千大千世界……一点を下さん 迹門における三千塵点劫の久遠の成仏を説く。後の寿量品に出る本門の五百億塵点劫の久遠の成仏に対する。

六 地種 地の大種、すなわち大地の意。古代インドにおける物質の四元素の大種(地・水・火・風)の一。

七 東方千 (博)には「千仏」とある。

八 末 ㊂は「抹」、(宮)は「株」とある。 (大)二二中

猶《な》お今日の若《ごと》し。」

爾の時に世尊、重ねて此の義を宣べんと欲して、偈《げ》を説きて言《のたま》わく、

2「我れ過去世《かこせ》の　無量無辺劫《むりょうむへんこう》を念《おも》うに
仏両足尊有《りょうそくそんいま》しき　大通智勝《だいつうちしょう》と名づく
如《も》し人の力を以って　三千大千の土を磨《す》りて
此の諸もろの地種《じしゅ》を尽くし　皆な悉く以って墨と為して
千の国土を過ぎて　乃《すなわ》ち一の塵点《じんてん》を下さん
是くの如く展転《てんでん》し点《てん》して　此の諸もろの塵の墨を尽くさん
是くの如き諸もろの国土の　点せると点せざる等を
復《ま》た尽《ことごと》く末《まつ》して塵と為して　一塵を一劫と為《せ》ん
此の諸もろの微塵《みじん》の数よりも　其の劫は復た是れに過ぎたり
彼の仏の滅度したまいしより来《このかた》　是くの如く無量劫《むりょうこう》なり
如来の[一]無礙智《むげち》　彼の仏の滅度
及び声聞《しょうもん》　菩薩を知ること　今の滅度を見るが如し
諸もろの比丘　当に知るべし　仏智は浄くして微妙《みみょう》に
無漏《むろ》　無所礙《むしょげ》にして　無量劫を通達《つうだつ》す」

一　無礙智　仏の智慧をいう。何物にも礙げられず、一切の事理を知り尽くす智慧。十智の一。

宿世の結縁―遠い縁、大通智勝仏の成道

3 仏、諸もろの比丘に告げたまわく、
「大通智勝仏は寿《いのち》[二]五百四十万億那由他劫《なゆたこう》なり。其の仏、本《も》と道場《どうじょう》に坐して、魔軍を破し已《おわ》りて、阿耨多羅三藐三菩提《あのくたらさんみやくさんぼだい》を得たもうに垂《なんなん》とするに、而も諸仏の法《ほう》、現在前《げんざいぜん》せず。是くの如く一小劫、乃至《ないし》十小劫、結跏趺坐《けっかふざ》して、身心《しんじん》動じたまわず。而も諸仏の法《ほう》、猶《な》お在前《ざいぜん》せざりき。

4 爾《そ》の時に[三]忉利《とうり》の諸天、先《さ》きより彼の仏の為めに、菩提樹の下に於いて師子《しし》の座を敷《し》けり。高さ一由旬《ゆじゅん》なり。仏、此の座に於いて、当に阿耨多羅三藐三菩提を得たもうべしと。適《はじ》めて此の座に坐したもう。時に諸もろの梵天王《ぼんてんのう》、衆の天華《てんげ》を雨《ふ》らすこと、面《おもて》ごとに百由旬なり。香《かん》ばしき風、時に来たりて、萎《しぼ》める華を吹き去りて、更に新しき者を雨らす。是くの如く絶えず十小劫を満《み》てて、仏に供養したてまつる。乃至《ないし》、滅度まで常に此の華を雨らしき。四王の諸天、仏に供養せんが為めに、常に天鼓《てんく》を撃《う》つ。其の余の諸天、天の伎楽《ぎがく》を作《な》すこと十小劫を満つ。滅度に至るまで、亦《ま》た復《ま》た是くの如し。

5 諸もろの比丘、大通智勝仏、十小劫を過ぎて、諸仏の法、乃《いま》し現在前して、阿耨多羅三藐三菩提を成《じょう》じたまいき。

6 其の仏、未だ出家したまわざりし時に、十六の子《みこ》有り。其の第一をば名を[四]智積《ちしやく》と曰《い》う。諸子に各おの種種の珍異《ちんい》玩好《がんこう》の具《ぐ》有り。父、阿耨多羅三藐三菩提を成ずることを得たまう

二 五百四十万億那由他劫 『正法華経』は「四十四億百千劫」とする。那由他は nayuta の音写。数の単位で、一千億、一兆など諸説がある。

三 忉利の諸天 忉利とは、Trāyastriṁśa の音写。三十三天と訳す。六欲天の第二番目。須弥山の頂上にあり、その寿命は千歳で、帝釈天の住処。四方に峰があり、その峰に各々八天、合計三十二天があるので、これと合わせて三十三天とする。この三十三天に住む、諸々の天人の意。

㊅二二下

四 智積 Jñānākara の訳。

と聞きて、皆な所珍を捨てて仏所に往詣《おうげい》す。諸母《しょも》、涕泣《たいきゅう》して随いて之れを送る。其の祖、転輪聖王《てんりんじょうおう》、一百の大臣及び余の百千万億の人民《にんみん》と、皆な共に囲繞《いにょう》して随いて道場に至り、咸《ことごと》く大通智勝如来に親近《しんごん》して、供養《くよう》、恭敬《くぎょう》、尊重《そんじゅう》、讃歎《さんだん》したてまつらんと欲し、到り已りて、頭面《ずめん》に足《みあし》を礼《らい》し、仏を繞《めぐ》り畢《お》已《わ》りて、一心に合掌し、世尊を瞻仰《せんごう》して、偈を以って頌《じゅ》して曰《もう》さく、

『大威徳《だいいとく》世尊　衆生を度《ど》せんが為めの故に
無量億《むりょうおく》[一]劫《こう》に於いて　爾《しか》して乃《いま》し成仏することを得たまえり
諸願《しょがん》　已に具足したもう　善い哉　吉無上《きつむじょう》なり
世尊は甚だ希有《けう》なり　一たび坐してより十小劫
身体及び手足《しゅそく》　静然《じょうねん》として安《やす》んじて動ぜず
其の心　常に惔怕《たんぱく》にして　未だ曾つて散乱有らず
究竟《くきょう》して永く寂滅し　無漏《むろ》の法に安住《あんじゅう》したまえり
今者　世尊の　安隠《あんのん》に仏道を成じたもうを見て
我れ等　善利《ぜんり》を得　称慶《しょうきょう》して大《おお》いに歓喜《かんぎ》す
衆生は常に苦悩《くのう》し　盲瞑《もうみょう》にして導師《どうし》無し
苦尽《くじん》の道を識《し》らず　解脱を求むることを知らずして
[二]長夜《じょうや》に悪趣《あくしゅ》を増し　諸もろの天衆を減損《げんそん》す

一　劫　(三)(宮)(博)には「歳」とある。

二　長夜に悪趣を増し　長夜は凡夫が無明のためにく生死輪廻をくりかえしていることを闇夜にたとえる。悪趣とは六道の中、地獄・餓鬼・畜生の三悪趣をさす。

冥《くら》きより冥きに入りて　永く仏の名《みな》を聞かず
今　仏　最上の　安隠無漏の道[三]を得たまえり
我れ等及び天人　為《こ》れ最大利を得たり
是の故に咸《ことごと》く稽首《けいしゅ》して　無上尊を帰命《きみょう》したてまつる』と

7 爾《そ》の時に十六の王子、偈もて仏を讃《ほ》め已《お》わりて、世尊に法輪《ほうりん》を転じたまえと勧請《かんじょう》しき。咸く是の言《ことば》を作《な》さく、

『世尊、法《ほう》を説きたまえ。安隠ならしむる所多からん。諸天・人民を憐愍《れんみん》し饒益《にょうやく》したまえ。』

(大)二三上

重ねて偈を説きて言《もう》さく、

『[四]世雄《せおう》は等倫《とうりん》無し　百福《ひゃくふく》もて自ら荘厳《しょうごん》し
無上の智慧を得たまえり　願わくは世間の為めに説きて
我れ等　及び諸もろの衆生の類を度脱《どだつ》し
為めに分別し顕示《けんじ》して　是の智慧を得しめたまえ
若し我れ等　仏を得ば　衆生も亦《ま》た復《ま》た然《しか》ならん
世尊は衆生の　深心《じんしん》の所念《しょねん》を知り
亦た所行《しょぎょう》の道を知り　又た智慧の力を知ろしめせり
欲楽《よくぎょう》及び修福《しゅふく》　[五]宿命《しゅくみょう》行ぜし所の業《ごう》

三 道　(春)には「法」とある。

四 世雄は等倫無し　等倫は、ともがら、同輩の意。仏には並ぶ者がないということ。

五 宿命行ぜし所の業　衆生の過去世の宿命と、そのなしてきた善悪の業。

世尊は悉《ことごと》く知ろしめし已《おわ》れり　当に無上輪《むじょうりん》を転じたもうべし』」

十方の梵天が説法を勧請す

[8]仏、諸もろの比丘に告げたまわく、
「大通智勝仏、阿耨多羅三藐三菩提を得たまいし時、十方の各おの[一]五百万億の諸仏の世界、[二]六種に震動《しんどう》し、[三]其の国の中間幽冥《ちゅうげんゆうみょう》の処、日月《にちがつ》の威光《いこう》も照らすこと能わざる所、而も皆な大《おお》いに明らかなり。其の中の衆生、各おの相《あ》い見ることを得て、咸く是の言《ことば》を作さく、

『此の中、云何《いか》んぞ忽《たちま》ちに衆生を生《しょう》ぜるや。』

又た其の国界の諸天の宮殿《くでん》、乃至《ないし》梵宮《ぼんぐう》まで、六種に震動し、大光普《あま》ねく照らして、世界に遍満《へんまん》し、諸天の光に勝《まさ》れり。
[9]爾の時に、東方五百万億の、諸もろの国土の中の梵天《ぼんてん》の宮殿、[9イ]光明照曜《こうみょうしょうよう》して、常の明《ひかり》に倍《まさ》れり。
[9ロ]諸もろの梵天王、各おの是の念を作さく、
『今者《いま》、宮殿の光明、昔より未だ有らざる所なり。何の因縁を以ってか、而も此の相《そう》を現ずる。』
[9ハ]是の時に諸もろの梵天王、即《すなわ》ち各おの相《あ》い詣《いた》りて、共に此の事を議す。
[四]時に彼の衆の中に一《ひとり》の大梵天王有り、[五]救一切《くいっさい》と名づく。諸もろの梵衆《ぼんしゅ》の為《た》めに、而も偈

一　五百万億　『正法華経』は「五百億」とする。
二　六種に震動し　序品（四頁頭註八）参照。
三　其の国の中間幽冥の処　世界と世界の間にある暗黒の場所。ここに住む衆生は暗黒のために、自分以外のものが存在することすら知らない。
四　時　(春)には「而」、(敦)には「時而」とある。
五　救一切　Sarvasattvatrātar の訳。『正法華経』は「護群生」と訳す。

を説きて言わく、
『我れ等が諸もろの宮殿　光明《こうみょう》　昔より未だ有らず
此れは是れ何の因縁ぞ　宜《よろ》しく各おの共に之れを求むべし
為れ大徳の天の生《しょう》ぜるや　為れ仏の世間に出でたまえるや
而も此の大光明は　遍ねく十方を照らす』

9ニ 爾の時に五百万億の国土の諸もろの梵天王、宮殿と倶《とも》に、各おの衣裓《えこく》[六]を以って諸もろの天華を盛りて、共に西方に詣《いた》りて、是の相《そう》を推尋《すいじん》するに、大通智勝如来の道場《どうじょう》菩提樹の下に処し、師子の座に坐したまいて、諸もろの天・龍王《りゅうおう》・乾闥婆《けんだつば》・緊那羅《きんなら》・摩睺羅伽《まごらが》・人・非人等の恭敬《くぎょう》し囲繞《いにょう》せるを見、及び十六の王子の仏に転法輪《てんぼうりん》を請《しょう》ずるを見る。

9ホ 即時に諸もろの梵天王、頭面《ずめん》に仏を礼し、繞《めぐ》ること百千匝《そう》して、即《すなわ》ち天華を以って仏の上《みうえ》に散ず。其の散ずる所の華、須弥山《しゅみせん》の如し。并びに以って仏の菩提樹に供養《くよう》す。其の菩提樹、高さ十由旬[七]なり。華もて供養し已りて、各おの宮殿を以って彼の仏に奉上《ぶじょう》して、是の言を作さく、

『唯《た》だ我れ等を哀愍《あいみん》し饒益《にょうやく》せられて、献《たてま》つる所の宮殿、願わくは納受《のうじゅ》を垂《た》れたまえ。』

時に諸もろの梵天王、即ち仏前に於いて一心に声を同じうして、偈を以って頌《じゅ》して曰《もう》さく、

『世尊は甚だ希有《けう》にして　値遇《ちぐう》するを得可きこと難し

六 衣裓　仏家で用いる布片。肩に掛けて、手を拭い、または物を盛るために用いる。　(大)二三中

七 十由旬　『正法華経』は「四十里」とする。

無量の功徳を具して　能く一切を救護《くご》し
天人の大師として　世間を哀愍《あいみん》したもう
十方の諸もろの衆生　普ねく皆な饒益《にょうやく》を蒙《こうむ》る
我れ等が従来せる所は　五百万億の国なり
深禅定《じんぜんじょう》の楽《らく》を捨てたることは　仏に供養せんが為めの故《ゆえ》なり
我れ等　先世の福ありて　宮殿　甚だ厳飾《ごんじき》せり
今　以って世尊に奉る　唯だ願わくは哀《あわ》れみて納受《のうじゅ》したまえ』

9ヘ 爾の時に諸もろの梵天王、偈もて仏を讃めたてまつり已りて、各おの是の言《ことば》を作さく、

『唯だ願わくは世尊、法輪《ほうりん》を転じて衆生を度脱し、涅槃の道《どう》を開きたまえ。』

時に諸もろの梵天王、一心に声を同じうして、偈を説きて言《もう》さく、

『世《せ》雄両足尊《おうりょうぞくそん》　唯だ願わくは法《ほう》を演説《えんぜつ》し
大慈悲の力を以って　苦悩《くのう》の衆生を度したまえ』

9ト 爾の時に大通智勝如来、黙然《もくねん》として之れを許したもう。

10 又た諸もろの比丘、東南方の五百万億の国土の諸もろの大梵王、各おの自ら宮殿の光明の照曜《しょうよう》して、昔より未だ有らざる所なるを見て、歓喜踊躍《かんぎゆやく》し、希有《けう》の心を生《しょう》じ、即ち各おの相い詣りて、共に此の事を議す。

時に彼の衆の中に、一の大梵天王有り、名づけて[一]大悲と曰う。諸もろの梵衆の為めに、偈を説きて言わく、

『是の事　何の因縁ありて　此くの如き相《そう》を現ずるや
我れ等が諸もろの宮殿　光明　昔より未だ有らず
為《こ》れ大徳の天の生《しょう》ぜるや　為れ仏の世間に出でたまえるや
未だ曾つて此の相を見ず　当に共に一心に求むべし
千万億の土を過ぐとも　光を尋ねて共に之れを推《たず》ねん
多くは是れ仏の世に出でて　苦の衆生を度脱したもうならん』

爾の時に五百万億の諸もろの梵天王、宮殿と倶に、各おの衣裓《えこく》を以って諸もろの天華《てんげ》を盛りて、共に西北方に詣りて、是の相を推尋《すいじん》するに、大通智勝如来の道場菩提樹の下に処し、師子の座に坐して、諸もろの天・龍王・乾闥婆・緊那羅・摩睺羅伽・人・非人等の恭《く》敬《ぎょう》し囲繞《いにょう》するを見、及び十六の王子の仏に転法輪を請《しょう》ずるを見る。

㊅二三下

時に諸もろの梵天王、頭面《ずめん》に仏を礼し、繞《めぐ》ること百千匝して、即ち天華を以って、仏の上《みうえ》に散ず。散ずる所の華、須弥山の如し。并びに以って仏の菩提樹に供養す。華もて供養し已《おわ》りて、各おの宮殿を以って彼の仏に奉上《ぶじょう》して、是の言を作さく、

『唯だ我れ等を哀愍し饒益せられて、献《たてま》つる所の宮殿、願わくは納受《のうじゅ》を垂《た》れたまえ。』

爾の時に諸もろの梵天王、即ち仏前に於いて一心に声を同じうして、偈を以って頌《じゅ》して

一　大悲 Adhimātrakāruṇika の訳。『正法華経』は「最慈哀」と訳す。

一　聖主天中王　(春)には「聖主天中天」とある。仏の尊称。仏は諸聖中、諸天中、最上であるという意。
二　迦陵頻伽　kalavinka の音写。ヒマラヤ山に住むといわれる霊鳥。美しく妙なる声で鳴くことから、仏の音声の勝妙なことに喩える。

三　忍善の者　忍耐して善事をなす者の意で、聖道に入る者のこと。　(大)二四上

曰《もう》さく、
『一聖主天中王《しょうじゅてんちゅうおう》　二迦陵頻伽《かりょうびんが》の声《みこえ》にして
衆生を哀愍したもう者　我れ等　今　敬礼《きょうらい》したてまつる
世尊は甚だ希有にして　久遠《くおん》に乃《いま》し一たび現じたもう
一百八十劫　空《むな》しく過ぎて仏有すこと無し
三悪道　充満し　諸天衆　減少せり
今　仏　世に出でて　衆生の為めに眼《まなこ》と作《な》り
世間の帰趣《きしゅ》する所として　一切を救護《くご》し
衆生の父と為りて　哀愍し饒益したもう者なり
我れ等　宿福《しゅくふく》の慶《よろこび》ありて　今　世尊に値《あ》いたてまつることを得たり』
爾の時に諸もろの梵天王、偈もて仏を讃め已《おわ》りて、各おの是の言《ことば》を作さく、
『唯だ願わくは世尊、一切を哀愍して法輪を転じ、衆生を度脱したまえ。』
時に諸もろの梵天王、一心に声を同じうして、偈を説きて言《もう》さく、
『大聖　法輪《ほうりん》を転じて　諸法の相を顕示し
苦悩の衆生を度して　大歓喜《だいかんぎ》を得しめたまえ
衆生　此の法を聞かば　道《どう》を得　若しは天に生じ
諸もろの悪道　減少し　三忍善《にんぜん》の者　増益《ぞうやく》せん』

四 妙法　Suddharma の訳。『正法華経』は「善法」と訳す。

五 我れ等……出でたまえるや　㊕には この偈文なし。

爾《そ》の時に大通智勝如来、黙然《もくねん》として之れを許したもう。

11 又た、諸もろの比丘、南方五百万億の国土の諸もろの大梵王、各おの自ら宮殿の光明の照曜して、昔より未だ有らざる所なるを見て、歓喜踊躍して、希有の心を生じて、即ち各おの相い詣りて共に此の事を議す。

『何の因縁を以って、我れ等が宮殿、此の光曜《こうよう》有る。』

時に彼の衆の中に一の大梵天王有り、名づけて四妙法《みょうほう》と曰う。諸もろの梵衆の為めに、偈を説きて言わく、

『五我れ等が諸もろの宮殿　光明　甚だ威曜《いよう》せり
此れ因縁無きに非じ　是の相《そう》　宜《よろ》しく之れを求むべし
百千劫を過ぐれども　未だ曾つて是の相を見ず
為《こ》れ大徳の天の生ぜるや　為れ仏の世間に出でたまえるや』

爾の時に五百万億の諸もろの梵天王、宮殿と倶に、各おの衣裓を以って、諸もろの天華を盛りて、共に北方に詣りて、是の相を推尋するに、大通智勝如来の道場《どうじょう》菩提樹の下に処し、師子の座に坐して、諸もろの天・龍王《りゅうおう》・乾闥婆《けんだつば》・緊那羅《きんなら》・摩睺羅伽《まごらが》・人・非人等の恭《く》敬《ぎょう》し囲繞《いにょう》せるを見、及び十六の王子の仏に転法輪を請《しょう》ずるを見る。

時に諸もろの梵天王、頭面に仏を礼し、繞《めぐ》ること百千匝して、即ち天華を以って、仏の上《みうえ》に散ず。散ずる所の華、須弥山の如し。并びに以って仏の菩提樹に供養す。華もて供養

し已《おわ》りて、各おの宮殿を以って彼の仏に奉上《ぶじょう》して、是の言《ことば》を作さく、

『唯だ我れ等を哀愍《あいみん》し饒益《にょうやく》せられて、献る所の宮殿、願わくは納受《のうじゅ》を垂《た》れたまえ。』

爾の時に諸もろの梵天王、即ち仏前に於いて一心に声を同じうして、偈を以って頌して曰《もう》さく、

『世尊は甚だ見たてまつり難し　諸もろの煩悩を破したまえる者なり
百三十劫を過ぎて　今　乃ち一たび見たてまつることを得《う》
諸もろの飢《け》渇《かつ》の衆生に　法雨《ほうう》を以って充満したもう
昔より未だ曾つて見ざる所の　無量の智慧者なり
[一]優曇鉢花《うどんばっけ》の如くなるに　今日　乃ち値遇《ちぐう》したてまつる
我れ等　諸もろの宮殿　光を蒙《こうむ》るが故に厳飾《ごんじき》せり
世尊　大慈悲もて　唯だ願わくは納受を垂れたまえ』

爾《そ》の時に諸もろの梵天王、偈もて仏を讃め已《おわ》りて、各おの是の言を作さく、

『唯だ願わくは世尊、法輪を転じて、一切世間の諸天・[二]魔・梵・[三]沙門・[四]婆羅門をして、皆な安隠なることを獲《え》、度脱することを得しめたまえ』と。

時に諸もろの梵天王、一心に声を同じうして、偈を以って頌して曰さく、

『唯だ願わくは天人尊　無上《むじょう》の法輪《ほうりん》を転じ
大法の鼓《つづみ》を撃《う》ち　大法の螺《かい》を吹き

一　優曇鉢花　Udumbala の音写。(春)には「優曇波羅」とある。優曇華ともいう。三千年に一度、花開くといわれ、希有なことの喩え。　(大)二四中

二　魔　Māra の音写、魔羅の略。人の命を奪い、善事をさまたげる悪神。

三　沙門　Śramaṇa の音写。出家して仏道を修める者。

四　婆羅門　Brāhmaṇa の音写。四姓の最上位。ここでは沙門に対して在家の代表としてあげる。

普ねく大法の雨を雨《ふ》らして　無量の衆生を度したまえ
我れ等　咸《ことごと》く帰請《きしょう》したてまつる　当に深遠《じんのん》の音《みこえ》を演《の》べたもうべし』
爾の時に大通智勝如来、黙然として之れを許したもう。
12 五 西南方、乃至下方も、亦た復た是くの如し。
13 爾の時に上方五百万億の国土の、諸もろの大梵王、皆な悉く自ら止る所の宮殿の光明威曜して、昔より未だ有らざる所なるを覩《み》て、歓喜踊躍し、希有の心を生じて、即ち各おの相《あ》い詣りて、共に此の事を議す。
『何の因縁を以って、我れ等が宮殿に、斯《こ》の光明有る。』
時に彼の衆の中に一の大梵天王有り、名づけて六 尸棄《しき》と曰《い》う。諸もろの梵衆の為めに、偈を説きて言わく、

『今　何の因縁を以って　我れ等が諸もろの宮殿
威徳　光明曜《かがや》き　厳飾《ごんじき》せること未曽有なる
是くの如きの妙相《みょうそう》は　昔より未だ聞き見ざる所なり
為《こ》れ大徳の天の生ぜるや　為れ仏の世間に出でたまえるや』

爾の時に五百万億の諸もろの梵天王、宮殿と倶《とも》に、各おの衣裓を以って、諸もろの天華を盛りて、共に下方に詣りて、是の相を推尋するに、大通智勝如来の道場菩提樹の下に処《しょ》し、師子の座に坐して、諸もろの天・龍王・乾闥婆・緊那羅・摩睺羅伽・人・非人等の恭《く》

五 西南方、乃至下方も、亦た復た是くの如し　十方の中、西南方、西方、西北方、北方、東北方、下方の梵天勧請も同様に行なわれたが、省略され次に上方が説かれる。

六 尸棄 Śikhin の音写。『正法華経』は「妙識」と訳す。

敬《ぎょう》し囲繞《いにょう》するを見、及び十六の王子の、仏に転法輪を請ずるを見る。

時に諸もろの梵天王、頭面《ずめん》に仏を礼《らい》し、繞《めぐ》ること百千匝して、即ち天華を以って、仏の上《みうえ》に散ず。散ずる所の花、須弥山《しゅみせん》の如し。并びに以って、仏の菩提樹に供養《くよう》す。花もて供養し已《おわ》りて、各おの宮殿を以って、彼の仏に奉上《ぶじょう》して、是の言を作さく、

『唯だ我れ等を哀愍《あいみん》し饒益《にょうやく》せられて、献《たてま》つる所の宮殿、願わくは納受《のうじゅ》を垂《た》れたまえ。』

時に諸もろの梵天王、即ち仏前に於いて、一心に声を同じうして、偈を以って頌して曰《もう》さく、

㊅二四下

『善い哉　諸仏　救世《くぜ》の聖尊《しょうそん》を見たてまつる
能《よ》く三界《さんがい》の獄より　勉《つと》めて諸もろの衆生を出だしたもう
一普智天人尊《ふちてんにんそん》　二群萌《ぐんみょう》の類《たぐい》を哀愍《あいみん》して
能く三甘露《かんろ》の門を開きて　広く一切を度したもう
昔の無量劫《むりょうこう》に於いて　空《むな》しく過ぎて仏有《いま》すこと無し
世尊　未だ出でたまわざりし時は　十方　常に四暗冥《あんみょう》にして
三悪道　増長《ぞうちょう》し　五阿修羅《あしゅら》亦た盛んなり
諸もろの天衆　転《うた》た減じて　死して多く悪道に堕《お》つ
仏に従いて法を聞かず　常に六不善を行ずるの時
色力《しきりき》　及び智慧　斯れ等　皆な減少す

一 普智天人尊　仏の尊称。普智は正遍知のこと。
二 群萌の類　群生の類に同じ。衆生のこと。
三 甘露の門　甘露は涅槃の喩え。仏の教法をさす。
四 暗冥　(宋)(明)には「闇瞑」、(元)には「闇瞑」、(宮)(博)には「暗瞑」とある。
五 阿修羅　Asura の音写。インドの神で、はじめは善神であったが、後に帝釈と戦う悪神とされた。
六 不善を行ずる時　(春)には「行不善事」とある。

罪業《ざいごう》の因縁の故に　楽　及び楽の想《おもい》を失う
邪見《じゃけん》の法に住《じゅう》して　善の儀則《ぎそく》を識《し》らず
仏の所化《しょけ》を蒙《こうむ》らずして　常に悪道に堕つ
仏は為《こ》れ世間の眼《まなこ》となりて　久遠《くおん》に時に乃《いま》し出でたまえり
諸もろの衆生を哀愍したまいて　故《ことさら》に世間に現じ
超出《ちょうしゅつ》して正覚《しょうがく》を成《じょう》じたまえり　我れ等　甚だ欣慶《ごんきょう》す
及び余の一切の衆も　喜びて未曾有《みぞう》なりと歎《たん》ず
我れ等が諸もろの宮殿　光を蒙るが故に厳飾《ごんじき》せり
今　以って世尊に奉る　唯だ哀《あわ》れみを垂れて納受したまえ
七願わくは此の功徳を以って　普ねく一切に及ぼして
我れ等と衆生と　皆な共に仏道を成ぜん』

爾の時に五百万億の諸もろの梵天王、偈もて仏を讃め已《おわ》りて、各おの仏に白《もう》して言さく、

『唯だ願わくは世尊、法輪を転じたまえ。安隠ならしむる所多く、度脱する所多《おお》からん。』

時に諸もろの梵天王、而も偈を説きて言さく、

『世尊　法輪を転じ　甘露《かんろ》の法鼓《ほうく》を撃《う》ちて
苦悩の衆生を度《ど》し　涅槃の道を開示《かいじ》したまえ
唯だ願わくは我が請を受けて　大微妙《だいみみょう》の音《みこえ》を以って

七 願わくは……仏道を成ぜん　この一偈は普回向文として広く知られ、一般に読誦される。

(大)二五上

一　三たび十二行の法輪を転じ　三転十二行相といわれ、苦集滅道の四諦それぞれについて、示・勧・証の三段階にわたり、十二の様相を説法すること。

二　十二因縁　十二縁起ともいう。以下に説かれるように因果の関係を十二に分けて説くもので、順次、前が後を成立させる条件となり、逆に後が前のものを滅する条件となる。

三　六百万億　『正法華経』は「十六億百千姟」とする。

四　一切の法　諸もろの邪見をいう。

五　三明・六通　譬喩品（七七頁頭注一）参照。

哀愍《あいみん》して　無量劫《むりょうこう》に習《なら》える法を敷演《ふえん》したまえ』

近い縁―法輪を転ずることを請う

14 爾の時に大通智勝如来、十方の諸もろの梵天王、及び十六の王子の請を受けて、15 即時に[一]三たび十二行の法輪《ほうりん》を転じたもう。若《も》しは沙門《しゃもん》・婆羅門《ばらもん》、若しは天・魔・梵、及び余の世間の転ずること能わざる所なり。

『謂わゆる是れ苦、是れ苦の集《じゅう》、是れ苦の滅《めつ》、是れ苦滅の道《どう》なり。』

及び広く[二]十二因縁の法を説きたもう、

『無明《むみょう》は行《ぎょう》に縁《えん》たり。行は識《しき》に縁たり。識は名色《みょうしき》に縁たり。名色は六入《ろくにゅう》に縁たり。六入は触《そく》に縁たり。触は受《じゅ》に縁たり。受は愛《あい》に縁たり。愛は取《しゅ》に縁たり。取は有《う》に縁たり。有は生《しょう》に縁たり。生は老死《ろうし》、憂悲苦悩《うひくのう》に縁たり。

無明滅すれば則《すなわ》ち行滅す。行滅すれば則ち識滅す。識滅すれば則ち名色滅す。名色滅すれば則ち六入滅す。六入滅すれば則ち触滅す。触滅すれば則ち受滅す。受滅すれば則ち愛滅す。愛滅すれば則ち取滅す。取滅すれば則ち有滅す。有滅すれば則ち生滅す。生滅すれば則ち老死、憂悲、苦悩滅す。』

16 仏、天人大衆の中に於いて、是の法を説きたまいし時、[三]六百万億那由他《なゆた》の人、[四]一切の法を受けざるを以っての故《ゆえ》に、而も諸漏《しょろ》に於いて、心《こころ》解脱を得、皆な深妙《じんみょう》の禅定《ぜんじょう》・[五]三明《さんみょう》・六《ろく》通《つう》を得、六八解脱《はちげだつ》を具《ぐ》しぬ。
第二、第三、第四の説法の時も、七千万億恒河沙那由他等の衆生、亦た一切の法を受けざ
るを以っての故に、而も諸漏に於いて心解脱を得《う》。是れより已後、諸もろの声聞衆、無量
無辺にして、称数《しょうじゅ》す可《べ》からず。
17 爾の時に十六の王子、皆な童子を以って、出家して八沙弥《しゃみ》と為《な》りぬ。諸根通利《つうり》にして、智
慧明了《みょうりょう》なり。已《すで》に曾《か》つて百千万億の諸仏に供養し、浄く梵行《ぼんぎょう》を修《しゅ》して、阿耨多羅三藐三菩《あのくたらさんみゃくさんぼ》
提《だい》を求む。
18 倶に仏に白《もう》して言《もう》さく、
『世尊、是の諸もろの無量千万億の大徳の声聞は、皆な已に成就しぬ。世尊、亦た当に我
れ等が為めに、阿耨多羅三藐三菩提の法を説きたもうべし。我れ等、聞き已《おわ》りて、皆な共
に修学《しゅがく》せん。世尊、我れ等は如来の知見《ちけん》を志願《しがん》す。深心《じんしん》の所念《しょねん》は、仏自ら証知《しょうち》したまわ
ん。』
19 爾の時に転輪聖王《てんりんじょうおう》の将《ひき》いたる所の衆の中の九八万億の人、十六の王子の出家を見、亦た出
家を求む。王即《すなわ》ち聴許《ゆる》せり。
20 爾の時に彼の仏、沙弥の請を受けて、二万劫を過ぎ已りて、乃《すなわ》ち四衆の中に於いて、是
の大乗経の妙法蓮華《みょうほうれんげ》、教菩薩法《きょうぼさっぽう》、仏所護念《ぶっしょごねん》と名づくるを説きたもう。是の経を説き已《おわ》りて、
十六の沙弥、阿耨多羅三藐三菩提の為めの故に、皆な共に受持《じゅじ》し、一〇諷誦《ふうじゅ》し通利《つうり》せり。
21 是

六 八解脱　授記品（一二四頁頭註一）参照。

七 千万億　『正法華経』は「億百千姟」とする。

八 沙弥　Śrāmaṇera, Śrāmaṇerika の音写。出家して十戒を受けてから、二百五十戒を持つ比丘となるまでの間の男子。

九 八万億　『正法華経』は「八十億百千姟」とする。

一〇 諷誦し通利　諷誦は、暗記して節をつけて吟詠すること。通利は、内容に精通すること。

(大)二五中

の経を説きたまいし時、十六の菩薩沙弥、皆な悉く信受《しんじゅ》す。声聞衆の中にも、亦た信解《しんげ》す
る有り。其の余の衆生の千万億種なるは、皆な疑惑を生ぜり。
22仏、是の経を説きたもうこと、[一]八千劫に於いて、未だ曾って休廃《ぐはい》したまわず。23此の経
を説き已りて、即ち静室《じょうしつ》に入りて、禅定に住《じゅう》したもうこと八万四千劫なり。

正しく結縁す―法説

24是の時に十六の菩薩沙弥、仏の室に入りて、寂然として禅定したもうを知りて、25各お
の法座《ほうざ》に昇りて、亦た八万四千劫に於いて、[二]四部の衆の為めに、広く[三]妙法華経を説き[四]分別《ふんべつ》
す。26一一に皆な[五]六百万億那由他恒河沙等の衆生を度し、[六]示教利喜《じきょうりき》して、阿耨多羅三藐三
菩提の心を発こさしむ。
27大通智勝仏、八万四千劫を過ぎ已りて、三昧より起《た》ちて法座に往詣《おうげい》し、安詳《あんじょう》として坐し
て、普《あま》ねく大衆に告げたまわく、
『是の十六の菩薩沙弥は、甚だ為《こ》れ希有《けう》なり。諸根通利にして智慧明了なり。已に曾って
無量千万億数の諸仏に供養し、諸仏の所《みもと》に於いて常に梵行を修し、仏智《ぶっち》を受持し、衆生に
開示して、其の中に入らしむ。汝等、皆な当に数数《しばしば》親近《しんごん》して之れに供養すべし。所以《ゆえ》は何《いか》
ん、若し声聞・辟支仏、及び諸もろの菩薩、能く是の十六の菩薩の所説の経法《きょうほう》を信じ、受
持して毀《そし》らざらん者、是の人、皆な当に阿耨多羅三藐三菩提の如来の慧《え》を得べし』。」

一 八千劫　『正法華経』は「八万劫」とする。
二 四部の衆　出家の男女（比丘・比丘尼）と在家の男女（優婆塞・優婆夷）のこと。
三 妙法華経　(春)には「妙法蓮華経」とある。
四 ……説き分別す　これを十六王子の法華覆講という。
五 六百万億那由他恒河沙　『正法華経』は「六十万恒沙億百千姟」とする。
六 示教利喜　示は、法を示すこと。教は、教え導くこと。利は、教を垂れて利益を得させること。喜は、讃歎して喜ばせること。これを説法の四事という。
七 四百万億　(三)(宮)(博)(春)には「四万億」とある。
八 阿閦　Akṣobhya の音写。無動、不動、無瞋恚と訳す。『正法華経』は「無怒」と訳す。
九 歓喜　Abhirati. 『正法華経』は「甚楽」と訳す。
10 須弥頂　Merukūṭa の訳。『正法華経』は「山岡」と訳す。
11 師子音　Siṃhaghoṣa の訳。『正法華経』は「師子響」と訳す。

28仏、諸もろの比丘に告げたまわく、
「是の十六の菩薩は、常に楽《ねが》いて是の妙法蓮華経を説く。一一の菩薩の所化《しょけ》の六百万億那由他恒河沙等の衆生、世世に生まるる所、菩薩と倶にして、其れに従いて法を聞きて、悉《ことごと》く皆な信解《しんげ》せり。此の因縁を以って、[七]四百万億の諸仏世尊に値《あ》いたてまつることを得て、今に尽きず。

29諸もろの比丘、我れ今、汝に語る。彼の仏の弟子の、十六の沙弥、今皆な阿耨多羅三藐三菩提を得て、十方の国土に於いて、現在に法を説きたもう。無量百千万億の菩薩、声聞有りて、以って眷属《けんぞく》と為《せ》り。其の二《ふたり》の沙弥は、東方にして作仏《さぶつ》す。一をば[八]阿閦《あしゅく》と名づく、[九]歓喜国《かんぎこく》に在《いま》す。二をば[一〇]須弥頂《しゅみちょう》と名づく。東南方に二仏あり、一をば[一一]師子音《ししおん》と名づけ、二をば[一二]師子相《ししそう》と名づく。南方に二仏あり、一をば[一三]虚空住《こくうじゅう》と名づけ、二をば[一四]常滅《じょうめつ》と名づく。西南方に二仏あり、一をば[一五]帝相《たいそう》と名づけ、二をば[一六]梵相《ぼんそう》と名づく。西方に二仏あり、一をば[一七]阿弥陀《あみだ》と名づけ、二をば[一八]度一切世間苦悩《どいっさいせけんくのう》と名づく。西北方に二仏あり、一をば[一九]多摩羅跋《たまらばつ》栴檀香神通《せんだんこうじんずう》と名づけ、二をば[二〇]須弥相《しゅみそう》と名づく。北方に二仏あり、一をば[二一]雲自在と名づけ、二をば[二二]雲自在王と名づく。東北方の仏をば[二三]壊一切世間怖畏《えいっさいせけんふい》と名づく。第十六は、我れ[二四]釈迦牟尼仏なり。娑婆《しゃば》国土に於いて、阿耨多羅三藐三菩提を成《じょう》ぜり。

30諸もろの比丘、我れ等、沙弥為《た》りし時、各各に無量百千万億恒河沙等の衆生を教化せり。我れに従いて法を聞きしは阿耨多羅三藐三菩提の為めなり。此の諸もろの衆生、今に声聞《しょうもん》

一二　師子相　Siṃhadhavaja の訳。『正法華経』は「師子幢」と訳す。
一三　虚空住　Ākāsapratiṣṭhita の訳。『正法華経』は「一住」と訳す。
一四　常滅　Nityaparinirvṛta の訳。『正法華経』は「常滅度」と訳す。
一五　帝相　Indaradhvaja の訳。『正法華経』は「帝幢」と訳す。
一六　梵相　Brahmadhvaja の訳。『正法華経』は「梵幢」と訳す。
一七　阿弥陀　Amitābha の訳。『正法華経』は「無量寿」と訳す。
一八　度一切世間苦悩　Sarva lokadhātūpadravaudvegapratyuttīrṇa の訳。『正法華経』は「超度因縁」と訳す。
一九　多摩羅跋栴檀香神通　Tamāralapattracandanagandhābhijña の訳。『正法華経』は「栴檀神通」と訳す。　(大)二五下
二〇　須弥相　Merukalpa の訳。『正法華経』は「山蔵念」と訳す。
二一　雲自在　Meghasvara の訳。『正法華経』は「楽雨」と訳す。
二二　雲自在王　Meghasvararāja の訳。『正法華経』は「雨音」と訳す。
二三　壊一切世間怖畏　Sarvalokabhayacchambhitatvavidhvaṃsanakara の訳。『正法華経』は「除世懼」と訳す。
二四　釈迦牟尼　Śākyamuni の音写。『正法華経』は「能人」と訳す。

地《じ》に住せる者有り。我れ常に阿耨多羅三藐三菩提に教化す。是の諸人等、応に是の法を以って漸《ようや》く仏道に入るべし。所以《ゆえ》は何《いか》ん、如来の智慧は、信じ難く解し難ければなり。一爾の時の化する所の無量恒河沙等の衆生は、汝等諸もろの比丘、及び我が滅度の後ちの、未来世の中の声聞の弟子是《こ》れなり。我が滅度の後ち、復た弟子有りて、是の経を聞かず。菩薩の所行《しょぎょう》を知らず、覚《さと》らず。自ら所得の功徳に於いて、滅度の想《おもい》を生じて、当に涅槃に入るべし。二我れ余国に於いて作仏して、更に異名有らん。是の人、滅度の想を生じ涅槃に入ると雖《いえど》も、而も彼の土に於いて、仏の智慧を求めて、是の経を聞くことを得ん。唯だ仏乗を以って滅度を得、更に余乗無し。諸もろの如来の方便の説法をば除く。

31 諸もろの比丘、若し如来、自ら涅槃時到り、衆《しゅ》又た清浄《しょうじょう》に、信解《しんげ》堅固《けんご》にして空法《くうほう》を了達《りょうだつ》し、深く禅定に入れりと知りぬれば、便《すなわ》ち諸もろの菩薩及び声聞衆を集めて、為《た》めに是の経を説く。世間に二乗として、滅度を得ること有ること無し。唯だ一仏乗もて滅度を得るのみ。

比丘、当に知るべし。如来の方便は深く衆生の性《しょう》に入れり。其の小法《しょうぼう》を志楽《しぎょう》し深く五欲に著《じゃく》するを知りて、是れ等の為めの故に涅槃を説く。是の人、若し聞かば、則便ち信受《しんじゅ》す。

正しく結縁す――譬説

32 三譬えば四五百由旬《ゆじゅん》の険難悪道《けんなんあくどう》の、曠《はるか》に絶えて人無き怖畏《ふい》の処あらん。若し多くの衆有りて、

一 爾の時の化する所の……　ここまできて、それまでの過去の因縁を現在の記莂に合わせる。

二 我れ余国に於いて……　仏が衆生の機根に随って応現し、説法教化することを示す。

三 譬えば……　以下、宝所、化城の譬喩を述べる。

四 五百由旬の険難悪道　天台智顗は、三百由旬を三界の果報の処、四百由旬を方便有余土、五百由旬を実報無障礙土に喩える（『法華文句』七巻下）。吉蔵は、三百を三界の分段生死に、後の二百を二乗の変易生死に喩える（『法華義疏』八巻）。窺基は、分段生死の惑・業・苦を三百に、変易生死の無明と苦を後の二百に喩える（『法華玄賛』八巻）。

㊅二六上

此の道を過ぎて、珍宝《ちんぼう》の処に至らんと欲せん。一《ひとり》の導師《どうし》有り、聡慧《そうえ》明達《みょうだつ》にして、善く険道の通塞《つうそく》の相《そう》を知れり。33衆人を将導《しょうどう》して、此の難を過ぎんと欲す。将いる所の人衆、中路《ちゅうろ》に懈退《けたい》して、導師に白《もう》して言《もう》さく、

『我れ等疲極《ひごく》して復《ま》た怖畏す。復た進むこと能わず。前路猶《な》お遠し、今退き還《かえ》らんと欲す』と。

導師、諸もろの方便《ほうべん》多くして、是の念を作さく、

『此れ等愍《あわ》れむ可し。云何《いか》んぞ大珍宝を捨てて、而も退き還らんと欲するや。』

是の念を作し已《おわ》りて、方便力を以って、険道の中に於いて、三百由旬を過ぎて、一の城を化作《けさ》す。衆人に告げて言わく、

『汝等、怖るること勿れ。退き還ることを得ること莫《なか》れ。今此の大城、中に於いて止まりて、意《こころ》の所作《しょさ》に随う可し。若し是の城に入りなば、快く安隠《あんのん》なることを得ん。若し能く前《すす》みて宝所《ほうしょ》に至らば、亦た去ることを得可し。』

是の時に疲極《ひごく》の衆、心大《おお》いに歓喜《かんぎ》して、未曾有なりと歎《たん》ず。

『我れ等今者《いま》、斯《こ》の悪道を免れて、快く安隠なることを得つ』と。

是こに於いて衆人、前みて化城《けじょう》に入りて、已度《いど》の想《おもい》を生じ、安隠の想を生ず。

爾の時に導師、此の人衆の、既に止息《しそく》することを得て、復た疲惓《ひけん》無きを知りて、即《すなわ》ち化城を滅して、衆人に語りて、『汝等去来《いざ》や、宝処は近きに在り。向《さ》きの大城は、我が化作

せる所なり。止息の為めなるのみ』と言わんが如し。
34 諸もろの比丘、如来も亦た復た是くの如し。今汝等が為めに、大導師と作りて、諸もろの生死《しょうじ》、煩悩《ぼんのう》の悪道、険難長遠《けんなんじょうおん》にして、応に去るべく、応に度すべきを知れり。35 若し衆生、但だ一仏乗を聞かば、則ち仏を見んと欲せず、親近《しんごん》せんと欲せじ。便ち是の念を作さく、

『仏道は長遠なり。久しく懃苦《ごんく》を受けて、乃《いま》し成《じょう》ずることを得可し』と。

仏、是の心の怯弱下劣《こうにゃくげれつ》なるを知ろしめして、方便力を以って、中道《ちゅうどう》に於いて止息せんが為めの故に、[一]二涅槃を説く。若し衆生、[二]二地に住すれば、如来、爾の時に、即便《すなわ》ち為めに説く、

『汝等は所作未だ辦《べん》ぜず、汝が所住の地は仏慧《ぶって》に近し、当に観察し籌量《ちゅうりょう》すべし。所得の涅槃は真実に非ず。但だ是れ如来方便の力もて、一仏乗に於いて分別して三と説く。』

彼の導師の止息の為めの故に、大城を化作し、既に息《や》み已《おわ》りぬと知りて、之れに告げて、

『宝処《ほうしょ》は近きに在り、此の城は実に非ず。我が化作ならくのみ』と言わんが如し。」

偈頌—結縁の現由、遠い縁

爾の時に世尊、重ねて此の義を宣べんと欲して、偈を説きて言《のたま》わく、

36「大通智勝仏　[三]十劫　道場に坐したまえども

一　二涅槃　有余涅槃と無余涅槃。あるいは声聞の涅槃と縁覚の涅槃。

二　二地　二涅槃に到達し、さとった境地。

三　十劫　『正法華経』は「十中劫」とする。

㊅二六中

仏法　現前せず　　仏道を成ずることを得たまわず
諸もろの天神　龍王　　阿修羅《あしゅら》衆《しゅ》等
常に天華を雨《ふ》らして　　以って彼の仏に供養す
諸天　天鼓《てんく》を撃ち　　并びに衆の伎楽《ぎがく》を作し
香風　萎《しぼ》める華を吹きて　　更に新しき好《よ》き者を雨らす
四 十小劫を過ぎ已りて　　乃《いま》し仏道を成ずることを得たまえり
諸天　及び世人　　心に皆な踊躍《ゆやく》を懐く
彼の仏の十六の子《みこ》　　皆な其の眷属
千万億の囲繞《いにょう》せると　　倶に仏の所《みもと》に行き至りて
頭面に仏足を礼して　　転法輪を請《しょう》ず
『聖師子《しょうしし》　法雨もて　　我れ及び一切に充《み》てたまえ』
37 世尊は甚だ値《あ》いたてまつること難し　　久遠《くおん》に時に一たび現じ
群生《ぐんじょう》を覚悟せんが為めに　　一切を震動したもう
東方の諸もろの世界　　五百万億国の
梵の宮殿　光曜《こうよう》　　昔より未だ曾つて有らざる所なり
諸梵　此の相を見て　　尋ねて仏所に来至《らいし》して
花を散じて以って供養したてまつり　　并びに宮殿を奉上《ぶじょう》し

四 十小劫　『正法華経』は「十中劫」とする。

仏に転法輪を請じ　偈を以って讃歎す
仏は時未だ至らずと知ろしめして　請を受けて黙然として坐したまえり
三方及び四維　上下　亦た復た爾《しか》なり
花を散じ宮殿を奉り　仏に転法輪を請ず
『世尊は甚だ値いたてまつること難し　願わくは大慈悲を以って
広く甘露の門を開き　無上の法輪を転じたまえ』

結縁の現由、近い縁

38 無量慧の世尊　彼の衆人の請を受けて
為めに種種の法　四諦《したい》　十二縁《じゅうにえん》を宣《の》べたもう
『無明《むみょう》より老死《ろうし》に至るまで　皆な生縁《しょうえん》に従いて有り
是くの如きの衆の過患《かげん》　汝等　応当《まさ》に知るべし』
是の法を宣暢《せんちょう》したもう時　六百万億一姟《がい》
諸苦の際を尽くすを得て　皆な阿羅漢と成る
第二の説法の時　千万恒沙の衆
諸法に於いて受けずして　亦た阿羅漢を得
是れより後ちの得道　其の数　量《はか》り有ること無し

一 姟　数の単位。千億、または万億という。

㊅二六下

万億劫に算数《さんじゅ》すとも　其の辺《ほとり》を得ること能わじ
39 時に十六の王子　出家して沙弥《しゃみ》と作りて
皆な共に彼の仏に　『大乗の法を演説したまえ』と請ず
『我れ等及び[二]営従《えいじゅう》　皆な当に仏道を成ずべし
願わくは世尊の如く　[三]慧眼《えげん》第一浄なることを得ん』
仏　童子の心　宿世の所行を知ろしめして
無量の因縁　種種の諸もろの譬喩を以って
[四]六波羅蜜《ろくはらみつ》　及び諸もろの神通の事を説き
真実の法　菩薩所行の道を分別して
是の法華経の　恒河沙の如きの偈を説きたまいき
彼の仏　経を説き已りて　静室《じょうしつ》にして禅定に入り
一心に一処に坐したもうこと　八万四千劫なり

正しく結縁す、法説す

40 是の諸もろの沙弥等　仏の禅より未だ出でたまわざるを知りて
無量億の衆の為めに　仏の無上慧《むじょうえ》を説く
各各に法座に坐して　是の大乗経を説き

二 営従　営は衛に同じ。衛護の従者。

三 慧眼　諸法の空を知る智慧の眼。仏の五眼の一。

四 六波羅蜜　『無量義経』六頁頭注一三参照。

仏の宴寂《えんじゃく》の後ちに於いて　宣揚《せんよう》して法化《ほうけ》を助く
一一の沙弥等の　度する所の諸もろの衆生
六百万億　恒河沙等の衆有り
41 彼の仏の滅度の後ち　是の諸もろの法を聞ける者
在在の諸もろの仏土に　常に師と倶に生ず
42 是の十六の沙弥　具足して仏道を行じて
今　現に十方に在りて　各おの正覚《しょうがく》を成ずることを得たまえり
爾の時の法を聞ける者　各おの諸仏の所に在り
其の声聞に住すること有るは　漸《ようや》く教ゆるに仏道を以ってす
我れ十六の数に在りて　曾って亦た汝が為めに説きき
是の故に方便を以って　汝を引きて仏慧《ぶって》に趣かしむ
是の本《もと》の因縁を以って　今　法華経を説きて
汝をして仏道に入らしむ　慎んで驚懼《きょうく》を懐くこと勿《なか》れ

正しく結縁、譬説す

43 譬えば険悪道の　迥《はるか》に絶えて毒獣《どくじゅ》多く
又た復た水草無く　人の怖畏《ふい》する所の処あらん

㊅二七上

一五　(大)には「三」とあるが、今は㊂(宮)(博)(春)による。

二　渠流　渠は、みぞ、ほりわりの意。堀の流れ。

無数千万の衆　此の険道を過ぎんと欲す
其の路　甚だ曠遠《こうおん》にして　一五百由旬を経《ふ》
時に一《ひとり》の導師有り　強識《ごうしき》にして智慧有り
明了《みょうりょう》にして心　決定《けつじょう》せり　険に在りて衆難を済《すく》う
衆人　皆な疲惓《ひけん》して　導師に白《もう》して言《もう》さく
『我れ等　今頓乏《とんぼう》せり　此こより退き還《かえ》らんと欲す』と
導師　是の念を作さく　『此の輩《ともがら》　甚だ愍《あわれ》む可し
如何んぞ退き還りて　大珍宝を失わんと欲する』
尋《つ》いで時に方便を思わく　『当に神通力を設くべし』と
大城郭を化作《けさ》して　諸もろの舎宅を荘厳す
周匝《しゅうそう》して園林《おんりん》　二渠流《こる》及び浴池《よくち》
重門　高楼閣有りて　男女皆な充満せり
即ち是の化を作し已りて　衆を慰《なぐさ》めて言わく『懼《おそ》るること勿《なか》れ
汝等　此の城に入りなば　各おの所楽《しょぎょう》に随う可し』
諸人　既に城に入りて　心　皆な大いに歓喜し
皆な安隠の想《おもい》を生じて　自ら已に度することを得たりと謂《おも》えり
導師　息《や》み已りぬと知りて　衆を集めて告げて

『汝等　当に前進《すす》むべし　此れは是れ化城なるのみ
我れ　汝が疲極《ひごく》して　中路に退き還らんと欲するを見る
故に方便力《ほうべんりき》を以って　権《かり》に此の城を化作《けさ》せり
汝　今[一]勤めて精進して　当に共に宝所に至るべし』と言わんが如く
44 我れも亦た復た是くの如し　為れ一切の導師なり
諸もろの道を求むる者の　中路にして懈廃《けはい》して
生死《しょうじ》　煩悩の諸もろの険道を度すること能わざるを見る
故に方便力を以って　息《や》すめんが為めに涅槃を説きて
『汝等の苦滅し　所作　皆な已に辦ぜり』と言う
既に涅槃に到り　皆な阿羅漢を得たりと知りて
爾して乃《いま》し大衆を集めて　為めに真実の法を説く
諸仏は方便力もて　分別して三乗を説きたもう
唯だ一仏乗のみ有り　息処《そくしょ》の故に二[二]を説く
今　汝が為めに実を説く　汝が得る所は滅に非ず
仏の一切智《いっさいち》の為めに　当に大精進を発《お》こすべし
汝　一切智　十力等の仏法を証し
三十二相を具しなば　乃ち是れ真実の滅ならん

(大)二七中

一 今　(大)は「等」とあるが、ここは(三)(宮)(博)(春)による。

二 二を説く　有余、無余の二涅槃を説く。

諸仏の導師は　息すめんが為めに涅槃を説きたもう
既に是れ息すみ已りぬと知れば　仏慧に引入《いんにゅう》したもう」

妙法蓮華経巻第三

補註

無量義経

天……摩睺羅伽（一6—7）　ここで八部衆を一括して解説する。

天…deva の訳。天界諸神の総称。

龍…nāga の訳。那伽と音写する。蛇形の鬼神。

夜叉…yakṣa の音写。能噉、勇健と訳す。人を傷害し噉うなど、暴悪を事とする鬼神。毘沙門天の眷属。

乾闥婆…gandharva の音写。尋香、食香などと訳す。香を求めることから尋香行ともいう。帝釈の楽神。

阿修羅…asura の音写。非天、無酒と訳す。はじめは善神であったが、のちに悪神とされる。常に帝釈と闘戦し、あるいは日月を触犯するという。

迦楼羅…garuḍa の音写。金翅鳥、妙翅鳥と訳す。龍を取って食す鳥類の王とされる。

緊那羅…kiṃnara の音写。疑人、疑神と訳す。妙なる音声で歌舞し、帝釈に仕える楽神。

摩睺羅伽…mahoraga の音写。大腹行と訳す。人身蛇首の蛇神。

其の菩薩の名を……と曰う（二3—7）　以下の諸菩薩の名については、ここで一括して解説し、該当する梵名を付す。菩薩名は、教義的な意味とその功徳を表示している。八万の菩薩の中の二十九人を列し、はじめに文殊を唱えるのは、三世諸仏の覚母なるためである。終わりに大荘厳を置くのは、この経の正しき対告衆なるがためである。四菩薩に付した法王子とは、円教第九住の位であり、法王の子のことで仏子と同じ意味である。

文殊師利…Mañjuśrī. 妙吉祥、妙徳などと訳す。『正法華経』は「溥首」に作る。

大威徳蔵…Mahāvapuṣmān.

無憂蔵…Vigataśoka-garbha.

大辯蔵…Mahā-pratibhāna-garbha.

弥勒…Maitreya.『正法華経』は「慈代」に作る。

導首…Susārthavāha?

薬王…Bhaiṣajyarāja.『正法華経』に同じ。
薬上…Bhaiṣajyarāja-samudgata.
花幢…Puṣpadhvaja.
花光…Padmaprabha.
陀羅尼自在王…Dhāraniśvararaja.
観世音…Avalokiteśvara. 観自在、観世自在とも訳す。『正法華経』は「光世音」に作る。
大勢至…Mahāsthāmaprāpta.『正法華経』に同じ。
常精進…Nityodgukta.『正法華経』に同じ。
宝印手…Ratnamudrā-hasta.
宝積…Ratnakūṭa. 毘耶離国の人。『正法華経』は「宝事」に作る。
宝杖…Ratnadaṇḍa?
越三界…Trailokyavikrāmin.『正法華経』は「越世」に作る。
毘摩颰羅…Bhimabala?
香象…Gandhahastin.
大香象…Gandha-hasti.
師子吼王…Simha-nāda-rāja.
師子遊戯世…Simhavikriḍitahloka.
師子奮迅…Simha-vijrmbtiha.
師子精進…Simha-virya?
勇鋭力…Prabhāva?
師子威猛伏…Siṃhavikrāmin?
荘厳…Vyūha?
大荘厳…Mahāvyūha?

二

其の比丘の名を……と曰う（三16―四3）　以下の諸比丘の名については、ここで一括して解説する。

舎利弗…Śāriputra. 舎利子、身子、鶖鷺子ともいう。仏の十大弟子の一で、智慧第一とされる。

（大）目犍連…（Mahā-)maudgalyāyana. 目連、倶律陀ともいう。仏の十大弟子の一で、神通第一とされる。

須菩提…Subhūti. 善吉ともいう。仏の十大弟子の一で、解空第一とされる。

摩訶迦旃延…Mahā-kātyāyana. 仏の十大弟子の一で、解義第一とされる。

弥多羅尼子富楼那…Pūrṇamaitrāyaṇiputra. 善知識ともいう。仏の十大弟子の一で、説法第一とされる。

阿若憍陳如…Ājñatakauṇḍinya. 阿若拘隣、阿若多憍陳那ともいう。初転法輪を聞き最初に比丘となった五比丘の一で、法眼第一とされる。

阿那律…Aniruddha. 阿㝹楼駄ともいい、善意、如意などと訳す。

仏の十大弟子の一で、天眼第一とされる。

優波離…Upāli. 仏の十大弟子の一で、持律第一とされる。

阿難…Ānanda. 歓喜、無染などともいわれる。釈尊の従弟であり十大弟子の一。総持第一、多聞第一とされる。

羅云（**羅睺羅**）…Rāhula. 覆障ともいわれる。釈尊出家以前の子、十大弟子の一で密行第一とされる。

優波難陀…Upananda. 優婆難陀、優鉢難陀、優抜難陀、跋難陀ともいい、重喜、大喜と訳す。八大龍王の一。

離婆多…Revata. 離波多、頡麗伐多、梨婆多、哩縛帝、離越、離日ともいう。室星、適時と訳す。仏弟子の一。舎利弗の実弟ともいう。

劫賓那…Kapphiṇa. 劫庀那、劫譬那、劫比拏ともいい、房宿と訳す。憍薩羅国の人、仏弟子の一。天文暦数に通じ、知星宿第一とされる。

薄拘羅…Vakkula, Bakkula. 薄矩羅、薄倶羅、婆拘羅、縛矩羅、波鳩蠡ともいう。善容、重姓と訳す。仏弟子の一。寿百六十歳で寂し、長寿第一と称される。

阿周陀…Accuta. 阿珠陀、阿州陀ともいい、不落、無没、平等と訳す。

莎伽陀…Sāgata, Svāgata. 娑竭陀、沙竭陀、修伽陀、蘇揭、貨竭、荼竭、西羯多、嚓偈陀、沙竭、沙曷ともいい、善来、海と訳す。

大迦葉（**摩訶迦葉**）…Mahākāśyapa. 摩訶迦葉波ともいい、大飲光、大亀と訳す。仏十大弟子の一。教団の上首であり、頭陀第一とされる。

優楼頻螺迦葉…Uruvilvā-kāśyapa. 優楼頻蠡迦葉、優盧頻螺迦葉ともいい、木瓜林と訳す。仏弟子の一。三迦葉の第一。

伽耶迦葉…Gaya-kāśyapa. 伽夷迦葉、竭夷迦葉ともいう。伽耶とは象の意であることから、象迦葉ともいう。仏弟子の一。三迦葉の一。優楼頻羅、那提二迦葉の弟。教団中の長老。

那提迦葉…Nabi-kāśyapa. 難提迦葉ともいう。仏弟子の一。三迦葉の一。那提とは河の意であることから、江迦葉ともいう。

無量義とは……実相と為す（二15—17）　これは本経の特色を示す要文である。仏は得道してから四十余年の間、衆生の性欲が無量であることに応じて無量の法を説いた。説法は無量であるが、その根本は一法・無相・実相から出たものにほかならず、この義理を知れば、速やかに無上道を成ずる、とする。やがて、このことは『法華経』の「諸法実相」「三乗開会」「一仏乗」の義として説かれるものであって、本経が『法華経』の開経であることの理由はここにある（本経の解題参照）。また、「この義理を知れば、速やかに無上道を成ずるとする」この文の重要な点を捉えて、後世これを破地獄の文として用いる。

未だ真実を……成ずることを得ず（三16—四1） この文は、本経以前の説法をすべて方便説とし、以後の説法、すなわち法華の説法を真実説と断定している。法華以前と法華との権実の判定をする根拠として教相判釈上重要である。古来、本経を法華の開経とするのは、この理由に基づく。

妙法蓮華経

其の名を……と曰う（三3—6） 以下の諸比丘の名については、ここで一括して解説する。

阿若憍陳如…Ājñāta-kauṇḍinya. 阿若は名で已知などと訳し、憍陳如は姓で火器と訳す。釈尊が出家した際に後を追って共に苦行し、後に釈尊の最初の説法（初転法輪）を聞いて最初に比丘となった五人のうちの一人。

摩訶迦葉…Mahākāśyapa. 大飲光、大亀と訳す。仏の十大弟子の一人。常に仏道修行に励み、頭陀第一とされる。仏滅後、第一結集を主宰した。

優楼頻螺迦葉…Uruvilvā-kāśyapa.

伽耶迦葉…Gayā-kāśyapa.

那提迦葉…Nadī-kāśyapa. 優楼頻螺は木瓜林、伽耶は城、那提は河と訳し、以上の三人を三迦葉とも称する。優楼頻螺を長男、那提を次男、伽耶を三男とする兄弟とされる。もと火を尊ぶ事火外道であったが、後に弟子数百人と共に釈尊に帰依した。

舎利弗…Śāriputra. 舎利弗多羅が正式。身子と訳す。仏十大弟子の一人。大目犍連と共に六師外道の刪闍耶（刪闍夜）に従い、百人の弟子をもっていたが、釈尊に帰依して教団の長老の一人となる。智慧第一と称されるが、釈尊に先立って寂した。

大目犍連…Mahāmaudgalyāyana. 犍は宋・元・明本による。大正蔵では揵に作る。略して目連と称する。仏十大弟子の一人。舎利弗同様、摩揭陀国の出身で、舎利弗に誘われて仏弟子となる。神通第一と称され、長老の一人として努める。餓鬼道に墜ちた母親を救うために盂蘭盆供を修したとされる。

摩訶迦旃延…Mahākātyāyana. 仏十大弟子の一人で論議第一と称される。南インドの婆羅門の出身。かつて釈尊生誕の時に後の成道を予言した阿私陀仙の弟子で、師の遺命により釈尊に帰依する。

阿㝹楼駄…Aniruddha. 阿那律ともいう。仏十大弟子の一人で、釈尊の従弟。釈尊に居眠りを叱られてから不眠の誓いを立て、ついに失明して天眼を得たとされ、天眼第一と称される。

劫賓那…Kapphiṇa. 仏弟子の中で天文暦数に通じ、知星第一と称される。

憍梵波提…**Gavāṃpati.** 舎利弗を師とする。解律第一といわれ、律を解することでは優波離に並ぶとされる。

離婆多…**Revata.** 仏弟子の一人で、舎利弗の実弟ともいわれる。少欲知足で禅定を好むという。

畢陵伽婆蹉…**Pilinda-vatsa.** 他人を軽蔑し、隠身呪を学んで名声を得ていたが、後に釈尊に帰依し、弟子となった。

薄拘羅…**Bakkula.** 容姿端麗で病気になったことがないといわれ、釈尊の入滅後、百六十歳で寂したとされ、長寿第一と称される。

摩訶拘絺羅…**Mahākausthila.** 仏十大弟子の一人。舎利弗の外伯父にあたり、その縁で釈尊の教団に入る。問答第一と称される。

難陀…**Nanda.** 牧牛難陀ともいう。音声絶妙として知られる。

孫陀羅難陀…**Sundarananda.** 単に難陀ということが多いが、ここでは前出の難陀と区別する。釈尊の異母弟で、釈尊に代わって立太子式をするところを釈尊に強いられて出家剃髪した。諸根を調伏すること第一という。

富楼那弥多羅尼子…**Pūrṇa-Maitrāyaṇīputra.** 富楼那と通称する。仏十大弟子の一人。釈尊と生年月日が同じ。説法第一と称される。

須菩提…**Subhūti.** 仏十大弟子の一人。空をよく理解して解空第一といわれ、般若経典に登場することが多い。

阿難…**Ānanda.** 釈尊の従弟で、仏十大弟子の一人。二十余年、常に釈尊に付き従い、全ての法門を受持し、多聞第一といわれる。仏滅後に悟りを得て、第一結集において中心的役割を果たしたとされる。

羅睺羅…**Rāhula.** 釈尊の出家前の実子で、釈尊成道の後、出家して弟子となる。仏十大弟子の一人となり、密行第一と称される。

其の名を……と曰う（二14―16） 以下の諸菩薩の名について、ここで一括して解説する。ただし、本書前出の『無量義経』の補註で解説した菩薩名については再説をさける。『無量義経』の補註を参照されたい。

文殊師利…補註一頁参照。

観世音…補註二頁参照。

得大勢…補註二頁の「大勢至」に同じ。

常精進…補註二頁参照。

不休息…**Anikṣiptadhura.**『正法華経』は「不置遠」に作る。

宝掌…**Ratnapāṇi.**『正法華経』に同じ。

薬王…補註二頁参照。

勇施…**Pradānaśūra.**『正法華経』は「妙勇」に作る。

宝月…**Ratnacandra.**『正法華経』に同じ。

月光…**Ratnaprabha.**『正法華経』は「宝光」に作る。

満月…**Pūrṇacandra.**『正法華経』は「月満」に作る。

大力…Mahāvikrāmin.『正法華経』は「大度」に作る。

無量力…Anantavikrāmin.『正法華経』は「超無量」に作る。

越三界…補註二頁参照。

跋陀婆羅…Bhadrapāla. 賢護、善守などと訳す。王舎城に住む。『正法華経』は「解縛」に作る。

弥勒…補註一頁参照。

宝積…補註二頁参照。

導師…Nāyaka. 舎婆提（Śrāvasti）国の人。『正法華経』は「大導師」に作る。

如来……世尊（一四3）　ここで如来十号を一括して解説する。

如来…tathāgata. 多陀阿伽陀、怛他誐多と音写する。真実の世界から衆生の世界へ来た者の意。

応供…arhat. 阿羅漢と音写する。供養を受けるにふさわしい者の意。

正遍知…samyak-saṁbuddha. 三藐三仏陀と音写する。等正覚ともいう。正理を遍く知り尽している者の意。

明行足…vidyā-caraṇa-saṁpanna. 婢侈遮羅那三般那と音写する。天眼・宿命・漏尽の三明の智慧と、身体・言語の行ないとが、完全に具足している者の意。

善逝…sugata. 修伽陀と音写する。彼岸に到り、再び生死の世界に還らない者。善く逝ける者の意。

世間解…loka-vid. 路迦憊と音写する。真に世間を理解する者の意。

無上士…anuttara. 阿耨多羅と音写する。最も勝れていて、この上ない者の意。

調御丈夫…puruṣa-damya-sārathi. 富楼沙曇藐娑羅提と音写する。丈夫は、勇健な人の意。よく丈夫を調伏制御し、仏道修行に入らせる者の意。

天人師…śāstā devānāṃ camanuṣyāṇāṃ ca. 舎多提婆摩㝹舎喃と音写する。主に天と人とを教え導く師である者の意。

仏…buddha. 仏陀と音写する。覚者、さとりを得た者の意。

世尊…bhagvat. 婆伽婆と音写する。多くの功徳を具え一切衆生を利益し、世間から尊ばれる者の意。

初善……梵行の相なり（一四4—5）　『妙法蓮華経文句』巻三上によれば、これは頓教を示し、七善の語は、大乗、小乗ともに通じているが、ここでは大乗の七善であるとする。ここで一括して解説する。

初善、中善、後善…この三善は、初めも中頃も終わりも、すべて善いという意であるが、ここでは頓教の序分・正宗分・流通分を三善に当て、それがすべて善いとし、これを時節善とする。

義深遠…頓教の真実の教えが説かれているため、声聞・縁覚などにとっては、この教えがどれだけ広く深いかわからないので、深遠といい、これを義善とする。

語巧妙…頓教の仏の音声には、一、極好音（聞く者を仏道に引き入れる妙なる音声）、二、柔軟音（聞く者を喜ばせる、やさしく、おだやかな音声）、三、和適音（聞く者の心を融和させて、真理を会得させる、調和のとれたやわらかで優雅な音声）、四、尊慧音（聞く者を尊重させ、智慧を体得させる音声）、五、不女音（聞く者に畏敬の念を起こさせる音声）、六、不誤音（聞く者に正しい見解を持たせ、あやまちから離れさせる音声）、七、深遠音（聞く者に広く深い道理を会得させる音声）、八、不竭音（聞く者を尽きることなく、さとりへと導く音声）の八種の特質が具わっていて、菩薩の心を歓喜させる。これを語善とする。

純一無雑…二乗と共にせず、ただ頓教独一の善であるとする。

具足…三界の内と外、すべての世界に通じる円満具足の教えであり、頓教の円満善とする。

清白…偏ったけがれのない教えであり、頓教の調柔善とする。

梵行の相…無縁の慈悲のすがたをあらわしている、という。

然燈（一六16）　Dipaṃkara.『瑞応経』には錠光と訳し（錠とは燈の足のこと）、『智度論』には然燈と訳す。他に定光、提和竭羅とも訳す。釈迦如来は過去世において因行中、第二阿僧祇劫の終わりに、この仏に逢い、五華の蓮を買って供養し、髪を泥に布き、仏にこれを踏ませた。このために仏より本来成仏の記莂を受けた、という。

無量……三昧（三三11）　仏の智慧の徳を表わすもの。

無量…四無量心のことで、1、楽を与える慈、2、苦を抜く悲、3、苦を離れ楽を得ることを見て悦ぶ喜、4、無差別平等である捨、の四心をいい、これらの心を無量に起こして、無量の衆生を度すること。

無礙…四無礙弁のことで、説法することが自由自在であり、さわりのない状態。また、その智解についていえば、四無礙智ともいい、略して四無礙、四解、四弁などともいう。

1、教法について滞ることのないこと（法無礙）、2、教法の義理内容について滞ることのないこと（義無礙）、3、如何なる言辞にも通じて自在であること（辞無礙）、以上の三種によって、4、衆生のために楽《ねが》って説くこと（楽説無礙）の四種をいう。

力…仏のみが有する十種の智力のこと。1、処非処智力（道理、非道理を弁別する力）、2、業異熟智力（業とその果報を知る力）、3、静慮解脱等持等至智力（禅定を知る力）、4、根上下智力（衆生の機根の優劣を知る力）、5、種種勝解智力（衆生の種々の願いを知る力)、6、種種界智力(衆生の種姓差別を知る力)、7、遍趣行智力(諸の趣く処に至る行業を知る力)、8、宿住随念智力(過去のことを憶念する知力)、9、生死智力(未来に生死する処を知る力)、10、漏尽智力(煩悩の尽きたことを知る力)をいう。

無所畏…説法に当たって畏れを感じない四種の智徳のこと。1、正等覚無畏(諸法を覚知しているという無畏の心)、2、漏永尽無畏(煩悩を断じ尽くしたと宣べて畏れることのない心)、3、説障法無畏(煩悩、業などは道に障りとなると説いて畏れない心)、4、説出道無畏(道を修行すれば苦より出離することができると説いて畏れない心)をいう。

禅定…禅は禅那(dhyāna)の略、定はその訳で、梵語と漢語を兼用した語。静慮とも訳す。心を一点に集中し、散乱を防いで沈思熟考すること。これに初禅から四禅までの段階がある。

解脱…八解脱のこと。貪著の心を棄捨するための八種の定力のこと。八背捨ともいう。1、外の諸色想において不浄観を修して内の心の色貪を離れる。2、内心の色貪を離れ、さらに、外の色想に不浄観を修する。3、外の色境の浄相を観じても貪著を生じない。4、色想を滅して空無辺の行相を修する。5、空無辺の心を捨てて、識無辺の相を修する。6、識無辺の相を捨てて、無所有の相を修する。7、無所有の相を捨てて、非想非非想の相を修する。8、一切の心、心所の法を滅する滅尽定に入ること、をいう。

三昧…samādhi の音写。等持と訳す。心を平等で安らかに持って対象に集中し、散乱させない状態。次の三種がある。1、一切は空、無我であると観ずる空三昧。2、空である故に差別の相はないと観ずる無相三昧。3、無相なるが故に一切を願求すべきではないと観ずる無願三昧。この三種を三三昧という。

諸法実相(二四3) 存在のありのままのすがたの意。「諸法」とは、現象界の色心にかかわるすべての存在をいい、「一切法」と同義である。「実相」とは、真実のありのままのすがたの意。すなわち「諸法実相」とは、現象即実在ということ。この語は羅什訳の『小品』『大品』『維摩経』『中論』『大智度論』の諸経論に見られる。特に中国天台の祖、智顗によって仏教の最高理想として捉えられ、「円融三諦」「一念三千」などの思想とその実践についての根本思想であると提唱されてから重視され、諸学派に大きな影響を及ぼした。

如是相……如是本末究竟等(二四4―5) 一般には、この文を十如是と呼ぶ。諸法実相の定義を示す文として有名である。諸法のあらゆる存在は、いずれの面から分析しても真実で平等であることを説く。「如」は真実に通じ、「是」は事象に通ずること。「相」は万象の形相、「性」はその特性、「体」はその本質、「力」はその能力、

「作」はその作用、「因」はその習因、「縁」は因の助縁、「果」はその習果、「報」はその報果、「本末究竟等」は、相から報に至る九が、究極的に無差別平等であること。

また、この経文は、世親の『法華論』には「何等法、云何法、何似法、何相法、何体法」の五何法として挙げられ、また法護訳の『正法華経』でもこれと同じように訳されている。すなわちこの文は、元来、梵本にはなかったもので、羅什が『法華経』を訳すに当たって、『智度論』巻二三の九種法によって十如是に変形開展したものであろう、と推定される（本田義英著「仏典の内相外相」三八三頁、参照）。羅什の達識にかかる、まったくの意訳であるかも知れないが、これこそ諸法実相の義を最も端的に言い表わしたものとして、智顗は、これを非常に重んじ、種々の解釈を加えている。まずその読み方について、「如是相、如是性、……如是本末究竟等」を「是の相は如なり、是の性は如なり、……是の本末究竟等は如なり」と読めば、空諦点といい、「是くの如き相、是くの如き性、……是くの如き本末究竟等」と読めば、仮諦点といい、「相は是に如《かな》う、性は是に如う、……本末究竟等は是に如う」と読めば、中諦点といい、このように三義に読んで、空、仮、中の三諦を表示するものであると主張している。これを十如三転読という。智顗が、説いた「実相三諦」の思想はこれを基点としている。

一解脱の義……所趣を知らず（二七6—7）　仏は、はじめ三乗に対して各々に応じた教えを示し、同一の果、すなわち解脱を得ると説いた。それに従って修行した結果、三乗の人は、真実唯一の解脱を得たと理解していた。しかし『法華経』に到って、仏が、今まで真実を明かしていないこと、さらに、衆生をどこに導こうとしていたか、その真意は衆生には知り難いと述べたことによって、聴衆に疑念が生じた。

若しは二、若しは三（三三2）　この文には、二つの代表的解釈がある。一は、三論、法相などの学派の説で、経文の「二」を縁覚乗、「三」を声聞乗に配し、第一を一仏乗とする。次の譬喩品の喩えに配すると、「一」は牛車、「二」は鹿車、「三」は羊車となり、大白牛車は、牛車と同等として別に一車を立てない。したがって、車数は三車となる。もう一は、天台、華厳などの学派の説で、経文の「二」を声聞・縁覚の二乗、「三」を菩薩を加えた三乗とし、この経文の意味を一仏乗のほかに二乗とか三乗の区別は存在しないという意にとる。譬喩品の喩えとの関係は、牛、鹿、羊の三車のほかに別に大白牛車を立て、車数は四車とする。前者を三車家、後者を四車家といい、古来、中国・日本においてさかんに論争がおこなわれた。特に日本の最澄と徳一の権実論争は有名である。

五濁（三四13）　仏教の世界観を『倶舎論』によって略述すると、

この世界を成劫（成立期）、住劫（継続期）、壊劫（破壊期）、空劫（空漠期）の四劫に分ける。五濁とは、住劫の滅劫（人の寿命が減少する時期）に起こる五種の厄災をいう。ここで一括して解説する。

劫濁…Kalpaṣāya. 天変地異が起こる時代そのものの汚れ。人寿二万歳以下になると、次のような四濁が起きるので劫濁という。

煩悩濁…Kleśakaṣāya. 衆生の煩悩が盛んになること。

衆生濁…Sattuakaṣāya. 衆生の心身が弱くなり、苦しみが多くなること。

見濁…Dṛṣtikaṣāya. 衆生の誤った見解、思想が盛んになること。

命濁…Āyuṣkaṣāya. 衆生の寿命が次第に短かくなり、最低十歳までになること。

修多羅……優波提舎経（三六14—16） ここで九分教について一括して解説する。

修多羅…sūtra. 契経、経と訳す。

伽陀…gāthā. 偈頌、諷誦と訳す。

本事…itivṛttaka. 如是語とも訳す。菩薩の前生を説く。

本生…jātaka. 仏の前世を説く。

未曾有…adbhuta. 不思議なことを説く。

因縁…nidāna. ことのいわれ、由来を説く。

譬喩…aupamya. 比喩を用いて説く。

祇夜…geya. 応頌、重頌と訳し、長行に説かれるところを重ねて偈頌で説く。

優波提舎…upadeśa. 論、論議説と訳す。

諸法は本より……作仏することを得ん（四〇5—6） この経文は、すべての存在はありのまま真実である、よって仏子は道を修すると同時に真実に会い、仏としての作《はたら》きができる、という意である。この文について智顗は、『法華文句』に「三界の妄を析し尽くして色を滅し空を取るは、真の滅ではない。若し無明は本より無にして常寂なりと体達するは、これ真の滅である。本より無にして寂なりと雖も、若し道を修せざれば契会するに由無し」と説いている。これによって後世、天台家は、即身成仏の義門、俗諦常住の依文、実相常住の体文、法華正体の顕文、一心三観の本拠、などの要文として重視する。

仏種は縁に従りて起こる（四四12） 一切衆生は、仏の種を具足しているが、因縁を借りなければ顕われない、という意。これについて諸説ある。道生は「仏は理に縁って生ず、理にはすでに二なし、豈に三あるべけんや、この故に一乗を説くのみ」と述べ、一乗をもって、仏種（仏）を導く縁としている。法雲は「仏果は万善に由りて得」といい、万善を因縁として仏種（仏果）が顕われると述べている。智顗は「仏種」を「中道無性」とし、これを正因仏性に配当し、「縁に従って起こる」とは、縁因仏性、了因仏性であると述べている。さらに「縁を以って了を資け、正種起こるを得る、一起これば一切起こる、此くの如きの三性を名づけて一乗と為す」といい、「仏種」とは三因仏性であり、一乗と相即であることを示す。吉蔵は「仏種」に三あるとして、一に一乗教、二に菩提心、三に如来蔵の仏性であると解釈している。窺基は「無漏の依他の報仏の種子」と解している。

是の法は……常住なり（四四13）　原文の「是法住法位、世間相常住」は、梵文では、

dharmasthitāṃ dharmaniyāmatāṃ
ca nityasthitāṃ loki imāmakampyām

であり、「教えの永続すること、教えの不変であること、また、この世において教えが常に存在して不動であること」（岩波文庫『法華経　上』一二〇頁による）と訳される。梵文に準じて漢文を解読すれば「これは、法住、法位にして、世間の相も常住なり」となる。これについて吉蔵は、「法住法位とは、是れ仏性の異名にして亦た是れ一乗の別称なり。世間の相常住なりとは、世間の衆生は本より仏性あるが故に、仏性常住なり」と解釈している。窺基は「法住法位とは、真如は諸法の中に住在して、体性常に有るを名づけて法住となす。法には染浄あり。染を離れて浄を得て、分位これを顕わす故に法位と名づく」と解釈した。

一方この漢文の異読者は、法雲、智顗である。「是の法は法位に住して、世間の相も常住なり」と読んで、法雲は「是の法」とは、「万善の法」とし、「法位」を「一乗法位」と解釈した。智顗は「悉く如を出でず、皆な如法を位と為すなり」として、諸法のありのままの相《すがた》に、そのまま不変の真理があり、常住であるとした。この現象即実在の思想は、中国天台において重視され、やがて日本天台で、本迹二門に亘る解釈を生み、本覚思想の要文としても重要視された。

真に是れ仏子なり……仏法の分を得たり（五二7—8）　「真に是れ仏子」とは、三乗の仏子としての執著から離れて、釈尊の真の継承者として、衆生済度の活動に精進するもののこと。「仏口より生ず」とは、仏の教法に従って聞慧を得た者、「法化より生ずる」とは、理法を解了して思慧を得た者、「仏法の分を得たり」とは、禅定を修して無漏慧を得た者。

未だ度せざる者……涅槃を得しむ（二〇14—15）　この四句を、『法華経』における仏の四弘誓願という。これと同義の文は、『道行般若経』第八貢高品、『大方等大集経』第十七虚空蔵菩薩品、『長阿含経』第八散陀那経、その他の諸経論にも見られる。『菩薩瓔珞本業経』巻上には、苦集滅道の四諦に約し、この四弘誓を出している。この四願は、古くより重んじられているが、特に智顗は『摩

訶止観』巻十下に、「衆生無辺誓願度、煩悩無量誓願断、法門無尽誓願学、無上菩提誓願成」と願を整理、要約して表わした。これを菩薩の四弘誓願として現在も各宗派で唱えている。

《無量義経・法華経　上》

校註者紹介

多田孝文《ただこうぶん》　1942年，神奈川県生まれ。大正大学卒。
現在，大正大学名誉教授。

多田孝正《ただこうしょう》　1938年，神奈川県生まれ。大正大学卒。
2017年逝去

④法華部 1　新国訳大蔵経

1996年 6 月20日　第 1 刷　発行©
2003年 2 月28日　第 2 刷　発行
2019年10月10日　OD版　発行

校註者　多田孝文　多田孝正

発行者　石原大道

発行所　大蔵出版株式会社

〒150-0011 東京都渋谷区東2-5-36 大泉ビル 2F
TEL. 03-6419-7073　FAX. 03-5466-1408
http://www.daizoshuppan.jp/
E-mail : daizo@daizoshuppan.jp

印刷・製本　㈱デジタルパブリッシングサービス

落丁本・乱丁本はお取替いたします

ISBN 978-4-8043-8512-9